後藤巻則・滝沢昌彦・片山直也　編

プロセス講義

民法 II
物権

信山社

は し が き

　民法をどのように教えるかは，民法の教育に携わる者にとっての日々の課題であり，従来から，教える内容や方法について種々の工夫が重ねられてきた。教える内容に直結する教科書についても，一般的抽象的に過ぎると言われた旧来のスタイルを脱して，多くの設例を提示し，それに即した解説をし，あるいは，わかり易さの観点から，民法典の条文の順序に拘泥することなく叙述の順序を組み替えるなど，優れた試みを取り入れた教科書が現れている。そのような中で，新たな教科書としての存在意義を獲得するためには，従来の教科書にない特色があるものを刊行する必要がある。

　このような観点から，本「プロセス講義民法」シリーズ全6巻では，本シリーズを通しての基本コンセプトとして，①趣旨説明，②基本説明，③展開説明という叙述の段階化を図っている。これは，まず，①当該規定や概念・制度の趣旨を説明し，②その趣旨に基づく基本的な説明を行った上で，③判例や学説で問題となっている争点へと理解の展開を図るという，日常の講義での経験を直接に本シリーズの叙述に反映させることを意図したものである。このような試みは，これまでの教科書でも多かれ少なかれ採用されてきたが，本シリーズでは，この点の共通化を各執筆者に特にお願いして執筆していただいた。本シリーズの読者は，この順序で読み進めれば，民法全体につき筋道を辿った無理のない理解ができるのみならず，各自の必要性や学修段階に応じて，叙述の段階化に沿った利用をすることもできるであろう。

　また，本書では図表を多用した叙述を行っている。これもパワーポイントを用いて視覚に訴えることが多くなっている講義経験を反映したもので，読者の理解の助けになろう。

　2004年の法科大学院の発足以来，法科大学院での民法教育には多くの工夫がなされ，カリキュラムや教育内容についても標準的なものを見出すことができるようになってきている。反面，学部段階でのカリキュラムや教育内容の検討は，やや立ち遅れたと言えよう。本シリーズの編者である3名は，本シリー

ズの企画の段階で，上記基本コンセプトや，本シリーズの編成，そして，本シリーズに盛り込む内容について数回の会議を行って問題意識を共有してきた。その意味で，本シリーズが，学部段階および法科大学院未修者コース1年次段階における民法教育について，一つのモデルあるいは一定の示唆を与えるものになっているならば，幸いである。また，本書の叙述に沿って展開説明まで至れば，法科大学院の既修者コースでも十分に利用していただけるものと考えている。

　本巻が対象とする物権法の分野は，資本主義経済を支える私有財産制の基本ルールを定める領域であることから，古くから民法学上最も難解とされる「占有理論」や「共有理論」などの基礎理論をめぐる本格的な論争が積み重ねられてきた。さらに，「不動産物権変動」については，対抗要件主義を定める1か条の条文（民法177条）について，数多くの大審院および最高裁の判例が集積し，複雑で多岐に亘る判例法理が形成され今日に至っている。このような物権法の法的枠組みを読み解いて，身につけることは，初学者にとって極めて困難な作業といわなければならない。そこで，本巻では，物権法の分野で優れた研究業績を公刊されている中堅・若手の先生方を中心に執筆を依頼し，本シリーズの趣旨に沿って，難解な物権法のルールについて，基本から発展へと段階的な学習が可能となるような分かりやすい叙述をお願いしたところ，全員がその趣旨に賛同を示され，執筆をご快諾くださった。研究・教育にご多忙な中でご協力を賜った執筆者各位に編者として心から感謝を申し上げたい。なお近時，いわゆる「所有者不明土地」の問題をめぐって重要な法改正が進行しているので，別途コラムを設けてその動向を紹介することとした。

　最後に，本シリーズの刊行に並々ならぬ熱意をもって，企画段階から本巻の刊行に至るまで，周到に編集作業を続けてこられた信山社の渡辺左近氏，柴田尚到氏，鳥本裕子氏に重ねて御礼を申し上げたい。

　本書が法学教育・学修の場で広く活用され，民法を理解するための助けになることを願ってやまない。

　　　2019年6月

後 藤 巻 則

滝 沢 昌 彦

片 山 直 也

iii

目　　次

はしがき

第1章　物権法序論⑴　物権の意義と種類 ……………………………………………1

第1節　物権の意義と本質 （1）
　趣旨　1　物権および物権法の意義 （1）
　基本　2　物権の性質 （2）

基本　第2節　物権の種類 （4）
　　　　1　本権と占有権 （4）
　　　　2　所有権と制限物権 （4）

第3節　物権法定主義 （5）
　基本　1　物権法定主義の意義と根拠 （5）
　展開　2　慣習上の物権 （6）

コラム　所有者不明土地問題に関する法改正の動向①総論 （7）

第2章　物権法序論⑵　物権の客体・物権の効力 ………………………………9

第1節　物権の客体 （9）
　趣旨　1　物と財産 （9）
　基本　2　物の区別と態様 （10）
　展開　3　物の外延 （14）

第2節　一物一権主義 （16）
　基本　1　一物一権主義の意義 （16）
　展開　2　一物一権主義の外延 （17）

基本　第3節　物権一般の効力 （19）

第3章　物権的請求権 ………………………………………………………………22

第1節　物権的請求権の意義と性質 （22）
　趣旨　1　物権的請求権の意義 （22）
　基本　2　物権的請求権の性質 （24）

基本　第2節　物権的請求権の態様 （26）
　　　　1　返還請求権 （26）
　　　　2　妨害排除請求 （28）
　　　　3　妨害予防請求 （29）
　　　　4　物権的請求権と付帯請求 （29）

iv　　　　　　　　　　　　　目　次

基本 第3節 物権的請求権の要件・効果（33）
　　　　 1　物権的請求権の要件（33）
　　　　 2　物権的請求権の効果（33）

展開 第4節 物権的請求権の相手方（36）
　　　　 1　建物の登記名義人（36）
　　　　 2　動産所有権の留保者（37）

展開 第5節 物権的請求権と費用負担（38）
　　　　 1　判例法理（38）
　　　　 2　費用分担ルール（39）

第4章　物権変動（総説）……………………………………………………41

第1節 物権変動の意義と態様（41）
趣旨 1　物権変動の意義（41）
基本 2　物権変動と態様（41）

基本 第2節 公示の原則と公信の原則（43）
　　　　 1　公示の原則（43）
　　　　 2　公信の原則（44）

第3節 法律行為による物権変動――民法176条論（46）
基本 1　意思主義・対抗要件主義（46）
　　　　 2　物権変動とその原因（47）
展開 3　所有権の移転時期（49）

基本 第4節 物権の消滅（51）
　　　　 1　目的物の滅失（52）
　　　　 2　混　同（52）
　　　　 3　放　棄（53）

コラム　所有者不明土地問題に関する法改正の動向②土地所有権放棄（54）

第5章　不動産登記………………………………………………………56

第1節 不動産登記制度（56）
趣旨 1　不動産登記の意義（56）
基本 2　不動産登記記録（57）
　　　　 3　不動産登記手続（58）

基本 第2節 登記の種類（61）
　　　　 1　表示に関する登記，権利に関する登記（61）
　　　　 2　本登記・仮登記（61）
　　　　 3　保存登記・移転登記（61）
　　　　 4　変更登記（62）
　　　　 5　更正登記（62）

6 抹消登記・抹消回復登記 (62)

基本 第3節 登記の効力 (62)

1 対抗力 (62)

2 推定力 (63)

3 形式的確定力 (64)

第4節 登記請求権 (64)

基本 1 登記請求権の法的性質 (64)

展開 2 中間省略登記の有効性 (66)

3 中間省略登記をめぐる判例 (67)

展開 第5節 登記の有効要件 (71)

1 実体的有効要件 (71)

2 手続的有効要件 (71)

第6章 不動産物権変動⑴ 対抗要件一般 ……………………………… 73

第1節「対抗することができない」の意義 (73)

趣旨 1「対抗不能」の意義 (73)

基本 2 二重譲渡の法律構成 (74)

基本 第2節 第三者の範囲（客観的範囲）(76)

1 第三者の意義 (76)

2 第三者の具体例 (76)

第3節 第三者の範囲（主観的範囲）(80)

基本 1 背信的悪意者の排除 (80)

展開 2 近時の判例の動向 (83)

第7章 不動産物権変動⑵ 登記を要する物権変動 …………………… 87

趣旨 第1節 いわゆる「対抗問題」の意義 (87)

基本 第2節 取消し・解除と登記 (88)

1 法律行為の取消しと登記 (88)

2 契約解除と登記 (92)

基本 第3節 取得時効と登記 (95)

1 問題の所在 (95)

2 判例の準則 (95)

3 判例に対する批判 (97)

4 学 説 (99)

第4節 相続と登記 (100)

基本 1 問題の所在 (100)

展開 2 共同相続と登記 (102)

3 遺贈と登記 (105)

vi 目　次

　　　　4　改正相続法の影響（107）

　基本　第5節　その他の物権変動原因と登記（108）
　コラム　所有者不明土地問題に関する法改正の動向③不動産登記（108）

第8章　動産物権変動⑴　対抗要件一般 ……………………………………… 111

　趣旨　第1節　動産物権変動の特徴（111）
　　　　1　対抗要件主義の適用領域（111）
　　　　2　不動産物権変動と動産物権変動との違い（113）

　基本　第2節　引渡し（占有の移転）（114）
　　　　1　引渡しの意義（114）
　　　　2　民法178条における引渡し（116）

　　　　第3節　引渡し以外の対抗要件（119）
　展開　1　明認方法（119）
　基本　2　登記・登録（120）
　展開　3　動産債権譲渡特例法上の登記（120）

第9章　動産物権変動⑵　即時取得 ……………………………………………… 123

　　　　第1節　即時取得の意義（123）
　趣旨　1　無権利の法理（123）
　基本　2　公信の原則（124）

　　　　第2節　即時取得の要件（125）
　基本　1　要　件（125）
　展開　2　占有改定・指図による占有移転と即時取得の可否（128）
　　　　3　動産譲渡登記（133）

　基本　第3節　即時取得の効果（133）
　　　　1　原始取得（133）
　　　　2　帰属確定後の債権法上の利益調整手段（134）

　　　　第4節　盗品・遺失物の特則（134）
　基本　1　回復請求権（134）
　展開　2　所有権および使用利益の帰属（136）

第10章　所有権⑴　所有権の意義と内容 …………………………………… 139

　趣旨　第1節　所有権の意義（139）
　基本　第2節　所有権の内容と制限（139）
　　　　1　所有権の内容（使用・収益・処分）（139）
　　　　2　所有権の制限（139）
　　　　3　土地所有権の制限（140）

　基本　第3節　土地所有権の及ぶ範囲（141）

目　次　　　vii

第4節　相隣関係（142）

趣旨　1　相隣関係の意義（142）

基本　2　公道に至るための他の土地の通行権（隣地通行権）（143）

　　　3　境界線付近の建築の制限（146）

展開　4　境界確定（147）

　　　5　民法213条に基づく隣地通行権と残余地の特定承継（150）

展開　第5節　金銭所有権（152）

コラム　所有者不明土地問題に関する法改正の動向④所有権（153）

第11章　所有権(2)　所有権の取得 ……………………………………………… 154

趣旨　第1節　所有権取得の形態（154）

基本　第2節　無主物先占・家畜外動物の取得・遺失物拾得・埋蔵物発見（154）

　　　1　無主物先占（無主物の帰属）（154）

　　　2　家畜外動物の取得（155）

　　　3　遺失物拾得（155）

　　　4　埋蔵物発見（155）

基本　第3節　添　付（156）

　　　1　添付とは（156）

　　　2　不動産の付合（157）

　　　3　動産の付合（161）

　　　4　混　和（161）

　　　5　加　工（162）

　　　6　添付の効果（163）

展開　第4節　建築工事における添付（164）

第12章　所有権(3)　共有 …………………………………………………………… 165

第1節　共同所有（165）

趣旨　1　共同所有の意義（165）

基本　2　共有・合有・総有（165）

基本　第2節　共有の法律構成（共有権・持分権）（167）

　　　1　持分権（167）

　　　2　持分の割合（167）

第3節　共有の対内的関係（168）

基本　1　共有物の管理（168）

展開　2　共有者間の明渡請求（171）

第4節　共有の対外的主張（174）

基本　1　共有持分権に基づく主張と共有権の確認（174）

viii 目　次

展開　2　第三者に対する明渡請求・登記抹消請求（175）

第5節　共有物の分割（179）

基本　1　分割請求（179）

展開　2　共有物の分割方法（181）

基本　**第6節　準共有**（182）

基本　**第7節　建物の区分所有**（182）

　　　　1　区分所有建物の権利関係（182）

　　　　2　区分所有建物の管理（184）

　　　　3　復旧・建替え（185）

コラム　所有者不明土地問題に関する法改正の動向⑤共有（186）

第13章　占有権⑴　占有権の要件 …………………………………………… 187

趣旨　**第1節　占有と占有権**（187）

　　　　1　占有・占有権の意義（187）

　　　　2　占有・占有権の効力（187）

第2節　占有の成立（189）

基本　1　占有意思と物の所持（189）

　　　　2　占有意思（189）

　　　　3　物の所持（190）

展開　4　意思無能力者の占有（190）

第3節　占有の態様（191）

　　　　1　自己占有・代理占有（191）

　　基本⑴　代理占有の意義（191）

　　　　⑵　代理占有の要件（191）

　　　　⑶　代理占有の効果（192）

　　　　⑷　占有補助者（占有機関）（192）

　　展開⑸　法人の占有（193）

基本　2　所有の意思ある占有・所有の意思なき占有（193）

　　　　3　瑕疵なき占有・瑕疵ある占有（197）

　　　　4　占有の継続（198）

基本　**第4節　占有の移転**（199）

　　　　1　引渡し（199）

　　　　2　占有の性質の承継（201）

基本　**第5節　占有の消滅**（203）

　　　　1　自己占有の消滅（203）

　　　　2　代理占有の消滅（203）

第14章 占有権(2) 占有権の効力 ……………………………………… 205

第1節 占有者と回復者の関係 (205)

趣旨 1 本権の訴え (205)

基本 2 占有の権利適法推定 (206)

3 占有者の果実取得 (207)

4 占有者の損害賠償義務 (207)

5 即時取得 (208)

6 家畜以外の動物の権利取得 (208)

7 占有者の費用償還請求権 (209)

第2節 占有者と侵害者の関係 (210)

趣旨 1 占有の訴え (210)

基本 2 占有の訴えの種類 (210)

展開 3 占有の訴えと本権の訴えの関係 (213)

趣旨 ## 第3節 準占有 (214)

1 準占有の要件 (214)

2 準占有の効果 (215)

第15章 用益物権 ……………………………………………………………… 216

趣旨 ## 第1節 用益物権の意義 (216)

1 用益物権とは (216)

2 債権的な土地利用権との異同 (216)

基本 ## 第2節 地上権 (217)

1 地上権の意義 (217)

2 地上権の成立 (217)

3 地上権の効力 (218)

4 地上権の消滅 (219)

基本 ## 第3節 永小作権 (220)

1 永小作権の意義 (220)

2 永小作権の成立 (220)

3 永小作権の効力 (221)

4 永小作権の消滅 (221)

基本 ## 第4節 地役権 (222)

1 地役権の意義 (222)

2 地役権の成立 (223)

3 地役権の効力 (224)

4 地役権の消滅 (224)

基本 ## 第5節 入会権 (225)

1 入会権の意義 (225)

2 入会権の内容（226）
3 入会財産（226）
展開 4 入会権の確認（227）

事項索引
判例索引

プロセス講義民法シリーズ

編者紹介

後 藤 巻 則（ごとう・まきのり）
　早稲田大学大学院法務研究科教授
　1985 年　早稲田大学大学院法学研究科博士課程単位取得退学。
　〈主要著作〉『消費者契約と民法改正』（弘文堂，2013 年），『契約法講義』（弘文堂，第 4 版，2017 年），『条解消費者三法』（共著）（弘文堂，2015 年）。

滝 沢 昌 彦（たきざわ・まさひこ）
　一橋大学大学院法学研究科教授
　1983 年　一橋大学法学部卒業。
　〈主要著作〉『契約成立プロセスの研究』（有斐閣，2003 年），『民法がわかる　民法総則』（弘文堂，第 4 版，2018 年）。

片 山 直 也（かたやま・なおや）
　慶應義塾大学大学院法務研究科教授
　1988 年　慶應義塾大学大学院法学研究科後期博士課程単位取得退学。
　〈主要著作〉『詐害行為の基礎理論』（慶應義塾大学出版会，2011 年），『財の多様化と民法学』（共編著）（商事法務，2014 年），『法典とは何か』（共編著）（慶應義塾大学出版会，2014 年）。

Ⅱ　物　権

執筆者紹介

（五十音順）

秋 山 靖 浩（あきやま・やすひろ）………… 第 10 章，第 11 章，コラム④（所有権）
　早稲田大学大学院法務研究科教授
　2000 年　早稲田大学大学院法学研究科博士後期課程単位取得退学
　〈主要著作〉『不動産法入門』（日本評論社，2011 年），『民法Ⅱ物権』（共著）（有斐閣，第 2 版，2017 年），『物権法』（共著）（日本評論社，第 2 版，2019 年）。

石 田　　剛（いしだ・たけし）……………………………………………… 第 8 章，第 9 章
　　一橋大学大学院法学研究科教授
　　1995 年　京都大学大学院法学研究科博士後期課程単位取得退学。
　　〈主要著作〉『債権譲渡禁止特約の研究』（商事法務，2013 年），『〈判旨〉から読み解く民
　　法』（共著）（有斐閣，2017 年），「背信的悪意者排除論の一断面(1)（2・完）」立教法学
　　73 号 63 頁，74 号 119 頁（2007 年），「『相続登記の欠缺を主張する正当の利益』に関する
　　覚書」加藤雅信先生古稀記念『21 世紀民事法学の挑戦　上巻』（信山社，2018 年）。

＊片 山 直 也……………………………………………………………………… 第 1 章
　　上記・編者紹介を参照。

鎌 野 邦 樹（かまの・くにき）…………………………………… 第 12 章，コラム⑤（共有）
　　早稲田大学大学院法務研究科教授
　　1988 年　早稲田大学大学院博士課程後期単位取得退学。
　　〈主要著作〉『コンメンタール　マンション区分所有法』（共著）（日本評論社，第 3 版，
　　2015 年），『マンション法案内』（勁草書房，第 2 版，2017 年），『不動産の法律知識』（日
　　経文庫，第 2 版，2017 年），「無権原者による植栽をめぐる法律関係」瀬川信久先生・吉
　　田克己先生古稀記念『社会の変容と民法の課題　上巻』（成文堂，2018 年）。

七 戸 克 彦（しちのへ・かつひこ）………………………………… 第 13 章・第 14 章
　　九州大学大学院法学研究院教授
　　1988 年　慶應義塾大学大学院法学研究科後期博士課程単位取得退学。
　　〈主要著作〉『土地家屋調査士講義ノート』（日本加除出版，2010 年），『基本講義物権法
　　Ⅰ総論・占有権・所有権・用益物権』（新世社，2013 年），『基本講義物権法Ⅱ担保物権』
　　（新世社，2014 年），『不動産登記法案内』（勁草書房，2014 年），『アルマ民法 2 物権』（共
　　著）（有斐閣，第 3 版，2018 年）。

中 村 昌 美（なかむら・まさみ）…………………………… 第 5 章，コラム①（総論）
　　名古屋学院大学法学部教授
　　1995 年　慶應義塾大学大学院法学研究科後期博士課程単位取得退学。
　　〈主要著作〉『アメリカ不動産法の研究』（信山社，2002 年），『リーガルスタディ法学入
　　門』（共著）（酒井書店，第 3 版，2007 年），『民法を知る 1 』（八千代出版，2015 年）。

舟 橋 秀 明（ふなばし・ひであき）………………… 第 7 章，コラム③（不動産登記）
　　金沢大学人間社会研究域法学系准教授
　　2002 年　早稲田大学大学院法学研究科博士後期課程単位取得退学。
　　〈主要著作〉「民法 94 条 2 項類推適用論の発展的解消の可能性——フランス法を素材と
　　して」安永正昭＝鎌田薫＝能見善久監修『債権法改正と民法学Ⅰ　総論・総則』（商事法
　　務，2018 年）。

松 尾　　弘（まつお・ひろし）‥‥‥‥‥‥‥‥‥‥‥‥‥‥‥‥‥‥ 第 2 章，第 3 章
　　慶應義塾大学大学院法務研究科教授
　　1990 年　一橋大学大学院法務研究科博士後期課程単位取得退学。
　　〈主要著作〉『民法の体系──市民法の基礎』（慶應義塾大学出版会，第 6 版，2016 年），
　　『民法改正を読む──改正論から学ぶ民法』（同，2012 年），『債権法改正を読む──改正
　　論から学ぶ新民法』（同，2017 年），『物権・担保物権法』（共著）（弘文堂，2008 年），『新
　　ハイブリッド民法　債権総論』（共著）（法律文化社，2018 年），「日本における土地所有
　　権の成立──開発法学の観点から」慶應法学 41 号（2018）93 頁。

武 川 幸 嗣（むかわ・こうじ）‥‥‥‥ 第 4 章，第 6 章，コラム②（土地所有権放棄）
　　慶應義塾大学法学部教授
　　1994 年　慶應義塾大学大学院法学研究科博士課程単位取得退学。
　　〈主要著作〉「第三者保護制度の改正について考える」円谷峻編著『社会の変容と民法典』
　　（成文堂，2010 年），「土地の売買と数量指示売買」澤野順彦編『不動産法論点大系』（民
　　事法研究会，2018 年），「転用物訴権と他の法理との関係」加藤雅信先生古稀記念『21 世
　　紀民事法学の挑戦　下巻』（信山社，2018 年）。

吉 井 啓 子（よしい・けいこ）‥‥‥‥‥‥‥‥‥‥‥‥‥‥‥‥‥‥‥‥‥第 15 章
　　明治大学法学部教授
　　1998 年　同志社大学大学院法学研究科博士課程後期単位取得退学。
　　〈主要著作〉「民法における動物の地位──フランスにおける議論を中心に」伊藤進先生
　　傘寿記念論文集『現代私法規律の構造』（第一法規，2017 年），「フランス区分所有法の新
　　展開──2014 年 ALUR 法による改正」瀬川信久先生・吉田克己先生古稀記念論文集『社
　　会の変容と民法の課題　上巻』（成文堂，2018 年），「地役権概念の再検討──フランス法
　　からの考察」同志社法学 60 巻 7 号（2009 年）293 頁。

*は本巻責任編者

凡　例

〈法令名略語〉

＊法令名の表記のないものは民法を指す

遺失　遺失物法

会社　会社法

企業担保　企業担保法

刑　刑法

憲　日本国憲法

建設機械抵当　建設機械抵当法

建基　建築基準法

鉱業　鉱業法

航空　航空法

航空機抵当　航空機抵当法

工場抵当　工場抵当法

小型船舶　小型船舶の登録等に関する法律

古物　古物営業法

質屋　質屋営業法

自動車抵当　自動車抵当法

社債株式振替　社債，株式等の振替に関する法律

小　小切手法

借地借家　借地借家法

商　商法

区分所有法　建物の区分所有等に関する法律

手　手形法

鉄道抵当　鉄道抵当法

動産債権譲渡特　動産及び債権の譲渡の対抗要件に関する民法の特例等に関する法律

道路運送車両　道路運送車両法

都計　都市計画法

ド民　ドイツ民法

農地　農地法

農動産　農業動産信用法

不登　不動産登記法

文化財　文化財保護法

民執　民事執行法

民訴　民事訴訟法

〈判例集略語〉

民録　大審院民事判決録

民集　大審院，最高裁判所民事判例集

下民集　下級裁判所民事裁判例集

集民　最高裁判所裁判集民事

裁時　裁判所時報

訟月　訟務月報

家月　家庭裁判月報

判時　判例時報

判タ　判例タイムズ

評論全集　法律学説判例評論全集

新聞　法律新聞

第1章

物権法序論(1)
物権の意義と種類

第1節　物権の意義と本質

→ 趣旨説明

1　物権および物権法の意義

　物権とは，物を直接に支配する権利（「支配権」）であり，「排他性」および「絶対性」を有する財産権である。例えば，所有権は物権の代表であるが，所有者は，所有権の目的である物（動産または不動産）を直接に支配（使用・収益・処分）することができ（206），かつ所有者のみがその支配をなすことができ，その支配を所有者以外の何人に対しても主張することができる。

　他方，債権は，人に対して給付を請求する権利であり，物権と対置される。例えば，売買契約からは，代金支払債権と財産権移転（引渡）債権の2つの債権が発生するが，それぞれ売買契約の一方当事者が他方当事者に対して給付（代金支払や財産権移転・引渡しなどの行為）を請求することができる権利にとどまり，金銭や動産・不動産を直接に支配する権利ではない。わが国の民法は，ドイツ民法に倣って，物権と債権の峻別を最上位区分（summa divisio）とし，編別の基礎としている（第2編物権，第3編債権）。物権と対比すると，債権は，排他性のない相対的な権利であると説明される。

　物権法は，資本主義経済を支える私有財産制の基本法であり，所有権を中心として財貨の帰属秩序を規律しているため，多くの規定が強行規定となっている。これに対して，債権法は，財貨の移転秩序（商品交換秩序）を規律するが，近代市民法においては市民の自由な意思決定を尊重し自由主義経済を保障するため，契約法を中心に任意規定が多数を占めている。

→→　基本説明

2　物権の性質

(1)　支配権

　物権は，「支配権」（対物権）であり，目的たる物を直接に支配し，物に内在する価値から直接に利益を享受する権利である。支配内容は，伝統的に，使用・収益・処分に整理され，物の価値は，利用価値と交換価値に二分される。これに対して，債権は「請求権」（対人権）であるとの分類がなされる。しかし，次の２点に注意を要する。

　まずは，債権は，確かに債権者の債務者に対する給付請求権であるが，債権者は，債務者の履行（および債権者による給付保持）を通して，事実上間接的に物を支配する状態が作出されることになる。例えば，賃借権は，賃借人が賃貸人に対して使用収益をさせることを請求できる債権に過ぎないが（601），賃貸人が目的不動産を賃借人に引き渡して使用収益を受忍することにより，賃借人は目的不動産を支配（使用収益）する利益を享受できる。しかしそれはあくまでも債務者である賃貸人の行為を介する間接的な支配であって，物権である地上権や永小作権が，地上権者や永小作人に，土地に対する直接の支配権（建物等の工作物や竹木を所有するために土地を使用する権利，耕作や牧畜をする権利）を付与する（265，270）のとは基本的に異なる。

　次いで，物権は，第１次的には，目的物の支配権（対物権）であるが，第三者が物権の円満な支配を妨げる場合には，第三者に対して妨害の除去・停止や占有の回復（返還）を請求することができる。これを物権的請求権と呼ぶ。よって第２次的な救済手段ではあるが，物権の効力として他人に対する請求権が発生する。

(2)　絶対性

　物権は，物に対する支配権であり，物権を有する者は，その支配を何人に対しても主張することができる。その意味で，物権は「絶対性」を有する。逆にいえば，人は何人たりとも他人の物権ないしその支配を尊重しそれを侵害してはならないとの不可侵性が導かれる。歴史的には，近代市民法の３原則の一つとして「所有権絶対の原則」が認められたが，それには私人間の関係だけではなく，むしろ対国家との関係での絶対性が含意されている。

　これに対して，債権は相対的な権利であるとされるが，そこでいう「相対性」とは，債権が給付請求権であり，債権者が給付の履行を請求できるのは債

務者のみであり，債務者以外の第三者が履行義務を負うことはないという趣旨である。他方，今日，債権侵害により不法行為責任が成立することには争いがなく，その点では，債権も含めた権利一般の不可侵性が認められている。よって，債権が相対的であるというのは，あくまでも債務者に対してしか給付を請求できないという意味に限定され，不可侵性は，物権と債権に共通する権利一般の性質である。

(3) 排他性

物権が物の直接の支配権であるというためには，物権を有する者のみにその独占的な支配が保障されていなければならない。これを物権の「排他性」という。例えば，ある物（不動産）について，「私も所有者である」と主張する他人が存在したのでは，所有者はその支配（使用・収益・処分）を全うすることができなくなってしまう。そこから，物権については，同一の目的物の上に2つ以上の両立しない内容の物権は成立させないとの「一物一権主義」が帰結される。共有（249以下）はその例外となる。

これに対して，債権は排他性がないといわれる。すなわち同一内容の給付について複数の債権の成立が認められる。例えば，あるタレントAが放送局B社およびC社と同一日時に競合する番組への出演契約を結ぶことは可能であり，その場合，B社およびC社はそれぞれがタレントAに対して同一内容の給付を目的とした債権を取得することになる。2つの債権の間に優先劣後の関係はなく，実際にはAがどちらかに履行（出演）すれば，同時に他方が不履行となるというに過ぎない。

なお，物権についても意思主義の原則から，同一の物権について複数の物権変動（設定・移転）がなされうる（176）。具体的には，所有権の二重譲渡や制限物権（地上権や抵当権など）の二重設定である。しかしながら，一物一権主義（排他性）の要請から，対抗要件（登記など）の具備の先後によって優劣関係を決することとしている（177，178）。所有権については先に登記をした譲受人が単独で所有権を取得し，抵当権については，先に登記をした債権者が第一順位抵当権者として目的不動産の交換価値を把握して，第二順位抵当権者に優先して債権の弁済を受けることができる。

2点，注意を喚起しておく。第1は，債権に関しては，排他性が否定され，同一内容の給付に複数の債権の成立が認められるが，債権という財産権は，準共有（264）を除いて，1人の名宛人に排他的に帰属しなければならないとい

う点である。債権の二重譲渡に際しては，対抗要件具備の先後によって，優劣関係が決せられる（467）。第2は，不動産賃借権については，債権ではあるが，対抗要件を備えた賃借権には排他性が承認され（最判昭28・12・18民集7巻12号1515頁は不動産の二重賃貸借による2つの賃借権の優劣関係を対抗要件具備の先後で決する），物権と同様の効果が認められるに至っている（605, 605の4など）。これを「賃借権の物権化」と呼ぶことがある。

➝➝ ▰ 基本説明 ▰

第2節　物権の種類

　民法第2編物権（175以下）は，物権法の一般法であるが，そこには，10種類の物権が規定されている。占有権（180以下），所有権（206以下），地上権（265以下），永小作権（270以下），地役権（280以下），入会権（263, 294），留置権（295以下），先取特権（303以下），質権（342以下）および抵当権（369以下）である。なお，民法以外の特別法が物権を規定している。特に担保物権に関しては，商事留置権がある他（商521など），仮登記担保契約に関する法律，工場抵当法，企業担保法など多数の法律が特別法上の担保物権を定めている。

1　本権と占有権

　まずは，10種類の物権のうち，占有権と所有権以下の9種類の物権とを区別することができる。占有権は，物の事実的な支配状態を暫定的に保護するために認められる特殊な物権であり，「占有」（自己のためにする意思をもって物を所持すること）によって取得される（180）。これに対して，所有権以下の物権は，物の支配を適法とするための権利であり，「本権」と呼んで，占有権と対比する。占有権は，本権を伴うか否かを問わずに，物の現実的な支配があれば，それに対して認められるものである。具体的には，本権の推定（188），果実収取（189以下），即時取得（192以下），占有訴権（197以下）などの効果が占有権の効果として認められている。

2　所有権と制限物権

　占有権以外の本権としての物権は，所有権とその権能の一部を支配する制限物権からなる。所有権は，法令の制限の範囲内において，目的物を使用・収益・処分することができる全面的支配権である（206）。これに対して，所有権以外の物権（他物権）は，所有権者の権能である使用・収益・処分権能のうち

の一部を支配する物権である。所有権の権能のうちの一部を制限することから「制限物権」と呼ばれる。

制限物権は，講学上，「用益物権」と「担保物権」とに分類される。所有権が支配する物の価値には，「利用価値」と「交換価値」があり，利用価値を支配する物権を用益物権，交換価値を支配する物権を担保物権と呼ぶ。

まずは民法が規定する8種類の制限物権のうち，地上権，永小作権，地役権および入会権が用益物権に分類される。例えば地上権は，他人の土地において，建物等の工作物や竹木を所有するために，その土地を使用する権利である（265）。Bが，土地甲の所有者Aから地上権の設定を受けて，土地甲の上に建物乙を建築して所有する場合を想定しよう。土地甲の所有権はAにあるが，土地甲を使用する権利は地上権者Bが取得する。土地所有権の使用収益処分権能のうちの一部である使用権能の部分が地上権によって制限されている状態となっている。地上権の設定により，土地所有者Aは甲土地を使用できなくなるが，甲土地の処分（第三者への譲渡や抵当権の設定）をする権能は所有者Aに残されている。

次いで，留置権，先取特権，質権および抵当権が担保物権に分類される。例えば抵当権は，不動産の所有者A（設定者）から自己または第三者の債務を担保する目的で，自己の不動産の占有を移さないで，不動産から優先弁済を受ける権利として債権者B（抵当権者）に付与される（369）。この場合，不動産の所有権はAにとどまり，Aは使用収益処分をなすことができるが，債務者であるAまたは第三者が抵当債務の弁済を怠った場合，抵当権者Bは担保不動産を競売等により換価して換価金から他の債権者に先立って優先弁済を受けることができる。よって抵当権者Bは，目的不動産の交換価値のみを支配していることになる。

第3節　物権法定主義

→→　基本説明

1　物権法定主義の意義と根拠

物権は，民法その他の法律によって定めるものの他，創設することができない（175）。これを「物権法定主義」と呼ぶ。物権法定主義には，①法律に定められている種類以外の物権を当事者が自由に創設することができないとの命題

と，②物権について法律の定める内容と異なる内容を当事者が自由に定めることはできないとの命題が含意されている。よって物権に関する規定の多くは強行規定である。

これに対して，債権はその主要な発生原因が契約であることから，契約自由の原則に従って契約の内容ひいては債権の内容を自由に決定することができる（521 II）。このため債権に関する規定の多くは任意規定である。

このように債権と対比するとき，物権についてのみ物権法定主義が適用され，当事者がその種類や内容を自由に決定できないことの理由は，以下の2点に求められる。

第1は，所有権の絶対（自由）との関係である。近代市民法は，封建時代の複雑かつ重層的な土地利用関係を廃止して，所有権の絶対（自由）を獲得し，それを近代市民法の3原則の一つとして宣言したという歴史的経緯が存する。今日的にも，例えば期間が無制限の半永久的な用益物権を当事者が設定することが可能であるとすると，それにより所有権の絶対（自由）が大幅に減殺されるおそれが生じる。物権法定主義は，物権の種類および内容の自由な創設が実質的に所有権の絶対（自由）を制約することがないようにとの趣旨に基づく原則である。

第2は，取引の安全の確保という点である。物権による物の支配は，絶対的かつ排他的なものであるから，当事者が自由に物権の内容を改変できるとなると，第三者の取引の安全を著しく害することになる。取引の安全は公示制度によって担保されるものであるから，当事者による自由な創設は，不動産登記等の公示制度によって類型的に公示が可能な範囲に制約されなければならない。これが物権法定主義の第2の理由である。

➤➤➤ 展開説明

2　慣習上の物権

民法は，物権法定主義を原則とし「この法律その他の法律に定めるもののほか」と法律主義を明らかにしているが（175），法律主義をあまりに厳格に貫くと，時代の変遷によって生じてくる社会の新たなニーズに法が適切に対応できなくなってしまう。そこで，法一般については，公序良俗に反しない慣習について法律と同一の効力を認めることとされているが（法の適用に関する通則法3条など），物権については，物権法定主義との関係で，いわゆる「慣習上の物権」がどこまで認められるかが論じられてきた。2つの問題が存する。

第1は，民法施行前から存していた慣習上の物権（「旧慣上の物権」と呼ばれる）である。物権法定主義の意義が，封建的な土地利用関係を整理し，所有権の絶対（自由）を確立することにあったことから，民法施行法は，民法施行前から慣習上物権として認められていた権利については，民法その他の法律に定めたもの以外は物権としての効力を有しないとした（民法施行法35条）。法律の規定によって各地方の慣習によることが定められたものが「入会権」である（263，294）。しかしこれ以外でも実際には旧慣上の物権が民法施行後も存続していた。判例は，一方では，物権法定主義の第1の趣旨から，封建時代の土地所有権の重層的・階層的な構造を残存することにつながる「上土（うわつち）権」については，地表のみの所有権としての慣習上の効力を認めず，民法上の地上権として法的性質決定をしたが（大判大6・2・10民録23輯138頁），他方では，土地の占有を全面的に奪うことのない地役権的な権利である水利権（渓谷ノ流水使用権）や温泉権（湯口権＝温泉専用権）については，慣習上の物権を容認するとの態度を示している（大判明42・1・21民録15輯6頁，大判昭15・9・18民集19巻1611頁）。

第2は，民法施行後，社会の発展に伴い取引社会の中で用いられるようになった物権の取扱である。これは特に，担保物権の領域において問題となる。譲渡担保や所有権留保などいわゆる非典型担保と呼ばれているものがそれである。これは物権法定主義の第1の趣旨は関係しないので，第2の趣旨すなわち公示などによる取引安全の確保が図られるならば，これらの非典型担保を認めることが直ちに物権法定主義に抵触するとまでいうことはできない。判例法によって漸次的な法形成がなされているところである（→Ⅲ巻担保物権4～5頁，143～146頁参照）。

コラム　所有者不明土地問題に関する法改正の動向①総論

急激な高齢化社会の進行，少子化，産業構造の変化などを原因とする都市一極集中の影響で，相続人が分散居住し，相続手続が進行しなかったり，管理が放棄されたことを原因として，九州の面積に近い，膨大な数量の所有者不明の土地があることが明らかになり（http://www.kok.or.jp/project/fumei.html），世に衝撃を与えた。不動産の無価値化により不動産所有権の放棄が現実に問題になることについては，予想もされなかっただろう。相続登記等がなされず所有

者不明になった土地，登記が進まず権利関係の公示が困難に陥っている土地などの問題の解決がより深刻なものとなった。状況の深刻さは憂慮すべきものである。すでに部分的に，「所有者不明土地の利用の円滑化に関する特別措置法」により立法的解決もされはじめているが，①土地収用手続の合理化，②「地域福利増進事業」に，所有者不明土地を一定期間提供されうることを定める内容にとどまっている。所有者不明土地の発生防止への抜本的な対応について，様々な研究・提言がなされているところである。

　登記制度や土地所有権の在り方等に関する中長期的課題について，民事基本法制の視点から，その論点や考え方等を整理することを目的として，山野目章夫早稲田大学大学院教授を座長として，平成29年10月には，「登記制度・土地所有権の在り方等に関する研究会」（https://www.kinzai.or.jp/specialty/registration.html）が発足し，同31年2月には，法務省に報告書が提出された。そこでは，多岐にわたる項目が検討されているが，重要な点は以下である。①登記制度の在り方について，物権変動における対抗要件主義の検証がなされたが，登記を効力要件とするには，歴史的積み重ねから課題が多いとされた。②登記の義務化の是非について，取引による場合よりも，相続による場合により登記の義務化が必要であるが，同時に，実効性の難しさが指摘されている。③土地所有権等の在り方について，我が国における土地所有権は，諸外国に比べて強大であるが，土地所有権の放棄の可否，もし放棄が認められるならば，その要件および放棄された土地の受け皿について，検討がなされている。その他，④不在者財産管理制度および相続財産管理制度の活用，⑤相隣関係の在り方，⑥共有地の管理等の在り方も検討されている。平成31年2月には，報告書を受け，所有者不明の土地問題の改革のため，法務省は，法制審議会に民法と不動産登記法の見直しを諮問し，法制審議会は，「民法・不動産登記法部会」（新設）に付託して審議を開始している。

（中村昌美）

第2章

物権法序論(2)
物権の客体・物権の効力

第1節　物権の客体

→ 趣旨説明

1　物と財産

　物権は物を直接に——つまり，他人の行為を介さずに——支配する権利であるから，この意味の直接支配の対象となる物であれば，物権の客体となりうる。物には有体物（固体・液体・気体など空間の一部を占め，物理的に知覚可能なもの）と無体物（著作，発明，デザインなどの知的財産および権利それ自体。後述2(6)参照）がある。もっとも，物権の客体は，物権の種類によって異なることに注意する必要がある。

　占有権，所有権，留置権，質権（権利質を除く）の客体は「物」であり（180, 206, 295, 342），民法上「物」とは「有体物」である（85）。なお，地上権，永小作権，地役権の客体は「他人の土地」（265, 270, 280）であり，これも有体物である（85, 36）。入会権は，共有の性質をもつ入会権には所有権の共有の規定が，共有の性質をもたない入会権には地役権の規定が準用されているが（263, 294），その客体は土地と解される。

　他方，先取特権の客体は「財産」（303），権利質の客体は「財産権」（362 I）である。抵当権の客体は「不動産」という物であるが，地上権および永小作権という土地を客体とする物権自体も客体となる（369）。また，準占有（権）および準共有（権）の客体は「財産権」である（205, 264）。

　このように現行民法上も物権の客体は，物，財産または財産権であり，有体物に限定されてはいない。ちなみに，旧民法は「物」の概念自体を有体物に限定せず，無体物も含むものとして広義に用いた。例えば，権利は「無体物」という「物」であり（財産編6条），債権に対する所有権も認められた（財産取得

編 24 条，68 条）。「包括財産」も「物」とされた（財産編 16 条）。これに対し，現行民法は所有権の客体（「所有物」）を有体物に限定した（206，85）。その結果，債権，その他の無体物に対する所有権は認めていない（後述 2(6)参照）。これは直接支配権としての所有権の効力が及ぶ範囲を客観的に明確にする趣旨である。債権に対する所有権（物権）を認めることは，現行民法が物権と債権を区別しようとした趣旨に反するとの見解もある。しかし，債権も「財産」または「財産権」の一つとして贈与や売買の目的となり（549，555），譲渡が認められる（466）。これは債権に対する所有権を認めなくとも，債権の権利主体への「帰属」を認めることができるからである。

→→ 基本説明

2　物の区別と態様

(1)　物の形態の多様性

権利客体としての「物」の形態は多様である。民法は不動産・動産（86），主物・従物（87），元物・果実（88・89）の区別について規定している。しかし，有体物・無体物，個物・集合物の区別については規定がない（後述 3 参照）。

(2)　不動産と動産

(ア)　不動産

土地とその定着物を不動産という（86 I）。土地とは地殻を意味する。地殻は恒常的な地殻変動や巨大地震によって動いている。その意味では，土地も実際には不動ではなくて動いており，動いた先がその土地である（なお，地滑りなどの地表面の変化は地殻＝土地の移動ではない）。

一方，定着物とは，土地に付着している様々な物のうち，土地に付着したまま継続的に使用されることが，その物の本来の性質であると認められる物である。定着物は，取引方法の相違に応じ，以下の 3 種類に区別することができる。

①石垣，溝，敷石，舗装，井戸，トンネルなどは，土地自体の構成部分と解され，定着物としては独立に取り引きされないと考えられる物である（土地の構成部分と化した定着物）。それらの一部を取り外して取り引きすることは可能であるが，それは最早定着物＝不動産ではなく，動産である（後述(イ)参照）。

②樹木，播種・植栽された種苗（仮植中のものを除く），土地・建物に固定された機械・その他の設備，銅像，線路，鉄管，庭園価値の一部と化した庭石（いずれも，取り外しが容易なものを除く）などは，土地と一体化してはいるが，土地から独立の権利客体であることを公示するものとして当該地域の慣習法上

認められた方法（明認方法という）を施すことにより，土地に付着させたまま，土地とは独立に取り引きすることができる（土地と一体化した定置物）。なお，取り外しが容易にできる庭石，石灯籠，仮植中の植物，仮小屋，建設用足場，固定性の弱い機械・設備などは，土地に定着しているとはいえず，動産である。

③建物，登記された樹木（立木に関する法律2Ⅰ）などは，つねに土地から独立した定着物と認められる（土地とは別個の定着物）。したがって，これらを土地と一体的に売却，賃貸したり，これらに抵当権を設定したりなどするためには，とくにその旨の意思表示をする必要がある。

(イ) 動　産

不動産以外の有体物は，すべて動産とされる（86Ⅱ）。なお，平成29年民法改正前は，無記名債権も動産とみなされた（改正前86Ⅲ）。無記名債権とは，交通機関の乗車券，美術館・映画館・劇場等の鑑賞券，スポーツ・イベント等の観覧券，各種施設への入場券等，所定のサービス（＝他人の行為）の内容を証明する書面＝証券を提示することにより，当該サービスを請求することができる債権であって，その証券面に特定の債権者の名前を記載せずに使用されるものである。無記名債権は，平成29年民法改正により，その証券の面に着目して「無記名証券」として扱われ，記名式所持人払証券の規定（520の13〜520の18）が準用されることになった。その結果，動産の善意取得に関する規定（192〜195）は無記名証券には適用されず，520条の15が適用される。すなわち，無記名証券の占有を失った者がある一方で，それを所持した者がある場合，この所持者は返還義務を負わない（520の15本文）。ただし，所持者が悪意または重過失によって無記名証券を取得したときは，この限りでない（520の15ただし書）。こうして，無記名証券の所持者は動産の取得者（善意・無過失を要する。192）よりも強力に保護され，取引安全が保障される。このことは，無記名証券の善意取得に関しては，動産の善意取得に関する盗品・遺失物の例外規定（193, 194）が適用されないことにも現れている。

(3) **主物と従物**

物の所有者が　その物の「常用に供するため」，つまり，継続的にその物の利用価値を増すために，自己の所有に属する別の物を付属させたとき，この付属物を従物といい，それによって利用価値が増す物を主物という（87Ⅰ）。例えば，母屋に対する物置，家屋に対する畳・建具，宅地に対する石灯籠や庭石，指輪と宝石などである。このように不動産も動産も主物・従物になりうる。

ある物が従物に当たるか否かは，その物が取引上主物の継続的利用のために付属させられ，その物を分離すると主物の利用価値を減損させると一般的に認められる場合に肯定される。例えば，ガソリンスタンドの店舗用建物に対し，地下タンク，計量機，洗車機などの諸設備は従物であり，前者に設定された根抵当権の効力は後者にも及ぶ（最判平2・4・19判時1354号80頁）。

また，土地所有者と建物所有者が異なる場合において，建物所有者の土地利用権原（地上権，賃借権，使用借権など）は，建物を主物とする従物に準じて扱われる（大判昭2・4・25民集6巻182頁，最判昭40・5・4民集19巻4号811頁）。元本債権に対する利息債権も同様である（大判大10・11・15民録27輯1959頁）。従物に準じて取り扱われるこれらの権利は従たる権利と呼ばれる。

従物は主物の処分に従う（87Ⅱ）。例えば，主物の売却，抵当権設定などの効果は従物にも及ぶ。ただし，87条2項は任意規定であると解されるから，契約の当事者間で従物を売買や抵当権設定の目的物としない旨の約定があれば，その特約が優先する。なお，主物と従物は同一所有者に属するものとされている（87Ⅰ）。しかし，主物・従物と同様の関係にあっても従物に相当する物とは別の所有者に属する主物について売却などの処分がされた場合，87条2項を類推適用し，従物に相当する物については他人物売買などがされたものと解し，94条2項（の類推適用）や即時取得の規定（192）を適用し，所有権の帰属を決定することが可能であると解される。

(4) 元物と果実

物の用法に従って生じる収益を果実，それを生み出す物を元物という。果実には，元物から直接に産出される天然果実（88Ⅰ）のみならず，元物の使用の対価として受領される利益である法定果実（88Ⅱ）もある。例えば，土地から産出される野菜・材木・鉱物・土石，樹木になる果物・葉，動物の乳・毛・子などは天然果実であり，物の賃料，その他の使用料は法定果実である。元本債権からの収益たる利息債権も法定果実として扱われる（大判明38・12・19民録11輯1790頁）。また，物の占有者がそれを使用することによって享受できる使用利益も，法定果実に準じて取り扱われる（大判大14・1・20民集4巻1頁）。

天然果実は，元物からの分離時に収取権をもつ者に帰属する（89Ⅰ）。天然果実の収取権者は，①元物の所有者（206）である。しかし，②所有者から元物の使用・収益権を認められた者（例えば，地上権者，永小作権者，留置権者，不動産質権者，賃借権者，使用借権者，子の財産を管理する親権者など。265，270，

297Ⅰ，356，601，593，828）があるときは，これらの者が収取権者である。抵当権者は，債務者の債務不履行後，抵当権を実行して目的物を差し押さえることにより，果実収取権をもつ（371）。

なお，他人の物の善意占有者も「占有物から生ずる果実を取得する」とされる（189Ⅰ）。しかし，これは他人物の善意占有者に積極的に果実収取権を認めた規定というよりは，善意占有者の返還義務のうち，果実部分については返還を免除したものと解すべきである。

法定果実の収取権者は，①元物の所有者（206）である。しかし，②所有者から対価の取得を認められた者（例えば，賃料債権の譲受人，転貸人など。466・466の6，601・612・613）があるときは，これらの者が収取権者である。収取権者が変わったときは，収取権の存続期間に応じて日割りで分配される（89Ⅱ）。

(5) 集合物

物権の客体が複数存在するときは，その1個1個に物権が成立するので（物権の客体の単一性），複数の物の上に1個の物権は成立しない。しかし，複数の物をまとめて1個の物権の客体として取り扱う実務上の要請があり，かつ当該複数の物の範囲が特定できる場合は，当該複数の物（集合物）を1個の物権の客体として取り扱うことも可能である（第2節2参照）。

(6) 無体物

無体物とは，それ自体として空間の一部を占めることがなく，それゆえに物理的コントロールができないものである。権利そのもの，知的財産（著作，発明，アイディア，デザイン，商標など。これらはコピーなどによる複製が容易に可能である）がその典型例である。このうち，権利はすでに物権の客体とされている（前述1参照）。一方，知的財産については，創作者の利益保護による創作活動へのインセンティブの確保の要請と公共的利用による自由の確保や文化活動の活性化の要請とを調整するために，特別法（著作権法，特許法，実用新案法，意匠法，商標法など）による規制が設けられている。

その結果，著作権などの知的財産に対する特別法上の権利が保護期間の満了などによって消滅した後も，その客体である無体物は所有権などの物権の客体にならないものと解されている。判例は，「所有権は有体物をその客体とする権利である」から，「無体物である美術の著作物自体を直接排他的に支配する権能ではない」とし，著作権の消滅後は「著作物は公有（パブリック・ドメイ

ン）に帰し，何人も，著作者の人格的利益を害しない限り，自由に……利用しうる」と解している（中国の唐代の書家の作品を所有するXが，同作品のかつての所有者Aから許諾を得てBが撮影した写真の画像をCから取得したYに対し，写真画像を用いた複製の製作・販売の差止めなどを請求した。1審，2審，最高裁はいずれもXの請求を棄却した。最判昭59・1・20民集38巻1号1頁）。

　また，著名な競走馬の所有者Xらが，当該競走馬の名称を無断で利用してゲーム・ソフトを製作・販売したYに対して損害賠償請求をした事案でも，最高裁は，競走馬等の物の所有権は，「その物の有体物としての面に対する排他的支配権能」であるにとどまり，その名称等の無体物としての面を直接排他的に支配する権能に及ぶものではないとして，損害賠償請求を一部認めた原判決を破棄した（最判平16・2・13民集58巻2号311頁）。

　このように判例は，所有権は有体物を客体とし，著作物や所有物の名称は所有権の客体とはならないと解している。しかし，所有者の許諾なしにその所有物に不正にアクセスし，その映像を撮影して収益を上げるなど，当該有体物と不可分に結びついた非有体的利益（美術的価値など）をその所有者の意に反して利用する者に対し，所有権の効果である所有物の使用・収益権の行使方法を侵害するものとして，所有権に基づく救済の余地がないか，なお検討の余地があると考えられる。下級審裁判例には，所有者の意思に反してその所有物の映像を用いて利益を上げる行為が，所有権を侵害して不法行為に当たることを認めた例もある（高知地判昭59・10・29判タ559号291頁，神戸地伊丹支判平3・11・28判時1412号136頁）。

　さらに，商品の販売等を促進する顧客吸引力をもつ人の氏名・肖像等は，それを排他的に利用する権利としてのパブリシティ権の客体となる（最判平24・2・2民集66巻2号89頁）。

→→→ 展開説明

3　物の外延

(1)　海面下の地盤

　海（海水および海面下の地盤）は公共用物（公物のうち，一般公衆の利用が認められる物であり，公的機関が専用する官庁の土地・建物や設備等の公用物と区別される）である。したがって，海面下の地盤が私人の所有権（私的所有権）の客体となるかにつき，判例は原則として否定する。なぜなら，海水に覆われたままの状態では「私法上所有権の客体となる土地に当たらない」し，現行法上，

国の公法的な支配・管理に服する公共用物である海および海面下の地盤を，海水に覆われたままの状態で，一定範囲を区画して私人の所有に帰属させる制度は採用されていないからである。ただし，(ア)私有地が自然現象によって海没して海面下の地盤となった場合，および(イ)過去において国が海の一定範囲を区画して私人の所有に帰属させたことがあった場合は，「人による支配利用」の可能性および他の海面との識別可能性があるかぎり，所有権の客体性を失わない（最判昭61・12・16民集40巻7号1236頁。もっとも，本事案では，徳川幕府の新田開発許可はたんなる開発権の付与であり，排他的・総括的支配権の付与ではなく，また，明治政府の下付した地券も排他的・総括的支配権の証明文書であり，権利を設定する設権文書ではないとして，原告らが主張する土地滅失登記処分取消請求を棄却した）。

　したがって，海面下の地盤であっても，①物理的支配可能性，②経済的利用可能性，③他の海面との識別可能性（特定性），および④公的な権原の付与があれば，私的所有権の客体になるものと解される。判例が④を比較的厳格に解釈するのは，公物としての公益目的の実現に支障がないかどうかを確認するためであると解される。

　④に関しては，公物も明示的に公用を廃止して払下げ＝権原付与の手続を経ることにより，私的所有権の客体になりうる。海面下の地盤も，公有水面埋立法に基づき，公有水面埋立権を取得した者が，免許期間内に埋立工事を完成し，その竣功認可を得れば，その告示日に埋立地の所有権を取得する（公有水面埋立法22Ⅰ，24Ⅰ）。この場合，埋立地は，埋立工事の竣功認可により，埋立土砂＝動産が原状回復の対象とならないことが確定し，海面下の地盤と結合して土地＝不動産になるものと解される。

　公物の払下げなどの明示的な権原付与がない場合でも，公共用物（水路）について長年にわたり隣接する私有地とともに占有が継続され，すでに黙示的に公用が廃止されたと認められるに至っているときは，時効取得が可能である（最判昭51・12・24民集30巻11号1104頁）。また，免許期間内に埋立工事が完成せず，免許失効後に埋立工事が完成した埋立地（竣功未認可埋立地）も，「長年にわたり……事実上公の目的に使用されることもなく放置され，公共用財産としての形態，機能を完全に喪失し，その上に他人の平穏かつ公然の占有が継続したが，そのため実際上公の目的が害されるようなこともなく，これを公共用財産として維持すべき理由がなくなった場合」は，原状回復義務（公有水面

埋立法 35 Ⅰ）の対象とならず，「公有水面に復元されることなく私法上所有権の客体となる土地として存続することが確定し，同時に，黙示的に公用が廃止されたものとして」，取得時効の対象となる（最判平 17・12・16 民集 59 巻 10 号 2931 頁）。

　なお，海および海面下の地盤には私的所有権が成立しないとの原則に立つと，海と陸地との境界画定が重要になる。この点に関しては，㋐春・秋分時の満潮位線を基準とするとの見解と，㋑最高潮位線によるとの見解がある。

(2)　建築中の建物

　建物は土地の上に動産を付着させることによってやがて不動産となる。では，建物はいつから不動産となるか。建物の建築プロセスなどにおいて，それが土地とは別個の定着物たる不動産になるための要件に関しては，実体法上の要件は明示されていない。判例は，「完成シタル建物」でない「工事中ノ建物」でも，「屋根及周壁ヲ有シ土地ニ定著セル一個ノ構造物トシテ存在スルニ至」れば，床，天井などを備えていなくとも，建物たりうると認めている（大判昭 10・10・1 民集 14 巻 1671 頁。建物所有権の帰属に関する）。もっとも，「登記されるべき建物とは一連の新築工事が完了した家屋をいう」と解した例もある（最判昭 59・12・7 民集 38 巻 12 号 1287 頁。固定資産税の課税客体となる時期に関する）。判例は，不動産としての建物の成立について，事件の内容に応じて目的論的に解釈しているようである。一般的には，①土地への定着性，②外気遮断性，③強度性および④用途上の目的達成可能性を満たしたものは，建物と認められると解される（不動産登記事務取扱手続準則 136，新潟地判昭 55・3・28 訟月 26 巻 6 号 1057 頁参照）。

第2節　一物一権主義

➤➤　基本説明

1　一物一権主義の意義

　物を直接に支配しうる権利としての物権の性質上，①物権の客体は特定していることが要請される（特定性）。不特定の客体を支配することは困難だからである。また，②複数の物の集合（集合物）に対しては，全体として 1 個の物権が成立するのではなく，それを構成する 1 個 1 個の物に 1 つの物権が成立することが要請される（単一性）。物権の客体は単一の物であるほうが支配の範

囲が明確で，扱いやすいからである。さらに，③1個の物の一部のみに物権は成立しせず，1個の独立した物全体に1つの物権が成立する（独立性）。物権の客体は独立した1個の物である方が権利関係が明確で，処分も容易だからである。このように，1つの物権の客体は，特定し，単一で，独立した1個の物であることが要請される。これを一物一権主義の原則という。

他方，物権が物に対する支配権であることから，同一物を客体とする同一内容の物権は複数成立しえない。すなわち，1個の物の上には同一内容の物権は1つしか成立しない。これは物権の排他性といわれる。この物権の性質としての排他性と，先にみた物権の客体の特定性・単一性・独立性を総称して，一物一権主義の原則ということもある。

このうち，物権の客体の特定性・単一性・独立性は，あくまでも物の直接支配権としての物権の客体に便宜上望まれる性質であるから，例外を許容しないものではないことに留意する必要がある。むしろ，物権取引の内容によっては，その例外を認めることがかえって便宜に資することもある（後述2参照）。

→→→ 展開説明

2 一物一権主義の外延

(1) 単一性・特定性の例外

物権の客体の単一性・特定性の例外として，すでに法律上，工場抵当権の客体は土地・建物，その付加一体物，土地・建物に備え付けた機械，器具，その他工場の用に供する物および建物に設定された抵当権に及ぶものとされている（工場抵当2Ⅰ・Ⅱ）。これらは複数の物からなる集合物であり，かつ一定の範囲において構成部分が変動する流動財産であるが，それに対して1個の物権の成立が認められている。また，財団抵当権の客体としての物財団（鉄道抵当1〜4など），不動産財団（工場抵当8，11など）も集合流動財産である。さらに，企業担保権は特定の企業の総財産を客体とし，財団抵当の客体とならない財産権や構成部分の変動する客体（流動動産など）をも含む（企業担保法1）。ただし，企業担保権の設定者は株式会社に限定され，被担保債権は原則として社債に制限され，個々の財産について対抗要件を具備した一定の担保物権に劣後するなどの制約がある（企業担保1，2Ⅰ，3，4，7）。それは在庫商品など，構成内容が変動する集合物（集合流動動産）を担保化することへの要請が強い中小企業などにとっては実用的でない。

そこで，実務では集合流動動産を客体とする譲渡担保権の設定を行う慣習が

形成され，判例もこれを追認するに至っている（大阪地判昭30・12・6下民集6巻12号2559頁は，在庫商品の譲渡担保はこれを構成する個々の商品を離れた1個の集合物とみて，その1個の所有権を担保目的で移転する契約であるとの見解が正当であるとした）。最判昭54・2・15（民集33巻1号51頁）は，乾燥ねぎの一部を譲渡担保の目的物とする契約につき，目的物の範囲が特定されていないとして譲渡担保の成立を否定したが，傍論で「構成部分の変動する集合動産についても，その種類，所在場所及び量的範囲を指定するなどなんらかの方法で目的物の範囲が特定される場合には，1個の集合物として譲渡担保の目的となりうる」とした。さらに進んで，最高裁は，構成部分の変動する集合動産（集合流動動産）であっても，その種類，所在場所および量的範囲を指定するなどの方法によって「目的物の範囲が特定される場合」は，1個の集合物として譲渡担保権の目的とすることができることを認めた（最判昭62・11・10民集41巻8号1559頁）。

このように内容が変動する複数の物を1個の物権の客体として認めることは，物権の客体の特定性および単一性の例外といえる。それをどこまで緩和しうるか（例えば，特定の倉庫にある特定の商品の「3分の1」に対して譲渡担保を設定するなど）については，物権取引の明確性・安定性と実務上の要請の双方を考慮に入れた目的論的解釈の余地がある。

(2) 独立性の例外

物権の客体の独立性の例外として，物の一部に対しても物権の成立が認められる場合がある。法律上それを認めているものとして，権原によって不動産に付合させた物（例えば，土地所有者から賃借権を取得して播種・植栽した植物など。241ただし書），建物の区分所有等に関する法律によって認められた区分所有権の客体（区分所有法1），区分地上権の客体たる地上または地下の空間（269の2，不登78Ⅴ），土地の一部のみに関する地役権の承役地（282Ⅱただし書，不登80Ⅰ②），共有障壁の高さを増した部分（231Ⅱ）などである。

また，判例上も，一筆の土地の一部に対する物権の成立が認められている。例えば，一筆の土地の一部を売買し，その部分の所有権のみを移転することが認められている（大連判大13・10・7民集3巻476頁，最判昭30・6・24民集9巻7号919頁，最判昭31・6・5民集10巻6号643頁）。また，一筆の土地の一部を時効取得することも認められている（大判大13・10・7民集3巻509頁）。さらに，（旧）建物保護法1条の建物登記による，一筆の土地の一部に存在す

る地上権の対抗（大判明34・10・28民録7輯9巻162頁参照）などもある。

　さらに，土地と一体化した定着物に対して明認方法が施された場合も，その定着物を土地に定着させたまま，土地とは独立に取り引きすることができる（第1節2(2)(ア)参照）。

→→　**基本説明**

第3節　物権一般の効力

(1)　物権の性質と物権の効力

　物権の効力は，物権をもつ者が当該物権の内容を実現できることであり，それは個別の物権の種類によって異なる。しかし，そうした物権に共通する一般的効力として，債権および他の物権に対する優先的効力，および物権を侵害する者に対して侵害の排除を求める効力が認められる。これらはいずれも物権の本質，すなわち，物権が物を直接に支配し，他人の行為を介さずにその物から利益を引き出すことのできる権利であること（直接支配権性。第1章第1節参照）の帰結である。

(2)　債権に対する物権の優先的効力

　同一の物を目的物として物権と債権が成立し，内容的に競合するときは，物権が債権に優先する。なぜなら，物権は物を直接に支配することのできる権利（直接支配権）であるのに対し，債権は他人に対して一定の行為（作為，不作為）を請求することのできる権利（請求権）にとどまるからである。これを債権に対する物権の優先的効力という。例えば，①Aが所有する土地αに対して抵当権や質権をもつBは，当該土地αを差し押さえて強制競売を申し立てた債権者Cに優先して，土地αの売却代金から被担保債権の弁済を受けることができる。また，②Aが所有する土地αをBに駐車場として使用する目的で賃貸し（605），その後，Aが土地αをCに売却して所有権を移転すれば，Bの賃借権（債権）はCの所有権（物権）よりも先に成立していたにもかかわらず，Cの所有権が優先し，CはBに対して土地αの明渡しを請求することができる（「売買は賃貸借を破る」といわれる原則）。ただし，次の2点に注意する必要がある。第1に，①におけるBの抵当権や質権がCによる差押えの登記の前に設定登記をしていなければ，BはCに優先的効力を対抗できない（177）。また，②におけるCの所有権が移転登記を備えていないときは，BはCが登記を具備するまでは所有

権を認めないと主張すれば，CはBに対抗することができない（177）。第2に，②に関連して，Cが所有権の移転登記を受ける前に，Bの賃借権が登記された場合（605），またはBの賃借権が建物所有目的のもので，土地α上にBが建物を建築してB名義で所有権の保存登記をした場合（借地借家10Ⅰ），同じくBの賃借権が農地または採草放牧地αを目的とするもので，Bが土地αの引渡しを受けた場合も，Bの賃借権は先に対抗要件を備え，Cの所有権に優先することが認められている（同様にAが所有する建物βをBに賃貸して引き渡した後に，Aが建物βの所有権をCに譲渡して，移転登記を備えた場合も同様である。借地借家31）。その結果，物権の債権に対する優先的効力は，現在では，対抗力を先に備えた物権は対抗力を備えないまたは対抗力を後から備えた債権に優先することを意味する。

(3) 物権相互間の優先的効力

物権は目的物の直接支配権であるから，同一物の上に内容を同じくする物権が複数成立することはない。これを物権の排他性という（第1章2参照）。その結果，同一物を客体とする複数の物権相互間には優先劣後の関係が成立する。物権相互の優先劣後関係は，以下のようにして決定される。

①時間的に先に成立した物権が後に成立した物権に優先する（prior tempore, potior iure）。

②ただし，対抗要件（不動産の登記〔177〕，動産の引渡し〔178〕，明認方法〔慣習法〕）の具備によって優劣関係を決定する制度が存在する物権どうしの間では，対抗要件の具備の先後による。

③対抗要件の具備によって優劣関係を決定する制度が存在しない物権どうしの優劣関係について，法律の規定があるときは，それによって決定される。例えば，一般の先取特権が競合する場合（329Ⅰ），一般の先取特権と特別の先取特権が競合する場合（329Ⅱ），同一の動産について特別の先取特権が競合する場合（330），同一の不動産について特別の先取特権が競合する場合（331）である。そして，同一の目的物について「同一順位」の先取特権者が複数存在するときは，各先取特権者はその債権額の割合に応じて弁済を受けるものとされている（332）。

(4) 物権の侵害者に対する効力

このほか，物権の一般的効力として，妨害排除的効力，追及力なども挙げられる。もっとも，これらは物権の行使が侵害された場合に，侵害者に対し，そ

の侵害の態様に応じて侵害の除去を求める法的手段である物権的請求権の問題として捉えることができる（第3章参照）。すなわち，追及力は物権の客体が侵奪された場合にそれを回復するための返還請求権，妨害排除的効力は侵奪に至らない妨害を除去するための妨害排除請求権に相当すると解される。

第3章

物権的請求権

第1節　物権的請求権の意義と性質

→ 趣旨説明

1　物権的請求権の意義

　物権的請求権は，物権の効力のうち，物権が侵害された場合において，物権をもつ者（以下，物権者という）が侵害を排除し，物権の円満な状態を回復するために，侵害者に対してとりうる法的手段である。この意味で，物権的請求権は物権の対外的効力ということができる。これに対し，個々の物権に特有の内容に従って物権者が目的物を支配する権能は，物権の対内的効力ということができる。本章では，前者について検討する。

　物権的請求権の理論的根拠は，物権が物を直接に支配する権利であるという，物権の支配権性に由来するとみることができる。物権者による物権の行使が，何ら権原をもたない者によって侵害されている以上，現在の侵害者に対し，その故意・過失の有無を問わず，侵害の除去を請求し，当該物権の内容に即して円満な状態を回復することができなければ，目的物に対する直接支配権としての物権を認める意味が失われるからである。

　民法上，物権的請求権はどのように規定されているか。旧民法は，個々の物権ごとに必要と考えられる内容の物権的請求権（物上訴権と呼んだ）を規定した。例えば，所有権については「所有者其物の占有を妨げられ又は奪われたるときは所持者に対し本権訴権を行うことを得」とした（財産編36条1項本文）。用益権という物権については「用益者は虚有者〔用益権設定者〕及び第三者に対し直接に其収益権に関する占有及び本権の物上訴権を行うことを得」とした（財産編67条1項）。また，賃借権（旧民法では物権とされた）については「賃借人は其権利を保存する為め賃貸人及び第三者に対して67条に記載したる訴権

を行うことを得」（財産編 136 条）とした。

　ちなみに，ドイツ民法も個々の物権が侵害された場合の請求権について，必要に応じて規定している（所有権について 985〜1007，地上権について旧 1017・地上権法 11，地役権について 1027，用益権について 1065，人役権について 1090 II，質権について 1227 など）。このうち，所有権に基づく請求権として，次のように規定する。

　「所有者は占有者に対して物の返還を請求することができる」（ド民 985）。

　「所有権が占有の侵奪または留置以外の方法によって侵害されたときは，所有者は妨害者に対し，その侵害の除去を請求することができる。引き続き侵害されるおそれがあるときは，その侵害の停止を請求することができる」（ド民 1004 I）。

　「物がその所有者以外の者の占有する不動産の上に存在するときは，物の所有者は不動産の占有者に対し，867 条〔占有者の追及権〕に定めた請求権をもつ」（ド民 1005）。

　これに対し，日本の現行民法は，物権的請求権に関してあまり多くの規定を置いておらず，その要件・内容などを直接に規定した条文はない。間接的に，物権的請求権の存在を前提にした規定がいくつかある。例えば，①占有訴権とは別に「本権」に基づく訴えが存在することを明示した規定（202）がある。また，②物権であっても，その侵害に対して占有訴権によって救済を受けるべき場合は，その旨を規定している。例えば，留置権者および質権者が占有を喪失したときは，占有訴権によって回復すべきことを規定している（留置権に関する 302 本文・203 ただし書，動産質権に関する 353）。その反対解釈として，それ以外の物権が侵害された場合は，物権的請求権による救済が予定されていると解される。さらに，③占有者に対する果実の返還請求，目的物の滅失・損傷に対する占有者の責任，占有者が支出した費用の償還請求などに関する比較的詳細な規定（189〜191，196）は，物権的請求権が行使された場合における付随的な問題の解決に関する。

　物権的請求権の典型例は所有権に基づく請求権である。その法理は，地上権，永小作権，地役権，入会権，先取特権，不動産質権，抵当権など，他の物権に対しても，その支配権性の内容に応じて変更を加え，適用されている（例えば，通行地役権に基づく妨害排除請求の場合，「通行地役権は，承役地を通行の目的の範囲内において使用することのできる権利にすぎないから，……通行妨害行為の禁止

を超えて，承役地の目的外使用一般の禁止を求めることはできない」とする。最判平17・3・29判時1895号56頁）。

なお，平成29年改正民法は，不動産の賃借人が対抗要件（605の2Ⅰ）を備えた場合において，①その不動産の占有を第三者が妨害しているときは，当該第三者に対する「妨害の停止の請求」をすることができ，②その不動産を第三者が占有しているときは，当該第三者に対する返還の請求をすることができるという規定を設けた（605の4）。これは，対抗要件を具備した不動産賃借権の物権化として学説上唱えられており，判例（最判昭28・12・18民集7巻12号1515頁等）も認めていた法理を明文化したものである。それゆえに，対抗要件を具備した不動産賃借権に基づく返還請求および妨害停止請求を認めた605条の4は，いわんや物権が侵害されているときは物権的請求権が認められることを当然の前提にしているということもできる（もっとも，不動産の賃借人が対抗要件を備えていない場合が問題になる。605条の4は，不動産賃借人が対抗要件を備えない場合でも，対抗要件の不存在を主張する正当な利益をもたない第三者〔不法占拠者等〕に対しては妨害排除等請求等ができるという解釈を否定する趣旨ではないと解されている。学説上は，不動産賃借権が対抗力をもつことを要件とする見解，不動産の賃借人が目的物の引渡しを受けたことを要件として，対抗要件の具備や不動産・動産を問わず，妨害排除請求等を認める見解，不動産賃借権一般についても妨害排除等を認める見解〔ただし，賃貸人が所有者であることを要件とする〕などがある）。

➡➡ 基本説明

2　物権的請求権の性質

(1)　相手方の行為，故意・過失，善意・悪意の不要性

物権的請求権は，物権の直接支配権性に基づき，物権者による目的物の支配が他人によって侵害され，または侵害の危険が生じている場合に，その侵害を除去し，または侵害の危険を予防する措置をとることを請求できる権利である。それゆえに，以下のような特色をもつ。

①現在物権を侵害し，または侵害の危険を生じさせている者に対し，その故意・過失の有無を問わずに，侵害の除去または侵害の危険の予防を請求することができる。この点で，不法行為に基づく損害賠償請求権（709）と異なる。

②侵害や侵害の危険が現在の物権侵害者自身の行為によって生じたか，第三者の行為または自然力によって生じたかを問わない（例えば，Aから建物を賃借

したBが，Cから賃借した砕石機等の機械類を当該建物に備え付けて使用していたが，当該建物の賃貸借契約が解除され，同機械類を放置したままBが立ち去った場合，Aは当該建物の所有権に基づき，当該建物が同機械類によって侵害されていることを理由に，同機械類の所有者Cに対し，その撤去を請求できる。Cがそれに応じなければ，同機械類によってAの建物使用が妨害されたことによる損害賠償をCに対して請求できる。大判昭5・10・31民集9巻1009頁）。

③物権的請求権は，物権の目的物を侵奪した者からその目的物を譲り受けた特定承継人に対しても，その善意・悪意を問わずに行使できる。この点で，占有侵奪に対する占有権に基づく占有回収の訴えと異なる（占有回収の訴えは，善意の特定承継人に対しては提起することができない。200Ⅱ）。

(2) 行使期間

物権的請求権は，物権が存在し，かつ物権の侵害またはその危険の状態が存続する限り，行使することができる。この点は，占有訴権が，占有の侵奪後1年間，占有の妨害停止後1年間，または占有の妨害もしくはその危険を生じさせた工事着手時から1年間を経過し，またはその工事の竣成後は提起できなくなること（201）との違いである。

ただし，物権のうち，地上権・永小作権など，所有権以外の物権は，権利行使可能時から20年間の不行使によって時効消滅する（166Ⅱ）。その後は，物権的請求権を行使することはできない。これに対し，所有権は消滅時効に服しない。したがって，所有権に基づく請求権も消滅時効にかからない（大判大5・6・23民録22輯1161頁。所有権に基づく所有物返還請求権は「所有権の一作用」であって，所有権から発生する「独立の権利」ではないから，所有権自体と同じく消滅時効によって消滅することはないとする）。

もっとも，他人からその所有物を購入し，代金全額を支払う等して所有権を取得したが，目的物の引渡しを受けないまま引渡請求権が時効消滅（166Ⅰ）したときは，目的物が不動産で，かつ所有権移転登記がされている場合を除き，物権的請求権も消滅時効にかかることを肯定する見解もある。これは，売買等に基づく債権的請求権の消滅時効と物権の消滅時効との関係（両者が競合するか否か）に関わる問題である。

この点に関連して，さらに，所有者がその所有物を他人に賃貸，寄託等した場合において，賃貸借契約，寄託契約等に基づく債権的返還請求権が時効消滅（166Ⅰ）した後にも，物権的請求権を行使できるかどうかも議論されている。

(ア)　請求権競合説は，所有者は賃貸借・寄託等の契約に基づく債権的請求権としての明渡請求権および所有権に基づく物権的請求権の双方をもち，その何れを行使することもできるので，債権的請求権が時効消滅しても，物権的請求権（所有権が消滅時効にかからない以上〔166 II〕，消滅時効にかからないと解する）としての返還請求権を行使しうるとみる。判例も請求権競合説に立つ（Aがその所有地をBに寄託した後に死亡し，Aの相続人Xもその土地を引続きBに寄託したままにしていたが，その後XがBに返還請求したところ，Bは寄託契約上の返還請求権の時効消滅を理由に返還を拒んだ。原審はBの主張を認め，Xの返還請求権は時効によって消滅したと判断した。これに対し，大審院は，自己の所有物を寄託したときは，寄託契約上の返還請求のほか，所有権に基づく返還請求も行いうるから，寄託契約上の返還請求権が時効消滅しても，「所有権を主張して其の物の引渡を請求することを得べく，契約上の請求権と物上請求権とが相競合することあるを妨げざる」ものとし，原判決を破棄・差戻しとした。大判大11・8・21民集1巻10号493頁）。

(イ)　法条競合説は，同一当事者間で物権的請求権と債権的請求権が同時に発生することはなく，契約関係がある当事者間ではもっぱら債権的返還請求権のみが発生する。その結果，債権的請求権が時効消滅すれば，その後に所有権に基づく物権的請求権を行使することはできなくなる。

(ウ)　物権的請求権と債権的請求権との競合を認めつつ，個々の事例における具体的事情に照らし，物権的請求権の行使が信義則（1 II）に反したり，権利濫用の禁止（1 III）に抵触する場合に，その行使を否定する立場もある。また，賃貸人が，賃貸借終了後も目的物の使用を継続する賃借人に対し，異議を述べないことにより，黙示の更新（619）または法定更新（借地借家5～9，26～28，30）を認める形で，契約法上の規定による調整を図る余地もある。

→→ 基本説明

第2節　物権的請求権の態様

1　返還請求権

物権者が目的物の占有を侵奪されたときは，目的物の現在の占有者に対し，返還を請求することができる（物権的返還請求の相手方に関しては，第1節**2**(1)②，第4節参照）。

なお，金銭（動産の一種。86Ⅱ）を所有するＡが，これをＢに寄託し，または B に盗取もしくは横領され，その金銭がＡの同意を得ないままＣに引き渡された場合，ＡはＣに対し，金銭の所有権に基づいて返還を請求することができるか。封印された状態のままの金銭，コレクションの対象としての金銭などのように，特定物として個性が認められる状態の金銭は，通常の動産と同様に扱うことができる。では，金銭の個性は問題とされず，その価値のみが問題とされる通常の金銭の場合はどうか。

(ア) 判例は，金銭所有権に基づく返還請求権を否定する。なぜなら，金銭は，前記のような特定物と認められる場合を除いては，「物としての個性を有せず，単なる価値そのものと考えるべきであり，価値は金銭の所在に随伴するものであるから，金銭の所有権者は，特段の事情のないかぎり，その占有者と一致すると解すべき」であるとする。このことは，金銭を現実に占有する者は，それをどのような理由によって取得したか，その占有を正当づける権利をもつか否かにかかわらず，所有者とみるべきことを意味する（最判昭39・1・24判時365号26頁）。これは，金銭に関しては「占有あるところ所有あり」とみる立場である。

もっとも，Ａの金銭を盗取または横領したＢが，この金銭を用いて自己の債権者Ｃに弁済した場合，Ａが金銭所有権に基づいてＣに返還請求することはできないが，不当利得に基づく返還請求をする余地はある。すなわち，①「社会通念上」Ａの金銭でＣが利益を受けたと認められるときは，Ｃの受益とＡの損失との間に因果関係があると解されること，および②ＢがＡの金銭で弁済したことについてＣに悪意または重過失があるときは，Ｃの受益は「法律上の原因」（703，704）を欠くものと解されることから，不当利得返還請求が認められる（最判昭49・9・26民集28巻6号1243頁）。

(イ) 学説には，金銭所有権に基づく物権的価値返還請求権を認める見解がある。この立場によれば，①ＡはＣに対し，金銭所有権に基づき，侵奪されたのと同価値の金銭の返還請求をすることができる。これに対し，②Ｃは金銭の即時取得（192，186Ⅰ，188）を主張しうる。それに対し，③Ａが騙取から2年以内は回復請求しうると主張すること（193）は，金銭に要請される高度の流通性に鑑みて認め難い（ちなみに，有価証券の善意取得では，取得者の善意かつ無重過失を要件とし，かつ盗品・遺失物の例外を認めない。520の5，520の15，520の20，手16Ⅱ，小21，商519）。しかし，Ａは，ＣがＢから金銭を受領する際

に，それが騙取金銭であることについて悪意であったこと，または過失があったことを根拠づける事実を主張して反論することができる（192）。

もっとも，無記名証券の善意取得は，取得者の善意・無重過失を要件とすることから（平成29年民法改正による。520の20，520の15），より頻繁・迅速に取り引きされ，取引安全の要請が高い金銭について即時取得（善意取得）を認める場合にも，取得者の善意・無重過失を要件とし，回復者は取得者の悪意または重過失を主張・立証すべきであろう。

その結果，金銭は占有あるところ所有ありとの原則に従い，悪意または重過失の取得者に対しては不当利得返還請求を認める判例と取得者の保護要件は変わらないことになる。しかし，金銭の占有あるところ所有ありとの原則がAの金銭をBが盗取または横領した場面でも妥当すると解することは，一般市民の所有観念に合致しているとは言い難い。そうであるとすれば，金銭についても所有権に基づく価値返還請求を認めつつ，取得者を善意取得の制度によって保護する見解には，所有秩序との連続性を保持しうるメリットがある。

2　妨害排除請求

物権者が目的物の侵奪に至らない妨害を受けているときは，現在の妨害者に対し，妨害排除請求をすることができる。

現に生じている物権侵害の状態が目的物の侵奪に該当しない場合は，広く物権の妨害が認められる。その結果，物権的妨害排除請求権には多様なものが含まれる。例えば，現在の物権関係と異なる登記の抹消登記手続請求（またはその便法としての真正な登記名義の回復を原因とする移転登記手続請求）もまた，物権的妨害排除請求の一種とみることができる。

物権的妨害排除請求権は，人格権に基づく差止請求を補完する形で，生活妨害（nuisance）に対する救済手段として利用されることもある。例えば，A所有地の隣地を借地したBが，この土地上にカラオケボックスを設置し，営業したことによって生じた騒音に対し，Aの人格権および建物所有権に基づく差止請求（午前零時～4時の営業の差止請求）が認められた。理由は，カラオケボックスの営業が「建物所有権の内容といいうる休息の場としての住宅の機能にも影響を与えている」からである（札幌地判平3・5・10判時1403号94頁）。

同様に，日照，通風などの生活環境利益の侵害に対し，それが土地所有権または建物所有権の内容に含まれる諸機能を妨害する場合には，物権的妨害排除請求権が認められると解される。例えば，Aの住居の南側にBが建築中の6階

建てマンションの完成により，ほとんど終日日照が受けられなくなるＡが，Ｂに対し，同マンションの5，6階の一部に対する建築差止（建築禁止仮処分申請）を請求した事件では，「日照権被害による建築差止めの被保全権利については，……隣接する土地，建物の住居としての利用に結びついたものとして，物権的請求権と人格権の複合的なものと解する」とし，仮処分申請が認められた（東京地決昭47・2・28判時660号32頁）。

さらに，妨害物の除去には，例えば，土壌汚染に対する汚染除去措置なども含まれると解される。妨害排除請求権は，原状回復請求権を含むと解されるからである。

3　妨害予防請求

物権者は，物権侵害がまだ生じていなくとも，物権侵害の危険が生じているときは，現在侵害の危険を生じさせている者に対し，危険の除去や危険の防止措置の実施など，妨害の予防を請求することができる。判例は，自己の故意・過失のみならず，自己の行為によって危険を生じさせたのではない者に対しても，現在危険を生じさせている物の所有者であるかぎり，物権的妨害予防請求権を認めている。ただし，判例も，①侵害の危険が「不可抗力」に起因する場合，または②被害者自身がその「侵害を認容すべき義務を負う場合」は，妨害予防請求権が認められないとする（大判昭12・11・19民集16巻1881頁）。

4　物権的請求権と付帯請求

(1)　物権的請求権の付随的問題

物権的請求権においては，物権の客体たる目的物そのものに対する返還，妨害の排除または妨害の予防が問題となっている。しかし，その際には，目的物の返還や妨害の排除とともに，目的物から生じた果実の帰属，占有者が目的物の保管や修繕のために支出した費用の償還，あるいは目的物が滅失・損傷した場合の責任などの付随的な問題も，必然的に生じることが看過されてはならない。

もっとも，物権をもつ者と占有者との間に賃貸借契約などの契約関係が存在すれば，契約における約定およびその契約の解釈を通じて，果実の帰属，目的物に関する費用の負担，滅失・損傷の責任などの問題も処理することができる。これに対し，物権をもつ者と侵害者との間に何の契約関係も存在しないときは，法定のルールが必要になる。実際，物権的請求権そのものについてはほとんど規定を置いていない民法典も，この点については比較的詳細な規定を置いてい

る（189〜191，196）。

(2) 目的物から生じる果実の帰属

例えば，Aの所有物を無権原で占有するBに対し，Aが所有権に基づいて返還請求したとする。①BがAの所有物を善意で（自己に所有権，その他の占有すべき権原がないことを知らずに）占有していたところ，所有者Aから返還請求を受けたときは，Bが善意で収取し，消費した果実については，Bは返還義務を免れる（189 I）。

もっとも，占有者Bが自己の無権原について善意でも過失があったときは，所有者Aが不法行為に基づく損害賠償請求（709）をする余地が残される。また，後述のように，Aが所有権に基づく返還請求などの本権の訴えを提起し，Bが敗訴したときは，Aの訴え提起時からBは悪意占有者であったとみなされる（189 II）。したがって，189条1項による善意占有者Bの果実返還義務の免除の効果は，実質的には限定されたものであると解される。

②Bが悪意の場合（自分に所有権，その他の占有すべき権原がないことを知りながら占有していたとき）は，BはAに目的物（元物）を返還するだけでなく，果実も返還し，さらに，すでに消費したり，過失によって損傷したり，同じく収取を懈怠した果実の代価についても償還義務を負う（190 I）。これは，悪意者の行為の悪性に対するサンクションの要素を含んでおり，比較的厳しい内容の返還義務である。

また，善意の占有者でも，本権の訴え（例えば，AのBに対する所有権に基づく返還請求権）を提起され，敗訴が確定したときは，敗訴確定の時からではなく，訴え提起の時から悪意占有者であったとみなされることに注意を要する（189 II）。

③暴行もしくは強迫または隠匿による占有者に対しても，悪意者と同様の果実返還義務が課される（190 II）。

民法189条1項は，目的物の使用利益にも準用される。例えば，A所有の土地・建物（複数）がBに売却され，Bがその一部の建物をCに賃貸し，他の建物はB自ら使用していたが，その後にAB間の売買が取り消されたとする。Bが取消原因について善意だった場合，BがCから収取した賃料は，法定果実として返還義務を免れる（189 I）。また，B自身の使用利益についても，189条1項により，返還義務を免れる（大判大14・1・20民集4巻1頁）。

(3) 目的物の管理費用の負担

物権的請求権の相手方Bが目的物の保存費用，その他の必要費（目的物の価値を維持するために要する費用）を支出したときは，Bは回復者（所有者などの物権者）Aに目的物を返還する際に，必要費の償還を請求することができる。Aがこの費用の償還に応じないときは，Bは留置権を行使し，費用が償還されるまで目的物の返還を拒むことができる（295）。ただし，占有者Bが果実を取得したときは，通常の必要費はBの負担となる（196 I）。

占有者Bが目的物の改良費用，その他の有益費（目的物の価値を増加させるための費用）を支出したときは，その価格の増加が現存する場合に限り，回復者Aの選択に従い，費やした金額か増価額のいずれかについて，Aに対して償還請求することができる。この場合も，費用が償還されるまで，占有者Bは留置権を行使して，目的物の返還を拒むことができる（295）。ただし，Bが悪意だったときは，裁判所は回復者Aの請求により，償還義務の履行に相当の期限を許与することができるので（196 II），その場合にはBの留置権は成立しない（295 Iただし書）。

なお，占有者Bによる有益費償還請求後，返還前に目的物の増価が消滅したときは，有益費償還請求権も消滅する。例えば，AがBに賃貸していた建物につき，Bが無断増築した後，Bの賃料不払いを理由にAB間の賃貸借契約が解除された場合でも，増築部分の価格の増加が現存するかぎり，BはAに対して費用償還請求権をもつ（608 II，196 II）。ただし，BがAに建物を返還する前に建物が火災で滅失するなどして，家屋としての効用を失ったときは，たとえそれ以前に有益費償還請求権が行使されていても，「賃貸人が利得すべき増加価値もすでに消滅しているから，特段の事情のないかぎり，有益費償還請求権も消滅する」（最判昭48・7・17民集27巻7号798頁）と解される。

この判断を支持する理由として，①「価格の増加」が現存するか否かは返還時に判断されるから，この場合は増価が現存する（196 II）とは認められず，回復者（所有者）には不当利得が存在しないことが考えられる。あるいはまた，②目的物の返還前は占有者の危険領域にあるゆえに，この者が危険を負担する（536 I，567 I参照）と解することもできよう。

なお，無権原占有者により，回復者の主観的意図に反する改良によって費用が支出された場合，回復者は償還義務を負うべきかが問題になる。①そのような場合は，そもそも有益費に当たらないと判断されることがありうる。②事案

によっては，悪意占有者による不法行為として，回復者に損害賠償請求権（原状回復費用相当額）が認められる場合も考えられる。この場合は，回復者にはなんら不当利得が存在しないと認められる場合であるので，占有者の費用償還請求は認められず，もっぱら回復者の損害賠償請求のみの問題となる。

⑷　目的物の滅失・損傷に対する責任

物権的請求権の対象になった目的物そのものが，占有者Bの責めに帰すべき事由によって滅失・損傷した場合，Bが悪意または所有の意思のない占有者であったときは，回復者Aに対して全損害の賠償義務を負う。これに対し，Bが善意だったときは，目的物の滅失・損傷によって現に利益を受ける限度で，Aに対して賠償義務を負うにとどまる（191）。この場合，Bはどのような責任を負うであろうか。

㋐　自己の帰責事由によって他人の物を滅失・損傷させた者は損害の賠償責任を負うべきであり（709），この原則は，悪意占有者にそのまま当てはまる。例えば，無効原因・取消原因があることを知りながら目的物の引渡しを受けて使用していた買主や受贈者Bは，無効主張・取消しによって目的物の返還を請求する所有者Aに対し，全損害の賠償義務を負う（191本文）。これら悪意者は不法行為を理由とする損害賠償義務を負うべきであるから，本条は当然の規定といえよう。

㋑　Bが占有権原がないことについて善意の占有者で，かつ自主占有者（権原の性質上「所有の意思」があると認められる占有者）であった場合は，異なる考慮が必要になる。例えば，無効原因・取消原因があることを知らずに目的物の引渡しを受けて使用していた買主や受贈者は，目的物の滅失・損傷によって現に利益を受けている限度で所有者Aに対して損害賠償義務を負うにとどまる（191本文）。なぜなら，善意の自主占有者は，自分の所有物であると信じて，したがって，いかようにも随意に処分できると信じて利用していた物については，たとえ故意・過失によって滅失・損傷しても，咎めることができず，賠償責任を問われるべきではないからである。もっとも，現存利益は不当利得として返還すべき義務を負う（703参照）。

㋒　善意占有者であっても，他主占有者（権原の性質上「所有の意思」がないと認められる占有者）であった場合は，全損害に対して賠償義務を負う（191ただし書）。例えば，無効原因・取消原因があることを知らずに目的物の引渡しを受けて使用していた賃借人，使用借主，地上権者などは，占有権原があると

第3節　物権的請求権の要件・効果　　33

信じていても（善意），他主占有者である以上，いずれ返還すべき他人の所有物をその責に帰すべき事由によって滅失・損傷したのであるから，善管注意義務（400）に反していると解されるからである。

→→　基本説明

第3節　物権的請求権の要件・効果

1　物権的請求権の要件

　物権的請求権は，物権の基本的性質である支配権性の発揮が侵害され，または侵害される危険が生じていることに基づいて発生する。侵害者の故意・過失，善意・悪意を要件とせず，侵害状態がその者の行為によって生じたかどうかも問わない。したがって，物権的請求権を行使するには，請求原因において，①請求者Ａが物権（例えば，所有権）をもつこと，②物権の客体をＢ（物権的請求権の相手方たる侵害者）が占有することを主張・立証すれば足りる。これに対し，相手方Ｂが占有権原（地上権，賃借権，使用借権など）の抗弁により，占有権原を主張・立証すべきことになる。これに対し，不法行為を理由とする損害賠償請求権（710，711，723参照）では，被害者Ａは，請求原因において，①加害者Ｂの故意または過失，②権利侵害または保護法益の侵害，③損害の発生，④加害行為と損害との因果関係を主張・立証しなければならない。ここにも，支配権としての物権に対する強力な保護が表れている。

2　物権的請求権の効果

(ア)　行為請求権説

　物権的請求権の内容については，解釈上争いがある。物権的請求権は，その相手方の行為および費用負担により，物権の侵害または侵害の危険を除去するように請求しうる権利であるとみるのが，行為請求権説である。判例も，基本的に行為請求権説に立つものと解される。ただし，前述のように，①物権者が侵害を忍容すべき義務を負う場合のほか，②不可抗力による場合は例外であるとする（大判昭12・11・19民集16巻1881頁）。もっとも，その例外の意味が，これらの場合には物権的請求権そのものが行使できないという意味か，物権的行為請求権の内容が行為請求権としては認められないという意味か，解釈の余地があろう。

　行為請求権説に立つ場合，物権的請求権は物権侵害に対する救済方法として

強力な手段を提供することになり，物権の効力は非常に強いものとなる。その一方で，物権の侵害または侵害の危険が，物権的請求権の相手方以外の第三者の行為または自然力などの不可抗力によって生じた場合には，相手方に一方的に負担を課すことになり，衡平な費用負担のあり方をめぐって問題を生じさせる。また，そのような場合には，一見すると同一当事者間で物権的請求権が相互に衝突するかのような問題も生じうる。

　例えば，ＸがＡ所有の機械を盗んで使用し，Ｂ所有地に放置したまま，行方不明になったとする。この場合，Ｂ所有地上に機械を発見したＡが，機械の所有権に基づき，Ｂに対して返還請求をした。これに対し，ＢはＡの機械がＢの土地所有権の行使を妨害しているとして，土地所有権に基づき，Ａに対して妨害排除を請求したとする。この場合，どちらの請求が認められるであろうか。仮に，これら２つの物権的請求権が成立し，衝突するとした場合，行為請求権説によれば，先に請求し，執行したほうが優先する結果（早い者勝ち）になり，偶然に左右される。

　(ｲ)　忍容請求権説

　ＡとＢの物権的請求権が同時に発生し，衝突するとすれば問題である。その解決策の１つとして，忍容請求権説が唱えられた。この立場は，物権的請求権は，物権の侵害または侵害の危険を物権者自身の行為および費用負担によって除去することを相手方が妨げないように忍容を請求する権利であるとみる立場である。忍容請求権説によっても，いったん費用を負担した物権者が，侵害またはその危険の発生に対して帰責性（故意または過失）ある者に対して不法行為に基づく損害賠償請求をすることは可能であるから，相手方に帰責性がある場合には，これによって費用の最終的な負担を求めることが可能になる。

　忍容請求権説は，物権的請求権の相手方以外の第三者の行為や自然力などの不可抗力によって物権の侵害または侵害の危険が発生した場合においても，相手方に過度の費用負担をかけることなしに，問題を解決しうる点で優れていると言えよう。しかし，その反面，物権の侵害または侵害の危険が生じていても，それを相手方の行為によって除去すべきことを請求できない点で，物権の効力は非常に弱いものとならざるをえない。

　(ｳ)　折衷説

　忍容請求権説の長所を活かし，かつその欠点を補うために，折衷説はつぎのように解している。①相手方（現在の物権侵害者）の行為によらずに侵害また

はその危険が発生した場合（第三者の行為や自然力による場合）は，物権的請求権は忍容請求権と解すべきである。しかし，②相手方の行為によって侵害またはその危険が生じたときは，たとえ相手方に不法行為責任が発生しない場合でも，物権的請求権は行為請求権となり，相手方の行為および費用で侵害またはその危険の除去を請求しうる。ただし，③自然力によって妨害の危険が発生し，かつ妨害の予防措置が物権者とその相手方の双方に利益をもたらす場合は，費用を分担すべきである（①に従って物権者の行為と費用で予防措置を実施し，その後に費用の分担分を相手方に償還請求することになろうか），とされる。

　折衷説は，物権者と物権的請求権の相手方との利益調整を図りうる点で優れている。しかし，物権の侵害または侵害の危険が物権的請求権の相手方自身の行為によらずに発生する場合も少なくないことを考慮に入れると，やはり物権の効力は相当に弱いものになってしまうことが危惧される。また，費用分担が認められる場合がなぜ③に限定されるのか，②の場合にはなぜ認められないか，根拠がやや不明確である。さらに，そもそも忍容請求権説や折衷説が前提とする，物権的請求権の衝突が，本当に生じうるかどうか，再検討の余地もあるように思われる。

　(エ)　修正行為請求権説

　忍容請求権説や折衷説と異なり，社会通念上物権的請求権は衝突せず，社会現象としてみれば必ず一方の物が他方の物を侵害していると評価しうる，との見方も可能であろう。仮にそうであるとすれば，物権的請求権は相手方の行為と費用負担によって侵害またはその危険を除去することを請求する行為請求権であると解釈することが可能になる（以下，修正行為請求権説という）。

　例えば，①X所有の動産αをAが盗取してY所有地に放置した場合，あるいはX所有の動産βが強風や津波でY所有地に移動した場合は，社会通念上X所有動産がY所有地を妨害していると評価され，その反対ではないと解される。Xは元々潜在的に移動可能性のある動産α，βを所有していたからである。したがって，この段階では，Xに対するYの土地所有権に基づく妨害排除請求権のみが発生する。しかし，②Xが所有動産を撤去するためにY所有地を訪れたのに対し，Yがその撤去行為を正当な理由なしに妨害したときには，X所有動産に対するYの侵害行為が成立する。この段階では，Yに対するXの動産所有権に基づく返還請求権のみが発生し，XはYに対し，Yの行為と費用負担をもって目的物を返還するよう請求することができると解される。

なお，物権の侵害またはその危険が相隣地間で生じており，侵害またはその危険の除去が物権者と物権的請求権の相手方（相隣地所有者）の双方の利益に適う場合には，相隣地所有者相互間における境界標，囲障などの境界線付近の設備に関する費用分担の規定（223〜226）を類推適用して，問題を解決すべきであろう（東京高判昭58・3・17判タ497号117頁）。それによれば，自らの行為と費用負担で物権の侵害またはその危険を除去した相手方が，これらの規定を類推適用して，物権者に対して費用分担部分の償還請求をすることが認められよう。この場合，この考え方（物権的請求権の衝突否定・行為請求権説）と，忍容請求権説および折衷説との違いは，最初にその行為と費用をもって物権の侵害またはその危険を除去すべき者が，物権的請求権の相手方か（物権的請求権の衝突否定・行為請求権説），物権者自身か（忍容請求権説，折衷説），という点の違いに帰着するであろう。

物権的請求権が，物権の本質である直接支配権的効力を支える中心的手段であることを踏まえたうえで，相手方との利益調整を図りうる点で，(エ)修正行為請求権説が妥当であると解する。

➤➤➤ 展開説明

第4節　物権的請求権の相手方

1　建物の登記名義人

Aの所有地の上にBが無権原で建物を築造し，これをCに譲渡した場合，所有権に基づく明渡請求の相手方は誰であろうか。判例は，土地所有権に基づく物上請求権の相手方（被告）は，家屋を所有することによって現実にその土地を占拠し，土地所有権を侵害している者であるとの原則を提示する。この原則に従い，A所有地上の未登記建物の所有者Bが，未登記のままこれを第三者Cに譲渡したが，土地をAから譲り受けたXから建物譲渡人Bに対する処分禁止の仮処分に基づく職権による保存登記により，Bの意思に基づかずにB名義の所有権取得登記が行われ，XからBに対して建物収去・土地明渡しが請求された場合につき，建物譲渡人Bは建物所有権の喪失を主張することができ，建物収去・土地明渡義務を負わないとした（最判昭35・6・17民集14巻8号1396頁）。また，建物の所有名義人が，実際には建物を所有したことがなく，たんに自己名義の所有権取得登記をもつにすぎない場合も，土地所有者に対して建

物収去・土地明渡義務を負わないとした（最判昭47・12・7民集26巻10号1829頁）。

これに対し，Aの土地上の建物の所有権を取得した者Bが自らの意思に基づいて所有権取得の登記を経由したときは，たとえ建物をCに譲渡したとしても，Bが引き続き登記名義を保有する限り，Bは土地所有者Aに対し，譲渡による建物所有権の喪失を主張して建物収去・土地明渡しの義務を免れることはできないとした（最判平6・2・8民集48巻2号373頁）。

この平成6年判決が，前記諸判決に対し，実質的に判例変更を意味するかどうかが議論されている。しかし，判例変更ではないと解すべきである。なぜなら，平成6年判決も，土地所有権に基づく建物収去・土地明渡請求の相手方は「現実に建物を所有することによってその土地を占拠し，土地所有権を侵害している者」であるとの従来の原則を確認し，この原則に立脚して物権的請求権の相手方を判断しているからである。したがって，このケースでは，建物の登記名義を容易にCに移転できるにもかかわらずそれをしていないBは，建物所有権の喪失を第三者Aに対抗することができない（177）という意味で，Bにはまだ実体的な権利が存在するとの理解が前提になっていると解される。日本民法上は，物権変動の意思主義（176）を制約する対抗要件主義（177，178）の範囲が広いことからも，登記名義を移転していないBには建物所有権が残っているとの解釈は可能であろう。

かかる解釈の背景には，次のような実質的判断も存在する。すなわち，①土地所有者にとってはその土地上に無権原で存在する建物の所有者を探索することが，必ずしも容易ではない。一方，②建物所有者が本当に建物所有権を譲渡したのであれば，譲受人に対して移転登記することは困難ではない。さらに，③建物の登記名義人が，第三者への譲渡を主張しさえすれば容易に明渡義務を免れることは信義則に反すると解される。もっとも，この問題は，日本民法が土地と建物とを別個の不動産としていること，その結果，土地に対する無権原者でも建物所有権を留保できることに根本原因があり，その意味では変則的問題と言うべきであろう。

2　動産所有権の留保者

A所有地の上に，BがCに譲渡したが所有権をBに留保している動産αが無権原で置かれている場合，Aは土地所有権に基づく明渡請求または妨害排除請求をBにすべきか，Cにすべきかが，所有権留保の法的性質の理解とも絡んで，

問題になる。

　判例は次のように解している。Cのために動産αの購入代金を立替払いした Bが，立替金債務の完済まで同債務の担保としてαの所有権を留保した場合，Bは残債務の弁済期が到来するまでは，αが第三者Aの土地上に存在してAの土地所有権の行使を妨害しているとしても，特段の事情がない限り，αの撤去義務や不法行為責任を負うことはない。しかし，残債務の弁済期が経過した後は，留保所有権（留保所有権者がもつ所有権）が担保権の性質を有するからといって，撤去義務や不法行為責任を免れることはない。なぜなら，留保所有権者がもつ留保所有権は，原則として，残債務の弁済期が到来するまでは，当該動産の交換価値を把握するにとどまるが，残債務の弁済期の経過後は，当該動産を占有し，処分することができる権能を有するものと解されるからである。もっとも，残債務の弁済期の経過後であっても，留保所有権者は，原則として，当該動産が第三者の土地所有権の行使を妨害している事実を知らなければ不法行為責任を問われることはなく，妨害の事実を告げられるなどして知ったときに不法行為責任を負う（最判平21・3・10民集63巻3号385頁）。

　判例の立場は，所有権に基づく明渡請求または妨害排除請求の相手方を，A所有地に無権原で置かれた動産αの形式的な所有権によって画一的に判断するのではなく，αに対する処分権限など，土地所有権の行使を妨害している動産に対する実質的な支配可能性（具体的には，当該動産をただちに撤去できる立場にあるかどうか）によって判断するものと解される。

➜➜➜ 展開説明

第5節　物権的請求権と費用負担

1　判例法理

　物権的請求権の行使において，費用負担が最も問題になるのは，予防措置の実施が必要となる物権的妨害予防請求においてである。

　判例は，次のような事案について判断している。A所有の宅地と隣接する畑を所有していたBは，これを水田にするためにA地との境界付近を掘り下げたため，A地との間に断崖が生じた。その後，Bはこの水田をYに譲渡した。A所有の宅地を相続したXは，X地（砂地）の土砂がYの水田に崩れ落ち，X地・Y地の境界線から2メートルほどの所にあるXの家屋についても崩落の危

険を生じていることから，Yに対して崩壊防止に必要な設備の設置を請求した。1審，2審ともXの請求を認容した。Yの上告に対し，大審院は以下のように述べて，上告を棄却した。「所有権の円満なる状態が他より侵害せらるる虞あるに至りたるときは又所有権の効力として所有権の円満なる状態を保全する為現に此の危険を生ぜしめつつある者に対し其の危険の防止を請求し得るものと解せざるべからず……土地の所有者は……其の所有にかかる土地の現状に基き隣地所有者の権利を侵害し若くは侵害の危険を発生せしめたる場合に在りては該侵害又は危険が不可抗力に基因する場合若くは被害者自ら右侵害を認容すべき義務を負う場合の外該侵害又は危険が自己の行為に基きたると否とを問わず又自己に故意過失の有無を問わず此の侵害を除去し又は侵害の危険を防止すべき義務を負担するものと解するを相当」とする（大判昭 12・11・19 民集 16 巻1881 頁）。

　このように判例は，侵害または侵害の危険が不可抗力に起因する場合または被害者が忍容義務を負う場合を除き，当該侵害または侵害の危険を生じさせている者は，それが自己の行為に基づくか否か，自己に故意・過失があるかどうかを問わず，自らの費用で侵害の除去または侵害の危険の防止をすべき義務を負担すると解している。もっとも，判例の事案では，侵害の危険を生じさせた原因が，現在の所有者の前主の行為（土地の掘下げ）にあった点が看過できないように思われる。したがって，侵害または侵害の危険が純粋に自然力によって生じた場合にに，衡平な費用分担のルールが必要であるように思われる。

2　費用分担ルール

㋐　折衷説に立脚した費用分担ルール

　そのような費用分担ルールの一例として，隣接地の一方の土地の土砂が自然力によって他方の土地に崩落する危険を生じさせている場合につき，つぎのように判断した裁判例がある。「およそ所有権又は占有権の円満な状態が他から侵害される危険があるに至ったときには，所有権又は占有権を有する者は，その効力として，権利の円満な状態を保全するため，現にこの危険を生ぜしめつつある者に対しその者の費用において危険防止の措置を請求することができ，しかも当該危険が右の者の行為に基づくと否とを問わず，又，その者の故意，過失の有無を論じないものというべきであるが，右の危険が相隣地の関係にある場合に，それが土地崩落を内容とするものであり，しかも隣接土地所有者の人為的作為に基づくものでないときには，前記の請求をなし得ないものと解す

るのが相当である。けだし，相隣地の関係にある場合には，右のような危険は相隣地両地に共通に同時に発生する特性を有するものであり，右予防措置を講ずることは相隣地両地にとって等しくその必要性があり利益になるものといえるうえ，これを実施するには多大の費用を要することが一般であるから，このような場合において，一方の土地の所有者又は占有者にかかる請求権を認めることは著しく衡平に反するものといわねばならないからである。そして，このような場合には，むしろ土地相隣関係の調整の立場から民法 223 条，226 条，229 条，232 条の規定を類推し，相隣地所有者が共同の費用をもって右予防措置を講ずべきである（なお，予防措置のための工事の実施，費用分担などについては，まず相隣地当事者間で協議し，もし協議が調わないときは，一方でこれを施工したうえ，他方にもその分担すべき費用の補償を請求すべきである。）」（東京高判昭 58・3・17 判タ 497 号 117 頁。下線は引用者による）。

　この裁判例が示したルールは，基本的に折衷説（第 3 節 2 (ウ)参照）に立脚し，①まずは物権者が自己の費用で侵害の除去または侵害の危険の予防措置を実施し，②そのうえで，要した費用の一部について事後的に分担請求することを認めるものと解される。

　(イ)　行為請求権説に立脚した費用分担ルール

　これに対し，判例法理である行為請求権説（第 3 節 2 (ア)参照）および修正行為請求権説（同(エ)参照）によれば，自然力などの不可抗力による侵害または侵害の危険が生じている場合であっても，①まずは相手方の費用で予防措置の設置を請求することを認めつつ，②相手方は侵害の除去または侵害の危険の予防措置を実施した後で，それに要した費用の一部につき，侵害または侵害の危険が自然力などの不可抗力によって生じたものであることを主張・立証することにより，応分の費用の分担請求ができるものと解することになろう。

　物権的請求権の法的性質を基本的に行為請求権と解する立場からは，(イ)行為請求権説に立脚した費用分担ルールが妥当であると考えられる。

第4章

物権変動（総説）

第1節　物権変動の意義と態様

→ 趣旨説明

1　物権変動の意義

　物権の得喪および変更すなわち，物権の設定・移転（取得）・消滅などを総称して，物権変動という。契約による所有権の移転あるいは地上権または抵当権の設定，時効や相続などによる所有権の取得，混同・放棄などによる制限物権の消滅などがこれにあたる。

　本章においては，第1に，物権変動とは何を指すのかにつき，その具体的類型を学んだ上で，第2に，物権を有効に設定・移転ないしは取得するためには何が必要か，そしてそれはなぜかについて学習する。

　第3に，物権は特定の物に対する排他的支配を享受することを目的とする権利であることから，このような支配を確保するためには，第三者に対しても主張することができなければならない。このことは，ある物に対する物権に基づく支配が他人によって害された場合，さらには，第三者との間で相容れない支配をめぐり利害が対立する場合などにおいて，重要な意味をもつ。そこで，有効に成立した物権変動をもって第三者に対して主張するためには何が必要なのかが，さらに問われることになる。ここでは，物権に基づく排他的支配の必要性と第三者の取引安全との調和が求められる。

　以上が，本章の基本的な学習内容である。

→→ 基本説明

2　物権変動と態様

　物権変動の主要な態様は「物権の取得」であるが，一口に取得といっても，その態様および原因はさまざまであり，適用される制度や問題点を異にするた

め，予め類型化して理解しておこう。基本的には，承継取得と原始取得に分類される。

(1) 承継取得——移転的承継取得と設定的承継取得

ある人が有する物権の存在を前提として，その権利を譲り受けたり，あるいは新たな物権の設定を受けることを，承継取得という。このうち，売買や贈与などの法律行為に基づく所有権の移転，相続による財産権の移転など，前主が有していた物権が一定の原因によって移転することによる取得態様を，移転的承継取得という。これに対して，ある物の所有者が他人のために新たに制限物権を設定することにより，その他人について認められる物権の取得態様を指して，設定的承継取得という。例えば，甲土地の所有者であるAが，自己所有の甲地につき，Bのために地上権あるいは抵当権を設定する場合がこれにあたる。Aの所有権自体がBに移転するわけではない点が移転的承継取得と異なっており，Aの所有者としての地位に基づいて，その設定行為に基づいてBが新たな物権を取得するのが，設定的承継取得の特徴である。制限物権は他人の所有物に対して一定の支配を行うことを目的とする権利であり，その取得はこのような所有者による設定行為に基づく。

(2) 原始取得

前主の地位あるいは権利に基づくのではなく，新たな権利の取得を認めるに値する支配を根拠とする法定の取得態様を，原始取得という。取得時効による財産権の取得のほか，無主物の帰属（239），遺失物の拾得（240），埋蔵物の発見（241），さらには，付合（242以下），混和（245），加工（246）といった，民法が所有権に固有の取得原因としてとくに認める法定の取得態様がこれにあたる。Aが所有する甲土地についてBが時効によって所有権を取得した例を用いて解説しよう。この場合，Aの所有権がBに移転するのではなく，時効を根拠とするBの所有権の取得および内容は，Aの所有権とは別個独立に，Bの甲地に対する占有支配の態様に応じて定まるのであり，Aが甲地について設定した制限物権などの負担はBに承継されない。このように原始取得は，新たな権利に関する法定の創設的取得であり，その反射的効果として原権利者（上記のA）は所有権を喪失する。

→→ 基本説明

第2節　公示の原則と公信の原則

1　公示の原則

　物権は特定の物に対する排他的支配を目的とする権利であり，このような支配を全うするために，第三者に対する関係において優先的効力，妨害排除的効力，追及効が認められている。それは，第三者は他人の物権を尊重しなければならないことを意味するため，第三者の利益とりわけその取引の安全との調和を図る必要が生じる。この要請に応えるのが，物権の公示性である。すなわち，ある不動産または動産について，誰がどのような物権を有しているかに関する対外的な認識を確保すべく，物権は公示されていなければならない。物権は誰に対しても主張することができる代わりに，その権利について誰でも認識できる状態を確保することが求められるのである。

　物権の公示方法は物の性質によって異なる。不動産物権は，不動産登記法が定める手続に従って登記することによって公示され，動産物権の公示方法は原則として占有である。すべての動産を登記によって管理することは不可能に近い上，日常頻繁に行われる取引のたびに登記手続を要するとなると，動産取引における簡易迅速性の要請に適さない。そこで，公示方法としては登記と比較して不十分であるが，動産物権については占有による事実的支配をもって公示することとされたのである。ただし，特別法により登録または登記（自動車抵当5 I〈自動車〉，建設機械抵当7 I〈建設機械〉，商687〈船舶〉，航空3の3〈航空機〉，動産債権譲渡特3 I〈法人による動産譲渡〉）が公示方法とされる動産が存することに注意が必要である。

　公示の原則とは，このような公示性に基づいて，物権の変動ないし帰属は公示しなければならないことを指す。これが何を意味するかについては，物権変動につきどのようなシステムを採用するかによって，公示がなければ物権変動の効力が生じないのか（形式主義），あるいは，効力は生じるが第三者に対する権利主張が制限されるのか（対抗要件主義）に分かれる（次節において後述）。日本の民法においては，公示の原則が物権変動の対抗要件主義の基礎となっており，その具体的な意味と機能は公示の対抗力に結びつく。例えば，Aが所有する甲土地の所有権が売買によって有効にBに移転した場合，Bは登記しなければその所有権の取得をもって第三者に対して対抗することができない（177）。

このように，日本の民法における公示の原則は，有効な物権変動が生じたことを前提として，権利者がその排他的支配を確保するために公示すべきことをいい，もって第三者の取引安全との調和を図ることを意味するものである。

2　公信の原則

(1)　総　説

　物権に関する公示が誤っていた場合，このような公示の効力ひいては，これを信頼して新たな利害関係を築くに至った第三者の保護につき，どのように考えるべきであろうか。例えば，Aが所有する甲土地につき有効な所有権の移転がないにもかかわらず，B所有名義で登記が行われてしまった場合などが問題となる。このような登記は，無効な契約あるいは，虚偽の登記手続申請に基づいて行われた場合のほか，登記官の過誤などによってなされる場合もあり得る。このような権利関係の実体と合致しない登記は不実登記として無効であり，所有者は登記名義人に対して，真正な登記名義の回復のための手続を求めることができる。

　それでは，このような不実登記を信頼して取引に入った第三者は当該不動産につき権利を取得することができるだろうか。権利関係の実体と合致しているか否かを問うことなく，公示に対して第三者の信頼どおりの効果を与える原則を，公信の原則といい，公信の原則に従って認められる公示の効力を公信力という。公信の原則が採用されて公信力が認められれば，第三者は公示の真偽を問わずに有効に権利を取得することができるため，公示に対する信用が強化され，第三者の取引安全が確保される。しかしながら，その反面，公信の原則ないしは公信力の効果として，真正所有者はその意思に反して権利を失うなどの不利益を蒙ることになるため，その採否については，第三者の取引安全と真正所有者の静的安全との調和に配慮しながら，対象となる物の性質および取引上の要請に応じて決する必要がある。この問題につき，日本の民法は不動産と動産とで区別しているため，分けて解説する。

(2)　不動産物権における公信の原則

　日本の民法においては，不動産物権について公信の原則が採用されておらず，したがって登記に公信力は認められていない。その主な理由は次のようなものである。ⅰ．登記手続につき不動産登記法は実質審査主義ではなく，形式審査主義を採用しているところ，これは迅速な登記手続に寄与する反面，不実登記の防止の観点からは十分ではないため，不動産が重要財産である点にかんがみ

れば，公信力のような強い効力を登記に付与すると，真正所有者の静的安全が過度に害されるおそれがある。ii．不動産取引においては，高度な流通性および簡易迅速性の要請に乏しいため，登記に公信力を付与しなくても，第三者の取引安全が著しく害されることにはならない。

登記の公信力は，不実登記が行われた原因とりわけ，真正所有者の側の関与・事情の有無を問うことなく，登記に絶対的効力を付与してこれに対する信頼を画一的に保護するものであるため，真正所有者の静的安全に対する配慮が求められるのであるが，それでは，不実登記を信頼した第三者はつねに保護されなくてよいのだろうか。登記に公信力が認められないことに対する上記の理由は，不実登記の作出または存続について真正所有者が関与していた場合には妥当せず，このような場合むしろ真正所有者は不実登記について責任を負うべき立場にあるから，第三者を保護するのが公平である。

そこで，判例は，虚偽表示における第三者保護に関する民法94条2項を類推適用することにより，不実登記の作出または存続が真正所有者の意思に基づくものと評価することかできる場合において，帰責性がある真正所有者との利益衡量によって善意の第三者を保護している。

このように，不実登記に対する信頼保護は，登記の公信力によってではなく，民法94条2項類推適用により，真正所有者の関与の有無に応じて個別具体的に図られている。

(3) 動産物権における公信の原則

不動産と異なり，動産物権においては公信の原則が採用されており，動産の占有に公信力が認められている。それが即時取得制度（192）である（詳しくは第9章参照）。例えば，Aが自己所有の絵画乙の管理をBに委ね，Bがこれを預かって占有していたところ，Bが乙を自己の物と称して事情を知らないCに売却してしまった場合などがこれにあたり，公信の原則ないしは動産占有の公信力により，Cは乙の所有権を取得することができる。

動産につき公信の原則が採用されている主な理由は以下のとおりである。i．占有は公示方法として不十分であり（占有の事実のみからただちに占有者の処分権限の有無・内容が客観的に明らかになるわけではなく，占有者がつねに処分権限を有しているとは限らない。），第三者の取引安全が害されるおそれがあるため，公信力を認めることによってこれを補う必要がある。ii．動産には高度の流通性が認められるため，公信の原則が採用されないとすると，動産の占有者と取

引する者は，占有者の処分権限の有無につき，過去の流通経路を遡って調査確認しなければならなくなり，動産取引の簡易迅速性の要請に適合しない。

公信の原則により，真正所有者の犠牲において第三者を保護すべき具体的な場合については，即時取得制度の要件を参照されたい。また，盗品・遺失物すなわち，真正所有者が意思に反して占有を失い，または奪われた場合は例外とされている点についても（193，194），予め留意されたい。

さらに，手形・小切手・株券のような有価証券については，より高度な流通性を確保することが要請されており，権利者側の関与・事情を問うことなく，善意無重過失の所持人または交付を受けた者は権利を取得する（手16 II，77 I ①，小 21，会社 131 II）。

このように，公信の原則については，公示に対する信頼保護の当否における真正権利者の静的安全と第三者の取引安全との調和につき，対象となる物または財産によって異なる点に注意が必要である。

第3節　法律行為による物権変動──民法176条論

→→　基本説明

1　意思主義・対抗要件主義

物権変動は，契約や遺言のような法律行為によるほか，占有の継続（取得時効），死亡（相続）など，さまざまな原因によって生じるが，本節では，法律行為による物権変動を取り上げ，主に民法176条の意義について解説する。

上述したように物権は排他的支配を目的とする権利であるため，その性質上公示が求められるところ，物権変動が有効に行われ，これに基づく支配を確保するために何か必要かについて，民法において採用されているシステムを理解するためには，このような物権の特色に留意しなければならない。日本の民法は，①物権変動の当事者間における成立・有効要件と，②第三者に対する主張・行使のための要件とを段階的に区別し，①については意思主義（176），②については対抗要件主義（177，178）を採用した。そのねらいは，意思主義＋対抗要件主義という構造において，物権変動における当事者間の私的自治の尊重と公示性による第三者の取引安全との調和を図ることにある。そのため，Aが所有する甲土地をBに売買した場合，AからBへ有効に所有権が移転するために必要な要件と，Bが甲地の所有権取得を第三者Cに対して主張することに

よってこれに対する支配を確保するための要件とは区別される。すなわち，当事者間においてはもっぱらその意思の効果として所有権が移転し，何らの方式・手続も要求されない一方，第三者に対する関係においては公示が要求される。日本の民法における物権の公示性は対抗要件主義に結びつき（対抗要件＝公示），第三者対抗要件の内容は公示方法に応じて決定される。当事者間においては意思主義が不動産・動産物権に関する共通ルールであるが（176），対抗要件（177，178）については不動産・動産物権に分けて規定されているのはそのためである。

　なお，これに対して，物権変動の効力について当事者間と第三者に対する関係とに分けることなく統一し，物権変動の原因となる法律行為だけでなく，一定の形式（公示）を備えなければその効力が生じないとするシステムのことを，形式主義という。ドイツ民法が採用している。上記の例では，Ｂは有効な売買契約を締結することに加えて，自己の所有名義で登記手続を行うことによってはじめて甲地の所有権を取得すると同時に，Ｃに対してもその旨を主張することができるようになる。

　一定の物権変動を欲する当事者の私的自治を尊重しつつ，物権の特色に照らして第三者の取引安全を図ろうとする目的については，どちらのシステムも共通している。形式主義は画一的かつ明快であり，公示の要請に忠実であるが，意思主義・対抗要件主義は，当事者間においてはその意思解釈を重視して未公示物権変動を認めつつ，第三者との関係における紛争を対抗要件の要否により柔軟に解決しようと努めている点に特徴がある（詳しくは第6章参照）。

2　物権変動とその原因

　物権変動のシステムに関する以上のような基本的理解を前提としながら，さらに意思主義の意義について，売買契約による不動産所有権の移転を例にとって解説しよう。民法176条は，「物権の設定及び移転は，当事者の意思表示のみによって，その効力を生ずる」と規定する。その趣旨は，前述したように所有権移転に関する当事者意思の尊重に求められるが，具体的には次の2つのことを意味している。①所有権を移転する旨の有効な意思表示により，何らの方式・手続を要することなく，所有権が移転する。②具体的にいつ所有権が移転するかについては，当事者の意思により自由に決定することができる。そのため，当事者間における所有権移転はすぐれて意思表示の有無・内容に関する解釈の問題となるが，①②の意味についてはいくつかの問題点がある。

まず①に関しては,「所有権を移転させる旨の意思表示」とは何を指すのかにつき,売買契約締結の意思表示との関係が伝統的に問われてきたが,見解が分かれている（物権行為の独自性）。

(1)　**物権行為の独自性肯定説**

売買契約締結の意思表示は,当事者間に所有権移転義務・代金支払義務などの債権債務を発生させる債権行為であるのに対して,所有権移転を目的とする意思表示はその後にこれとは別個に行われるべき物権行為であり,民法176条にいう「意思表示」とはこの物権行為を指す。その主な根拠は次のとおりである。ⅰ. 物権・債権を峻別する民法体系および,民法533条（同時履行の抗弁権は,売買契約が成立しただけでは所有権が移転していないことを前提とする。）555条（売買契約の成立により所有権の移転が約されたにとどまる。）,に整合的である。ⅱ. 売買契約締結時と所有権移転時とを区別するのが公平であるとともに当事者の合理的意思に適う（本節3参照）。

このように,債権行為としての売買契約と所有権を移転させる物権行為とを区別する構成に立つと,さらに両者の関係が問題となる。すなわち,所有権移転の原因行為である売買契約につき,無効・取消しあるいは解除により効力が失われた場合,物権行為すなわち所有権移転の効力には影響を及ぼさないのか（無因説）,それとも,これにともなって所有権移転の効力も失われるのか（有因説）,見解が分かれる。無因説は,ⅰ. 第三者の取引安全が確保される,ⅱ. 当事者間においては不当利得返還請求を認めればよい,ⅲ. 民法706条（非債弁済）や708条（不法原因給付）は,給付を基礎づける債務の不存在・無効が所有権移転に影響しないことを示している,などを理由とする。これに対して有因説は,ⅰ. 民法が予定している以上に第三者が保護されてしまい,原権利者の静的安全が過度に害される,ⅱ. 民法706条および708条は返還請求を制限するにとどまり,所有権の帰属については別途検討すればよい,などを根拠として挙げる。無因説はドイツ法における伝統的理解であるが,今日では支持者が少ないようである。

(2)　**物権行為の独自性否定説**

これに対して,判例・多数説は,物権行為を独自に観念する必要はなく,売買契約締結の意思表示には,引渡し・移転登記・代金支払に関する債権債務の発生に加えて,所有権移転の意思表示も含まれており,176条もこれを指していると解する。その主な理由は次のとおりである。ⅰ. 売買は所有権の移転を

目的とする契約であるから，その締結において所有権の移転を欲する意思表示が行われると解するのが合目的的である。ⅱ．民法533条は所有権の移転ではなく，引渡し・移転登記と代金支払に関する同時履行の関係を規定しているにすぎず，555条は実質的な支配の移転および買主の財産権確保のために必要な給付に関する売主の債務（引渡義務・対抗要件供与義務）を生じさせる規定と解せば足りる。ⅲ．物権行為の独自性の有無を所有権移転時期と結びつけて考える必要はない。

所有権移転時期は物権行為の独自性の有無と関連して問題となるが，款をあらためて説明する。

→→→ 展開説明

3　所有権の移転時期

(1)　総　説

売買契約の成立から履行までの過程において，目的物の所有権はいつ移転するのだろうか。第1に，所有権移転時期について当事者間で合意がされた場合は，かかる合意の内容・趣旨に従って所有権の移転時期が決定される（最判昭38・5・31民集17巻4号588頁）。代金完済および所有権移転登記手続の完了時に所有権が移転する旨の特約などがこれにあたる。動産売主の代金債権担保のための法的手段として重要な役割を果たしている所有権留保特約（詳しくはⅢ巻担保物権第1章参照）の有効性は，このような176条における意思主義によって根拠づけられる。

(2)　所有権移転時期に関する約定がない場合

第2に，売買契約において所有権移転時期につきとくに明確な約定がなかった場合はどうか。176条の解釈および当事者の合理的意思のあり方をめぐり，見解が対立している。

①契約締結時説

所有権移転時期に関する特約がない場合は，売買契約の締結において所有権移転を欲する旨の意思表示がされた時点において，その効果として所有権が移転する。判例（特定物売買につき，最判昭33・6・20民集12巻10号1585頁）および伝統的な学説の見解である。概ね以下のような理由に基づく。ⅰ．意思表示のみによる所有権移転を定める176条に整合する。ⅱ．売主の保護は，所有権がすでに移転していることを前提として，同時履行の抗弁権，留置権，先取特権によって図られている。ⅲ．不動産売買につき判例は，契約の成立時期

を慎重に認定する傾向にあり，決して所有権の移転を安易に認めているわけではない。このような契約締結時説は，物権行為の独自性否定説に親和的である。

　なお，代物弁済（482）は伝統的に要物契約と解されていたため，引渡しによって代物弁済契約が成立した時点において所有権が移転するのではないかとの疑問が生じるが，判例は代物弁済契約の意思表示時における所有権移転を認める（最判昭57・6・4判時1048号97頁）。代物弁済契約締結の意思表示による所有権の移転と，引渡しによる代物弁済契約の成立に基づく債務の消滅とを区別する理解であるが，民法（債権法）改正により，代物弁済は諾成契約とされ，これに基づく給付によって債務が消滅するという構成が採用されたため（改正法482），代物弁済契約の成立＝所有権移転と代物弁済契約の履行＝債務消滅の区別がより明確となった。

　②外部的徴表説・1——物権行為の独自性肯定説

　これに対しては，契約の成立と同時に所有権が移転するのではなく，引渡し・移転登記手続・代金支払などの履行を通して所有権が移転するものと解する見解が有力に説かれている。その根拠は次のようなものである。ⅰ．契約が成立しただけでただちに所有権が移転するのではなく，互いに契約上なすべきことをして目的物に対する実質的支配の移転が客観的に明確化した時点においてはじめて所有権も移転するというのが，通常における当事者の合理的意思に適う。ⅱ．全く履行がされていない段階において所有権だけが移転するというのは不公平である。ⅲ．契約締結の合意とは別個に，その履行を通して所有権移転の意思表示が行われると解することにより，176条にも整合する。このような考え方は，物権行為の独自性肯定説に結びつく。なお，この見解はあくまで意思主義に基づくものであり，所有権移転時期に関する約定があればこれに従う点および，当事者の合理的意思を根拠とする点において，形式主義とは異なる点に留意されたい。

　③外部的徴表説・2——物権行為の独自性否定説

　物権行為の独自性を否定しながら，上記②の見解と同じ結論を志向する次のような考え方もある。ⅰ．売買契約が締結された後はもっぱらその内容にしたがって履行が行われるのであり，あらためて新たな意思表示が行われると解するのは実態に合致しない。ⅱ．意思表示の成立時＝効果発生時とは限らず，意思表示の効果がいつ発生するかについては当事者意思の内容・趣旨によって定まる。ⅲ．売買契約締結の際に所有権を移転する旨の意思表示が行われるが，

特約がない限り，その効果として所有権が移転するのは引渡し・移転登記・代金支払時であるというのが，かかる意思の合理的解釈および，対価的給付の相互牽連関係を重視する有償性の原理に適う。このような考え方は，物権行為の独自性の有無が，必ずしも所有権移転時期の認定に直結するわけではない旨を示している。

④確定不要・段階的移転説

売買契約の成立から履行までの過程におけるどの時点で所有権が移転するかを確定する必要になく，その諸権能が段階的に移転していくとみれば足りる，と解する学説もある。この説は，当事者間の紛争は危険負担あるいは果実の帰属などの契約法理によって解決され，第三者との関係は対抗要件の有無，債権侵害を理由とする損害賠償・妨害排除請求の可否，土地工作物責任の責任主体に関する柔軟な解釈によって規律すれば十分である，という。このような見方に対しては，所有権の帰属未確定のままでは解決困難な問題がある旨の批判がある。

(3) 所有権移転につき障害がある場合

判例は物権行為の独自性否定＋契約締結時説を原則としつつ，契約成立時においてただちに所有権を移転させることにつき障害がある場合について，次のような調整を行っている。

第1に，不特定物の売買においては，契約締結の際に所有権移転に関する意思表示が行われるが，その時点においては未だ目的物が確定していないため，特段の合意がなければ，特定時において所有権が移転する（最判昭35・6・24民集14巻8号1523頁）。

第2に，他人物売買については，所有権移転に関する障害が除去された時点すなわち，売主の所有権取得時ないしは追完時に所有権が移転する（最判昭40・11・19民集19巻8号2003頁）。すでに売買契約締結の意思表示がされているため，追完時にあらためて所有権移転の意思表示を行う必要はない。

→→ 基本説明

第4節 物権の消滅

物権の消滅とは，物権それ自体が存在を失うことを指しており，これも物権変動に含まれる。なお，譲渡や相続による移転は，物権の帰属主体が変更する

にすぎないため，消滅にあたらない。主な消滅原因としては，目的物の滅失，混同，放棄のほか，消滅時効（ただし，所有権は例外〈166 II　改正167 II〉），取得時効・公用徴収（土地収用法等）などによる原始取得の反射的効果，没収（刑9，19），さらには被担保債権の消滅にともなう担保物権の消滅（III巻担保物権第1章第4節参照），存続期間の満了による用益物権の消滅などが挙げられる。

1　目的物の滅失

　目的物の滅失により支配の対象・客体がなくなると，物権はその目的を失って消滅する。明文規定はないが，物権の性質上当然のことと解されている。滅失の有無は物理的な観点のみならず，社会通念に従って判断される。建物がその主要部分の焼失・倒壊によって効用を喪失した場合，地盤の崩壊などにより他の土地との識別および使用収益が不可能またし著しく困難となった場合があげられる。建物の滅失により建物所有権が消滅しても，材料が残存している場合は，建物の旧所有者に動産所有権が帰属する。

　なお，先取特権・質権・抵当権さらには譲渡担保権については，目的物の滅失・損傷によって債務者が受けるべき金銭その他の物につき，物上代位が認められる（304，350，372。詳しくはIII巻担保物権第3章第1節参照）。

2　混　同

　所有権と他の物権あるいは，所有権以外の物権と同一目的の他の権利など，複数の物権が同一人に帰属するに至った場合，他の物権ないし権利は所有権等に吸収されて消滅する。ただし，その物または当該他の物権が第三者の権利の目的であるときは，その第三者を害することができない。なお，混同による権利消滅は債権についても認められ，債権と債務が同一人に属するに至った場合，その債権は混同により消滅する（520）。

(1)　所有権と他の物権との混同

　例えば，A所有の甲土地の上にBが地上権の設定をうけて乙建物を建設・所有していたが，その後BがAから甲地を買い受けてその所有権を取得した場合，所有権の内容には地上権のそれも含まれるため，当初の地上権は消滅する。このように，所有権は物に対する全面的支配を目的とする完全物権であるため，制限物権を有する者がその物の所有権を取得した場合，制限物権は混同により消滅する（179 I 本文）。なお，賃借人が目的物の所有者となった場合も，賃借権は混同により消滅する。

制限物権は他人の物を対象とする権利であり，所有者が自己の所有物につき自己のために制限物権を設定することはできないが，その理由は混同による消滅と共通する。

ただし，第三者の権利を害することはできない（179Ⅰただし書）。例えば，上の例において，Bが乙建物および甲地上の地上権につき，Cのために抵当権を設定していた場合，Bが甲地の所有者となったことによって地上権が消滅すると，抵当権もその客体を失って消滅してしまい，敷地利用権のない乙建物上の抵当権だけが存続することとなってその担保価値を害することになる。そこで，このような場合なおBの地上権はCのために消滅しない。本条は，Bの地上権が対抗要件ある土地賃借権であった場合にも準用される（最判昭46・10・14民集25巻7号933頁）。

(2) 所有権以外の物権と同一目的の他の権利との混同

上の例において，CがBから乙建物とともに甲地上の地上権を譲り受けた場合，Cが有していた乙建物上の抵当権に加えて（179Ⅰ本文），甲地上の地上権を対象とする抵当権も消滅する（179Ⅱ前段）。ただし，甲地上の地上権につき後順位抵当権者が存在する場合，その順位上昇によりCが不利益を蒙るため，例外として甲地上の地上権に対するCの抵当権は消滅しない（179Ⅱ後段）。

(3) 占有権と所有権等との混同

占有権は混同によって消滅しない（179Ⅲ）。例えば，占有者が占有物の所有権その他の制限物権を取得しても，なお占有権は存続する。占有者が本権を有するときであっても，本権の証明を要しない占有権に基づく主張が，その本権の簡易迅速な保護に資する場合があり，なお占有権を認める独自の意義があるからである（第13章，第14章参照）。

3　放　棄

物権も他の財産権と同じく，権利者の放棄によって消滅する。放棄は単独行為によって行われ，制限物権の場合はその負担の相手方である所有者に対する放棄の意思表示によって消滅する。所有権の放棄は相手方のない単独行為であり，動産の場合は無主物の帰属（239Ⅰ）の対象となるが，不動産は国庫に帰属する（239Ⅱ）。

もっとも，放棄はつねに自由に認められるわけではない。地上権または永小作権の上に抵当権が設定されているときにおいて，その設定者である地上権者または小作人が一方的に自己の権利を放棄すると，抵当権者はその客体の消滅

54 第4章 物権変動（総説）

にともなって担保を失うため，その放棄をもって抵当権者に対抗することができない（398）。また，所有者が不要となった動産を違法に投棄した場合，回収を義務づけられている動産であれば所有者は責任を負い，他人の所有地上の投棄したときは，所有権に基づく妨害排除請求の相手方として撤去の責を免れない。

　不動産については，所有者が利用価値を失った土地・家屋に関する維持管理の負担を回避すべく，これらを放置する事態が社会的に問題となっている。その解決に向けて所有権の放棄がどのような意義を有するかが問われているが，所有者が放棄を欲したとしても，放棄それ自体が公序良俗違反または権利濫用にあたるとして認められない場合もあろう。

コラム　所有者不明土地問題に関する法改正の動向②土地所有権放棄

　所有権を放棄しても主体を失った目的物が残存するため，その適正な管理・処分が問題となる。土地所有権については廃棄処分による滅失を観念することができないため，土地の維持および利活用とともに帰属主体の確定のあり方がさらに問われる。

　都市圏外ないしは過疎地を中心に，相続人がその所有を望まずに放置されている土地が，近隣への迷惑さらには地域の開発阻害の要因として深刻化している。この状態が長期間継続すると所有者の特定・探求が困難となるに至るが，このような「所有者不明土地」が社会問題化しており，その立法的解決が急務となっている。政府は，こうした土地の適切な管理および有効な利活用を促すための方策の一つとして，所有権の放棄を検討している。主要な検討課題について以下に整理する。

　第1に，放棄の要件はどうあるべきか。所有者不明土地の増大化を防止するためには放棄の自由を認めるべきであるが，無条件で放棄できるとすると，利用価値を失った土地または管理コストが大きい危険な土地につき，所有者による安易な責任免脱および放棄後の所有者への転嫁を助長するおそれがある。そこで，放棄の要件として，①管理・流通が容易な土地であること，②所有者が管理費用を負担すること，③所有者の責に帰すべき事由によらずに管理コストが過大化したことなどが検討されている。

　第2に，放棄後の所有者をどのように確定すべきか。現行法上は国のみであるが，その他の公的機関（地方公共団体）あるいは専門機関さらには，簡易な競売手続による買受人の公募など，土地の実態に即した帰属主体の多様化・柔

軟化を図るべき旨が提案されている。なお，国その他の機関が帰属先となる場合はその同意を要する旨も示されている。

第3に，放棄の有無をいかにして認定すべきか。所有者の特定・探求が困難となるに至った土地については，所有者による放棄の意思表示を具体的に期待することができない。そこで，一定期間の放置などの客観的事実を根拠とする法定放棄として「みなし放棄」の導入が説かれている。

（武川幸嗣）

第5章

不動産登記

第1節　不動産登記制度

→ 趣旨説明

1　不動産登記の意義

　不動産登記とは，不動産の表示—物理的現況とその権利変動を，登記所（法務省が管掌する）が管理する一定の公簿（登記ファイル・登記簿）に記録する制度である。不動産登記制度は国家制度で，不動産取引の安全と円滑を図る目的を持つ（不動産登記法1。本章では以下法と記す）。例えば，Aの所有する木造一戸建ての建物をBが譲り受けようと計画している場合，その建物の構造・面積・種類は果たしていかなるものか，Bは登記記録の表題部をみて，情報を確認する。Aが所有者として記録されているのかは所有権の記録である甲区を調査し，差押えの有無も確認する。Aが当該物件に担保を設定しているのか，否か，設定しているならばいかなる内容かは，所有権以外権利の記録である乙区を見て確認する。これらの情報確認があって初めて取引は開始し，Bは一定の正しい判断ができる。不動産登記は不動産物件に関する最も基本的かつ重要な情報を，迅速に，提供するわけである（**資料5-1**参照）。

　物権変動のありかた，登記の効力については民法に定められているが，不動産登記制度は民法ではなく，不動産登記法によって規定されている。登記は技術的な制度でもあるので，さらに不動産登記令・不動産登記規則などの政省令が，実は制度の骨格となる，重要な点を定めている特徴がある。

　現行不動産登記法は明治32年（法律24号）に制定され，何回もの改正を重ね，特に平成16年には高度情報化社会に対応した，コンピュータによるオンライン申請を実現するため，抜本的な大改正がなされた。

第1節　不動産登記制度　　　　57

資料5-1

登記事項証明書サンプル

東京都杉並区高円寺一丁目 223 番地 2　　　　　　　　　全部事項証明書　　　　　（建物）

【　表　題　部　】	（主たる建物の表示）			調整　平成 10 年 9 月 24 日		所在図番号	余白
【所　在】	杉並区高円寺一丁目 223 番地－2			余白			
【家屋番号】	223 番の 2			余白			
【①種類】	【　②　構　造　】	【③床　面　積】　㎡		【原因及びその日付】		【登記の日付】	
事務所	鉄筋造亜鉛メッキ鋼板葺2階建	1 階　101:52 2 階　 98:28		昭和 62 年 5 月 14 日新築		昭和 62 年 7 月 7 日	
余白	余白	1 階　132:47 2 階　111:52		③平成 4 年 9 月 10 日増築		平成 4 年 10 月 17 日	
余白	余白	余白		余白		昭和 63 年法務省第 37 号附則第 2 条第 2 項の規定により移記 平成 10 年 9 月 24 日	
【　表　題　部　】	（付属建物の表示）						
【符号】	【①種　類】	【②構　造】	【③床面積】　㎡	【原因及びその日付】		【登記の日付】	
1	倉庫	鉄筋造スレー～葺平屋建	50:15	平成 2 年 11 月 10 日新築		平成 2 年 12 月 1 日	

【　甲　　区　】	（所有権に関する事項）			
【順位番号】	【登記の目的】	【受付年月日・受付番号】	【　原　　　因　】	【　権利者その他の事項　】
1	所有権移転	平成 6 年 4 月 23 日 第 14043 号	平成 6 年 4 月 23 日売買	所有者　杉並区高円寺一丁目 15 番 1 号 　　　　田　中　一　郎 順位 1 番の登記を移転
付記 1 号	1 番登記名義人表示変更	平成 9 年 2 月 8 日 第 5531 号	平成 8 年 12 月 14 日住所移転	住所　杉並区和泉 30 番地
	余白	余白	余白	昭和 63 年法務省令第 37 号附則第 2 条第 2 項の規定により移記 平成 10 年 9 月 24 日
2	所有権移転	平成 9 年 2 月 8 日 第 5532 号	平成 9 年 1 月 31 日財産分与	所有者　中野区中野本町一丁目 15 番 1 号 　　　　田　中　静　子

【　乙　　区　】	（所有権以外に関する事項）			
【順位番号】	【登記の目的】	【受付年月日・受付番号】	【　原　　　因　】	【　権利者その他の事項　】
1	抵当権設定	平成 6 年 5 月 15 日 第 14632 号	平成 6 年 5 月 15 日金銭消費貸借同日設定	債権額　金 1,500 万円 利息　年 4.5％ 債務者　杉並区高円寺一丁目 15 番 1 号 　　　　田　中　一　郎 抵当権者　東京都中央区京橋一丁目 1 番 1 号 　　　株　式　会　社　あさか　銀　行 　　　　（取扱店　静岡支店） 共同担保　目録（と）第 1122 号 順位 3 番の登記を移転
	余白	余白	余白	昭和 63 年法務省令第 37 号附則第 2 条第 2 項の規定により移記 平成 10 年 9 月 24 日

＊認証文略

➡➡　**基本説明**

2　不動産登記記録

　不動産登記は，従前は紙の帳簿に記録され，その記録はまさに不動産登記簿と言われてきた。昭和 63 年以後コンピュータ情報として磁気ディスクなどにも記録されることも可能になり，紙の簿冊による記録と併存することになり，双方を不動産登記簿と言う（法 2 Ⅰ⑨）。つまり，不動産登記簿とはコンピュ

ータによる記録と紙による多数の登記記録の集合体なのである。登記記録とは個々の不動産ごとに作成される情報記録である。

徐々に記録はコンピュータ化され，平成16年改正以後はそのペースは上がり，現在はすべての閉鎖されていない記録は，コンピュータ情報化が終了した。全国の登記情報は簡便にインターネットで閲覧できる時代になった（http://www1.touki.or.jp/gateway.html）。もっとも閉鎖登記簿は紙記録にとどまり，全ての記録がコンピュータ情報化されオンライン化されているわけではなく，むしろオンライン化に伴い，閉鎖されている情報が増え，過去の記録にたどりにくい面もある。

3 不動産登記手続

(1) 申請主義

不動産登記は原則として当事者の申請または官公署の嘱託によってする申請主義が採用されている（法16）。当事者が申請をすることができるのである。不動産登記法上権利の登記について申請義務はないので登記懈怠の罰則はない。権利の登記は私法上の権利義務を保護することが第一の目的であり，私的自治の原則が尊重されるのである。

特に権利の登記については共同申請主義が原則としてとられている（法60）。形式的に登記により不利益を受ける―登記義務者と，形式的に利益を受ける―登記権利者双方が申請に関与することで，特に登記義務者が登記手続に関与することで登記の真正ひいては取引の安全が図れるからである。

共同申請の例外として，法令がみとめるものとして以下のような場合がある。①判決による登記（法63 I），②相続の登記（法63 II），③登記名義人表示変更の登記（法64），④仮登記（法107 I），⑤所有権保存（法74），⑥収用による所有権移転（法118 I）など。

また，合同申請という方式もある。登記権利者と登記義務者を確定できない場合，例えば，抵当権の順位の変更（法89 I），共同根抵当権者間の優先の定め（法89 II）は合同申請となる。

登記申請行為は当事者が国家機関である登記所に登記を要求する手続法上の意思表示であり，私人のする公法上の行為である。なお，一定の表示に関する登記などは登記官の職権によってもこれをすることができ，これを職権登記という（法28）。

(2)　2つの申請方式

申請の方式であるが，2つの方式がある（法18）。第1にコンピュータでインターネットを用いる電子申請―オンライン申請である。第2は管轄の登記所に出頭して（出頭主義），申請書である書面（書面主義）を提出する方法である。もっとも申請時における出頭は現在は強制されず，郵送による方法も可能である。出頭主義は廃止された。第2の方法は平成16年改正前からの方式で，本人または代理人の出頭によって意思を確認し，書面を調査することによって迅速な処理と過誤登記の発生を防止する。添付書類との関係で完全なオンライン申請はなかなか困難である。なおオンライン申請ののち添付書面を追完する特例方式も認められている。現在後者の特例方式である一応のオンライン申請の割合は増加している。平成29年登記統計によると約1200万件の不動産登記申請のうち約485万件がオンライン申請されている。

(3)　登記申請手続の流れ――形式的審査主義

オンラインまたは書面で登記が申請されると，登記官は受付をしなければならない。そして登記官は申請の適法性を調査する。審査して不動産登記法25条に定める却下事由に該当する場合は，不適法な申請として却下する。却下事由は管轄，登記記録との整合性，登記原因の具備など13の事由が定められ，多方面にわたる。調査は添付書面によるもので，当事者への審尋は無く，形式的審査主義が採用されていると言えよう。申請書・添付書面以上の当事者の出頭や証人などの証拠を求めるような，実質的な審査はなされない。登記の迅速性をはかるため，いたしかたがないとされる。物権変動の実体関係（原因関係）の確認も書面によってなされる。登記原因証明情報の作成と添付が権利の登記の申請に関しては義務付けられている（法61）。所有権移転であれば売買契約書が添付されることになり，書面上の適法性がチェックされ，書面形式において実体関係の調査がなされ，真正な登記がなされることを確保する仕組みなのである。もっとも登記原因証明情報は処分証書である必要はなく，物権変動の要件事実が具体的に記載され本人または代理人が作成した書面であれば足り，形式な面がある。取引安全を求めるとすると厳格な，当事者に出頭を求め，意思確認まで求めるような実質審査主義が優れているが，事務の渋滞が予想される。登記の処理は本来迅速をめざすものであったし，より迅速な処理を目指すオンライン申請と厳格な実質審査主義は矛盾をきたす。取引の100％に近い安全・登記と真冥の実体関係の一致よりも画一的・迅速処理を重視したのが現

60 第5章 不動産登記

在の登記法の考え方である。

　しかしながら，不動産登記法 24 条によって登記官は申請者の本人確認をすることが定められている。申請者の本人性に疑いがある場合（不動産登記事務取扱手続準則 33 条に事由が規定されている），申請者の出頭を求めるなどの添付書面以外の調査をしなければならない。物権変動に関する意思確認・実体関係の確認については，いまだ実質審査主義は採用されていないが，登記申請者の本人確認については部分的ながら実質審査主義が採用されたと考える。

(4)　登　　記──登記識別情報の交付

　以上の審査が完了し，却下事由もなく，取下げもない場合，登記官は登記簿に所定の事項を記録して登記を行う（法 11）。登記が完了すると，登記官は通知を希望しない申出がない限り，当該登記に係る登記識別情報を通知しなければならない。登記識別情報は一種のパスワード（**資料5-2**参照）であり，不動産および登記名義人ごとに定められ，通知される。例えば夫婦共有で 2 か所の金融機関から融資を受け，抵当権を設定して，マンションを取得した場合，所有権のパスワード 2 つ，抵当権のパスワード 2 つ，合計 4 つのパスワードが発

資料5-2

・登記識別情報通知の様式

登記識別情報通知

次の登記の登記識別情報について，下記のとおり通知します。

【不動産】杉並区荻窪二丁目 5 番地 1 の土地

【不動産番号】0113000249898

【受付年月日・受付番号（又は順位番号）】平成 25 年 1 月 28 日受付第 21115 号

【登記の目的】所有権移転

【登記名義人】杉並区和泉一丁目 2 番 3 号　甲野乙子

〈以下余白〉

　　平成 25 年 1 月 31 日

　　　東京法務局杉並出張所

　　　登記官　　　　丙原丁男　　　　｜職印｜

記

登　記　識　別　情　報

｜1｜2｜3｜─｜4｜5｜6｜─｜A｜B｜C｜─｜7｜8｜9｜

所要事項が記入され，登記識別情報は数字とアルファベットの組み合わせの暗号である。

行される。

　登記識別情報は，アラビア数字その他の符号の組み合わせにより作成される。従来の「権利証」に代わるもので，権利者にのみ通知されたパスワードを知っていることは権利の徴表であり，次なる譲渡とそれに続く移転登記の際に提供が義務付けられる（法22）。

→→　基本説明

第2節　登記の種類

　不動産登記には，形式・効力の観点から分類していくつかの種類がある。

1　表示に関する登記，権利に関する登記

　登記事項の内容による分類である。表示に関する登記とは不動産の物理的状況を示す一不動産の表示に関する登記を言う。不動産の所在・地目・種類・面積など不動産登記法で定められた項目が記録されている。表題部に記録される。権利に関する登記とは所有権・地上権・抵当権などの不動産登記法3条で定められた権利の内容を記録するものであり，所有権に関する事項は甲区，所有権以外の用益権・担保権などの権利に関する事項は乙区に記載される。

2　本登記・仮登記

　登記の効力による分類である。本登記とは，物権変動に対抗力をもたせる終局的な登記である。物権変動が終了し，手続要件も具備した際になされる。仮登記とは，本登記をするには手続要件が具備していない場合（法105①）または，物権変動が条件付きもしくは始期付きで完了していない場合（法105②）になされ，順位を保全する目的でなされる登記である。後日手続要件が完備しまたは，条件が成就して本登記がなされれば仮登記の順位が当該本登記の順位となる（法106）。

3　保存登記・移転登記

　保存登記とは始めて行う所有権の登記をいう。最初の所有者である記録といっていい。ほとんどの場合建物が対象となる。現在は土地の場合はほとんどなされないが，土地の表示がなかった場合，新たに土地が造成された場合なされる。表題部に所有者と記載されている者や区分建物では表題部所有者から所有権を取得した者（新築の分譲マンションをディベロッパーから取得した者が例）などの単独申請による（法74）。一方移転登記とは保存登記が終了した不動産に

ついて物権変動が行われ，次なる権利者に権利が移転したことを記録する登記である。登記権利者と登記義務者の共同申請による。

4　変更登記

権利の内容の後発的な変更の登記を変更登記と言う（法66）。ただし，権利の主体の変更・権利の設定・権利の客体の変更をのぞく。例えば権利の存続期間の伸縮，抵当権の被担保債権の元本額の減少・利率の増減，共有物不分割の特約設定などである。変更登記は付記登記でなされるので順位に変更をきたさない。

5　更正登記

すでに存在する権利の登記に錯誤または遺漏があり，実体関係に合致しないことが判明した場合，不一致を解消する登記が更正登記である（法67）。当事者の申請または職権でなされる。

6　抹消登記・抹消回復登記

抹消登記とは，既存の登記が原始的または後発的理由により登記事項全部につき不適法となっている場合に，当該の登記を全部消滅させる登記である（法68）。例えば抵当権設定登記がなされ，その後債務が全額弁済されたばあい，抵当権は付従性により消滅し，抵当権抹消登記をするべき状況になる。抹消回復登記とは法律的原因が無いのに登記が抹消された場合，登記を回復して抹消当時に遡って，抹消がなかったのと同様の効果を生じさせる登記である（法67，68）。

→→　基本説明

第3節　登記の効力

1　対抗力

実体法上生じた当事者間の権利変動を第三者に主張できる効力を対抗力という。不動産物権変動における登記の対抗力については民法177条に規定されている。最も典型的な対抗力の例は，A所有でA名義の不動産をBが買い受けた後，さらにCがAから二重に譲り受けた場合，B・Cのうち早く移転登記を終了した者が排他的な所有権を主張でき，A以外の第三者に対抗できることになる。登記という公示を備えて初めて権利主張できるわけでこれを公示の原則と言う。対抗力は登記の最も重要な効力である。対抗の意義，登記なくして対

抗できない物権変動の範囲の詳細について，第6章・第7章に譲る。

　対抗力が発生するのは登記実行の時であり，登記の実行の前後によって権利の順位は，法令に別段の定めがないかぎり決まる（法4I）（別段の定めとして民392・331・339）。受付の順位によって登記は実行されていくので，優先的な効力を得るにはより早い登記申請が必要なのである。同じ内容の登記が同時に申請された場合は，同時になされたものとみなされる（法19Ⅱ）。同時申請の場合申請が却下される場合（所有権移転）と同順位（抵当権）になる場合がある。付記登記については主登記の順位により（法4Ⅱ），主登記の対抗力をもつことになる。

　登記が抹消された場合は実体関係に変更がなくとも，対抗力は消滅する。抵当権が存続しているにもかかわらず抹消申請（代理人の過誤による場合も含む）された場合，優先弁済権はなくなるのである。

　もっとも登記が第三者によって不法に抹消されたり，登記官の過誤によって抹消された場合は，対抗力は消滅しないのが判例（最判昭36・6・16民集15巻6号1592頁）の立場である。現行法下では，登記に公信力はないので，実体関係と異なる例えば抵当権が誤って抹消された権利を譲り受けても，抵当権の負担は消えない─担保設定のない物件を譲り受けたのではないと説明される。

2　推定力

　登記には，その記載どおりの実体的権利関係が存在するという推定を生じさせる効果がある。これを登記の推定力という。法令上明文の規定はないが，登記は国家機関によって管理され申請にも相当程度厳格な審査がなされる。登記記録と実体関係との一致の確率はかなり高いと考えられるからである。また，占有の権利推定力をみとめた民法188条の規定とのバランスからみても，不動産登記名義人に権利取得原因事実を証明させる全面的な負担を課すのは公平でないからである。登記の推定力は占有の推定力に優先する（大判大5・3・24民録22輯657頁）。登記の推定的効力は法律上の推定か（登記に反する事実を主張するものが，その事実を証明しなければならない），事実上の推定か（登記に反する事実を主張するものが，登記の記載事実に疑いを裁判官に抱かせる程度で，推定は破られる。その場合は登記名義人が自己の権利を改めて証明しなければならない）かは対立がある。

　推定が認められる範囲は権利の記載に限られる。表題部の記載で物理的状況の記載については推定力はない。ただし表題部にある所有者の記載に関する記

載の推定力については見解が分かれる。

3 形式的確定力

登記が存在する以上その有効・無効を問わず，以後は登記手続上これを無視して手続することができないという効力をいう。例えばA所有の不動産が偽造の書類によって勝手にBに移転登記されたとしよう。AがCに抵当権設定登記をする場合，B名義の登記を抹消しないとできないのである。

以上の3つの効力が本登記には認められる。なおわが法制度下では登記に公信力はみとめられていない。不実の登記を信頼して，無過失で不動産取引に入って移転登記を受けた者でも，民法94条が類推適用されその者が権利を取得できる場合もあるが，原則として即時取得はない。

第4節 登記請求権

➤➤ 基本説明

1 登記請求権の法的性質

(1) 登記請求権の発生原因

登記請求権とは登記権利者が登記義務者に登記申請に協力せよと請求する権利である。その法的性質をどのようにとらえるか，これは従来から論議されている難問であるが，民法上も不動産登記法上も登記請求権発生の根拠規定を置いていない。不動産登記法は登記申請の手続規定のみを定める。判例は登記請求権について統一的な法的性格を判断するものではなく，発生原因についても類型的な分類もしない。もっぱら個々の事案について判断をするのみである。ゆえに判例は多元説であると言われる。おおむね①物権がもはや存在しないか，物権変動がないにもかかわらず登記がなされた場合，その登記を抹消する法律上の抹消登記請求権が発生する。例えば実質的権利者が不実登記の抹消を請求する（大判昭16・3・4民集20巻385頁），先順位抵当権が弁済により消滅したとき後順位抵当権者の抹消登記請求（大判大8・10・8民録25輯1859頁）などである。②実質的な物権変動がある場合，その物権変動に従った登記請求権が当事者に発生する。例えば買主の登記請求（大判明44・11・14民録17輯708頁），地上権設定者の登記請求（大判明39・2・7民録12輯180頁）などである。買主の移転登記請求では，第一の買主は，転売がなされた場合も売主に移転登記請求できる。登記の特約がなくともこれらの登記請求権は当然発生する。ま

たこれらの登記請求権は単独では消滅時効にかからない。③特約のある場合，当事者間で登記をする特約がある場合，特約によっても登記請求権は発生する。賃借権の登記（605，法81），買戻権の登記（579，法96）が例である。もちろん売買契約において別段に登記の特約がある場合は特約からも登記請求権は発生する（大判大9・11・22民録26輯1856頁）。Ａ→Ｂ→Ｃと不動産が転々譲渡されて，本来はＡからＢへ名義が移転され，さらにＢからＣに名義を移転するべきなのであるが，Ｂへの移転登記を省略して直接ＡからＣへの移転登記を中間省略登記と言う。中間省略登記請求権が特約により発生するかは**2**で検討する。

　学説はいくつかの説明を試みる。旧来は一元的に説明を試みようとするものが有力であった。①現実の権利関係と登記が一致しない場合にこれを一致させる場合に発生する。第三者に転売されたとき第一の譲受人に未だ自己への移転登記請求権があるのが，説明しづらいと批判される。あるいは，②実質的な物権変動の過程に登記が一致しない場合，過程に一致させる場合に発生する。③実体的な権利変動と登記の不一致のある場合発生する等，主張されてきたが，特約による登記請求権も別箇認めるので，近時は無理をして一元的説明を試みる者は少ない。登記請求権は多元的な理由で発生することを素直にみとめ，具体的なケースごとの登記請求権の発生の有無・内容を検討し，類型化するのが重要であるとの考え方が学説上も有力である。また③手続法である不動産登記法上の権利であるとの考え方もある。登記請求権が実体法上の権利であることを否定するのである。確かに登記の実行は登記上の手続規定に合致して初めて可能なものであり，一見登記法があるから登記が請求できるかにも見えるが，この考え方は，主客転倒であろう。

(2)　登記請求権の法的性質

　登記請求権の発生原因をいかにとらえるかとも密接に関連するが，登記請求権が物権的な権利か，債権的な権利か，それとも多元性を持つものなのか。従来論議されている。判例は登記の発生原因についても説明をしないのと同様，一貫した説明はしないので法的性質の分析論は学説によってなされてきた。①物権的請求権　登記請求権をできるだけ一元的に説明しようとし，原則として物権支配を排除するための妨害排除的な請求権ではなく，積極的に物支配の足りない面（対抗力具備など）を充足するために発生する請求権であるとする。もっとも，特約により発生する登記請求権が債権的な権利であることは異論が

ない。②多元説　登記発生原因のとらえ方と同じく，登記請求権には物権的請求権の側面と債権的請求権の側面の両面があるととらえる考え方である。ただし不実登記の抹消請求権は物権的請求権である。売買による物権変動が発生したとき，移転登記の特約がある場合，債権的な請求権と物権的な請求権が競合すると考えてよい。したがって物権的請求権として10年の消滅時効にはかからない。平成29年改正民法では，560条で売主の登記移転義務が明記された。

　三者間の特約による中間省略登記請求権は従来は債権的登記請求権と構成されてきた。

　学説における①物権的請求権説と②多元説は説明のしかたであり，現在どちらの構成にしても具体的結論構成には直接の影響はない。個々の問題をいかに構成していくかが重要である。

→→→　展開説明

2　中間省略登記の有効性

　中間省略登記とは全部の物権変動を順次登記しないで，登記名義人から直接現在の権利者に登記の移転をする簡単な方法である。

　本来登記は物権変動のすべてを記録するべきである。権利取得予定者は登記の過程の調査をすることにより安全な取引を可能にすることができ，公信力がない現在の法制度では，譲渡人の名義だけではなく，取引安全のために特に経過を含む正確な情報を取得することは重要である。したがって中間省略登記は好ましいものではない。登記実務も共同申請の場合それを許していなかった。しかし現実には登録免許税の節約・司法書士報酬の節約のため，相当広く中間省略登記がなされてきた。書面審査主義の登記実務では，書面が適正である限り，登記が実行されるのである。

　このような中間省略登記の有効性について多くの訴訟がおき，判例の考え方が確立された。①最も古い判例は登記は物権変動の過程をそのまま反映することを要するとし（大判明44・5・4民録17輯260頁），中間省略登記の効力を否定していた。②しかしその後，なされてしまった登記につき，当事者の特約がある場合には直接現在の所有者名義に移転できるとした。中間者の登記移転と代金支払の同時履行の抗弁権を保障するために中間者の承諾が必要だからで，特約が必要なのである。最高裁もこの立場を踏襲し，当事者の特約のある中間省略登記の有効性を肯定した（最判昭35・4・21民集14巻6号946頁）。③なされてしまった中間省略登記については，当事者の特約のない場合でも，中間

者に抹消の利益のない場合は，中間者からの抹消請求はできない，または中間者の利益にかかわらず第三者からの抹消請求はみとめられない。これからなすべき中間省略登記については④登記名義人・中間者の同意を得ない（特約のない）中間省略登記請求権を否定した（最判昭40・9・21民集19巻6号1560頁）。判例の立場はなされてしまった登記の効力と将来なすべき登記請求権の発生の可否を峻別したものといえよう。

　なお，現行の不動産登記法61条は登記原因証明情報の提出が必須化された。登記原因事実とことなる中間登記申請は登記原因と合致しないものになるはずで却下されるはずである（法25）。中間省略登記をなすためには実体と異なった物権変動の証明情報を添付することになる。資格者代理人が代理申請し，証明情報も代行作成する場合は，相当困難なハードルが設置されたことになろう。

3　中間省略登記をめぐる判例

　中間省略登記は不動産登記法が想定していない登記類型で，全く法規定がない。したがって，規範が判例法理によって形成されたので，重要判例の検討が不可欠である。

(1)　特約によらない中間省略登記請求

　最判昭40・9・21（民集19巻6号1560頁）は特約のない第二の譲受人が直接自己への中間省略の移転登記の請求をしたが，請求がみとめられなかった事例である。

(a)　事実の概要

　所有権の登記名義がY（被告）となっている建物について，X（原告）がその所有権を主張して，Yに移転登記手続の請求をした。建物は，Aの所有であったがYに譲渡された。Xは，Yから直接所有権を取得したのではなく，Yらから最初取得したMから取得したと主張した。①AからYへの譲渡当時，AがMから借り受けていた金銭が完済されていなかったため，MとYとは，残債務が，期限までに支払がなかったときは，Yが本件建物をMに代物弁済として譲渡することを約した。支払がなかったので所有権は，YからMに移転した。仮に，このYからMへの代物弁済が認められないとしても，Mは，Aに対して金銭を貸し付け，その担保のため代物弁済予約をしていたところ，債務の支払がなかったので，MはAに対して，予約を完結する意思表示をした。本件建物の所有権は，AからMに移転した（A→M→Xという所有権移転の主張をするについては，MがYの登記に先立ち代物弁済予約を原因とする所有権移転請求権保全の

仮登記をし，次いで，自已がMから本件建物を買い受けた際に，その仮登記上の権利の譲渡を受けたことによる附記登記をしたため，Aから所有権を取得したYに対抗することができるとするもののようである）。②その後，Xは，本件建物をMから買い受けた，とする。なお，Xは，Yから直接Xへの登記をするについては，Mの同意があるとの主張をした。

これに対し，Yは，Xの所有権取得を争い，Y・M間の代物弁済が認められるとしても，強迫によるものであるからこれを取り消すとし，また，これは公序良俗違反で無効であると主張した。

第1審では，請求が認容されたため，Yが控訴したところ，第2審は，Xは，Yに所有権移転登記手続を請求するに当たり，中間者Mの同意があることを主張するものの，YまたはAの承諾があることを主張立証しないから，請求自体失当であるとして原判決を取り消し，この請求を棄却した。そこで，Xは，上告し，中間省略登記請求を拒否する考え方は，不動産登記法の解釈を誤ったもので違法であり，経験則に違反すると主張した。

(b) 判　　旨

上告棄却。

実体的な権利変動の過程と異なる移転登記を請求する権利は，当然には発生しないと解すべきであるから，甲乙丙と順次に所有権が移転したのに登記名義は依然として甲にあるような場合に，現に所有権を有する丙は，甲に対し直接白己に移転登記すべき旨を請求することは許されないというべきである。ただし，中間省略登記をするについて登記名義人および中間者の同意ある場合は別である（最判昭35・4・21民集14巻6号946頁は，すでに中間省略登記が経由された後の問題に関するものであって，事案を異にし本件には適切でなし）。本件においては，登記名義人の同意について主張，立証がないというのであるから，Xの中間省略登記請求を棄却した原判決の判断は正当である。

(c) 分　　析

当事者間の特約のない中間省略登記は認められないとの判決であるが，三者間に特約があれば積極的に債権的な中間省略登記請求権を認める先例になるかは疑問な判決である。判旨は後半部分で「登記名義人や中間者の同意がない以上，債権者代位権によって先ず中間者への移転登記を訴求し，その後中間者から現所有者への移転登記を履践しなければならないのは，物権変動の経過をそのまま登記簿に反映させようとする不動産登記法の建前に照らし当然のことで

あって，中間省略登記こそが例外的な便法である」と注意して，特約があっても今からなすべき中間省略登記を積極的に容認するとは断じていないのである。

(2) **中間者の同意なき中間省略登記の中間者以外の者による抹消登記請求**

最判昭44・5・2（民集23巻6号951頁）は現在の実体関係には合致している，なされてしまった中間省略登記を抹消する請求が認められるかを問う事案である。判例は抹消請求を否定した。

(a) 事実の概要

AからB，BからXに土地が譲渡された。Aからの土地賃借人Y₁が借地権に基づいて建物を所有し，Y₂とともに占有していた。中間取得者Bを省略して直接AからXに土地所有権登記が移転された。このときY₁の名義の建物の保存登記はされていなかった。つまり賃借権は第三者に対して対抗力のないものであった。XはY₁・Y₂に建物収去と土地明渡しを請求し，Y側は中間省略登記はBの承諾を得たものではなく無効としてこれを争った。

原審は中間者Bの承諾がなくとも，実体関係に符合しているかぎり第三者であるY₁らがその効力を争えないとして請求をみとめなかった。

(b) 判　旨

上告は棄却された。最高裁も中間者Bの同意なしに登記がなされた場合，Bが抹消登記を求める正当な利益があるときに限り，Bのみが抹消登記を請求できるが，Y₁らが抹消登記を求めることはできないとした。

(c) 分　析

既になされた中間省略登記について判例は現在の実体関係に合致しているときはできるだけ有効なものとして取り扱う考え方を進めてきた（最判昭35・4・21民集14巻6号946頁は同意のない，しかしもはや具体的利益のない中間者による中間省略登記抹消請求を棄却）。本判決はこの考え方を受け継ぐとともに，具体的な利益を持つが中間者ではない第三者からの抹消も許さないとして，なされてしまった中間省略登記の有効性を広げた。

(3) **所有権登記名義人に対する真正所有者の移転登記請求**

最判昭35・1・22（民集14巻1号26頁）は真正の所有者から無効な名義人に対して，直接の「真正な登記名義の回復」を原因とする一種の中間省略登記をみとめた判決である。

真正な所有者AがB名義で不動産を所有し，そののち競売が実行され，競落により実際はAが取得した。しかし名義はYで登記された（嘱託登記でなされ

た）。AからさらにCは権利を取得した。新所有者であり真実の所有者である
Cの相続人XはYに移転登記を請求した。原審はXの請求を認容し，最高裁も
上告を棄却しXへの移転登記を認めた。

　本来であればYへの移転登記を抹消しA名義の登記（競落手続の問題はさて
おいて）を行い，そののちXはAに対して移転登記を請求するべきであるが，
競売手続の問題から，一連の登記手続のやり直しは不可能であろう。よってX
は直接Yからの移転を請求したものである。

　判例は登記の抹消が困難である場合および転々譲渡があり抹消・移転が煩雑
になるので，それを回避するために行う場合，双方に大審院以来真正な登記名
義の回復の登記を広く認めてきた。従来の登記実務も，判例状況を踏まえて，
判決による場合に限らず，一般的な共同申請による移転登記を許容している。
中間者の承諾の有無にかかわらず前の所有者からの中間省略登記について実務
は許容しない態度からは例外的な扱いである。判例が広く真正な登記名義の回
復の登記請求権を認め続けていることとの均衡を図ったものである。物権的請
求権としての一種の権利保持のための登記請求権の面を尊重したと考えられる。
現行の不動産登記法は登記原因証明情報の提供を要求しているが（法61），内
容は登記義務者の作成する報告書で足りるとしている。

(4) 登記引取請求権

　最判昭36・11・24（民集15巻10号2573頁）は中間省略登記をめぐるもので
はないが，登記移転請求権または抹消権を行使しない者に対して登記義務者の
ほうから登記の引き取りを請求できる，逆方向の登記請求権を認めたのが本件
事案であった。

　YからXへの不動産の売買契約がX名義への移転登記後，Yの債務不履行を
原因としてXにより解除された。本来ならばYが抹消登記を請求するのである
が，Yはそれを行わなかった。Xは代金の返還と登記の抹消を請求し原審・上
告審ともXの請求を認めた。登記引取請求権の法的性質を債権的または物権的，
いかにとらえるかは別にして，結論は妥当であり，現行法では共同申請ができ
ない登記引取は，法63条により判決による登記手続による。

→→→ 展開説明

第5節 登記の有効要件

対抗力や推定力を認められる有効な登記であるためには実体的有効要件と手続的有効要件双方を具備する必要がある。

1 実体的有効要件

実体関係と登記の記載の一致が有効要件である。もちろん完璧に一致していることが望ましいが，微細な点の不一致で登記を無効化するのは取引安全をかえって害する。公示の理想に合致する程度の一致で十分とされる。場合によっては一部無効・一部有効となる。以下が一致の主要なポイントである。

①不動産の存在　登記に合致する不動産が当初から存在することが必要である。滅失建物の登記の流用をめぐって，当初は合致していても後に不動産が滅失し，同様の建物が新築されたとしても，登記は無効となるとの判例がある（最判昭40・5・4民集19巻4号797頁）。

建物滅失後，新たな建物が新築されたにもかかわらず保存登記がされないまま，抵当権が設定され，当該抵当権の登記が滅失建物上（滅失登記がなされなかった）になされた場合は第三者に対しては無効である。新築建物を譲受けたものは未登記建物譲り受けたと考えるのが自然である。思いもかけない抵当権が有効で対抗力のあるものとなれば，その者の利益が不当に侵害され，登記による公示の意味がなくなるからである（最判昭34・1・8民集13巻1号1頁）。

不動産工事の先取特権保存登記はその性質上，例外である（民338Ⅰ）。

②登記名義人の実在

③登記どおりの実体的権利変動ないし登記原因が存在すること

権利変動の対象を誤った場合──目的土地を取り違えるなどは無効である。

権利の主体を誤った場合──名義人の取り違えは無効である。

登記原因の不一致（贈与を売買とした）や権利変動の過程の不一致（中間省略登記など）については，前述のように必ずしも無効としない。

④権利の種類の不一致は無効である。賃借権設定を地上権設定登記した場合などである。

2 手続的有効要件

以下の要件を満たさなければならない。

①管轄権のある登記所で登記されたこと（法25①）

②登記すべき事項の登記実行（法 25 ②）

登記すべき事件に登記がなされたこと。一筆の土地の一部の所有権移転登記，5 年を超える共有物不分割特約など実体法上の要請に反するなどが例である。

③権限のある者による申請・嘱託，もしくは権限のある職権登記であること（法 16 Ⅰ）

本人に登記申請意思があること。委任による場合は登記申請委任の意思があることが本来は必要である。登記申請が無権限＝無権代理行為にてなされ場合は，申請行為には表見代理は成立しない。しかし実体関係に表見代理が成立する場合および追認がなされたことにより，登記意思は欠けても客観的に実体関係には符合する場合，なされてしまった登記は登記義務者に登記を拒否する事情がない場合有効とするのが判例の態度である。客観説である。

「無権限の申請手続によりされた抵当権設定登記が後日に登記義務者により抵当権設定が追認されたことにより，実体関係には符合することとなった場合，登記義務者には抵当権登記を拒む理由はないので，登記の無効は主張できない。」とする判例がある（最判昭 42・10・27 民集 21 巻 8 号 2136 頁）。

④権限のある登記官により登記簿に記入されたこと（法 11）

第6章

不動産物権変動(1)
対抗要件一般

第1節 「対抗することができない」の意義

→ 趣旨説明

1 「対抗不能」の意義

物権の設定および移転は当事者間の意思表示のみによって行われるが（176），不動産に関する物権の得喪および変更は登記をしなければ，これをもって第三者に対して対抗することができない（177）。このような意思主義＋対抗要件主義のシステムによって成り立つ権利関係はどのようなものであろうか。「対抗することができない」とは，ある権利関係の存在を一定の者に対して主張することができないことを意味しており，民法上の諸規定において多く見られる用語法である。177条においては，例えば，Aが自己所有の甲土地をBに売却する旨の売買契約が成立したが，Bのための所有権移転登記手続が未了であり，登記がA所有名義のままとなっている場合，Bは甲地の所有権を取得するものの，その旨をCに対して主張することができず，Cとの関係においてはAB間の所有権移転が存しないものと考えるべきことになる。そうすると，次のようなことが問題となる。

第1に，Aは物権変動の当事者であるため，BはAに対しては所有者として移転登記手続請求することができる一方，Cに対する関係では所有者として認められないことになるとすれば，このような相対的な権利関係についてどのように理解すべきか。

第2に，登記名義人であるAが甲地をCに対して売却処分した場合，その所有権の帰属はABC間においてどうなるのか。

第3に，Bが所有権取得をもって対抗することができないCとは，いかなる者を指すのか。それはなぜか。

このように，177条における「対抗不能」の意義は，一物一権主義，物権の排他性，未登記物権の性質，物権の優先的効力と意思主義＋対抗要件主義の構造との関係について，いかにして整合的に説明するかという理論的問題に加えて，かかる「対抗不能」によってどのような物権変動についていかなる第三者を保護すべきか，という具体的問題にもかかわってくる。以下に順次解説する。

→→　基本説明

2　二重譲渡の法律構成

「対抗不能」の意義に関する理論的問題として，同一不動産が二重譲渡された場合における物権の優先的効力をいかなる構成によって導くかという，二重譲渡の法律構成が挙げられる。上記の例において，Aから甲地を買い受けたBが未登記である間に，Aが同地をさらにCに二重売買した場合，両者の優劣は売買の先後によって決せられるのではなく，第二譲受人Cが先に登記をすれば，甲地についてはCが確定的に所有権を取得し，Bは所有権を失うというのが，176条および177条の適用から導かれる帰結であるが，このような相容れない物権ないしは物権変動相互間の優先的効力と意思主義＋対抗要件主義システムとの整合性についてどのような説明を与えるかをめぐり，古くから見解が分かれている。この問いに対する学説は林立しており，本書では網羅する余裕がないため，主要な考え方の筋道を大別して紹介するにとどめる。

(1)　不完全物権変動構成

未登記の第一譲受人は第三者対抗力または排他性が制限されている不完全な所有権を取得したにすぎず，登記名義人である譲渡人になお処分権限が留保されているため，第二譲受人も有効に所有権を取得することが可能となるが，両者未登記の間は不完全な所有権の二重帰属状態となり，先に登記を備えた方が完全な所有権を確定的に取得する。

このような考え方に対しては，ⅰ．未登記では完全な所有権移転が認められないという構成は，意思表示のみによる物権変動を認める意思主義に適合しない，ⅱ．第一譲受人が取得する未登記物権および譲渡人に留保される物権の不完全性の意味が不明確である，ⅲ．1個の不動産につき不完全物権が多重に帰属することを認める構成は一物一権主義に整合しない，などの批判がある。

(2)　第三者主張構成

第一譲渡により所有権が完全に移転するが，一定の第三者が未登記を理由として第一譲渡を否認するかまたは反対事実（第二譲渡）を主張すると第一譲渡

の効力が失われ，これにより第二譲受人の権利取得が正当化される。

この見解に対しては，第一譲渡の否認または反対事実の主張に先立つ第二譲受人の権利取得を正当化する根拠が不明であり，とくに第二譲受人が第一譲渡の存在を知らない場合は否認・反対事実主張の前提に欠けるといった難点が指摘されている。

(3)　法定取得構成（公信力説を含む）

意思主義に基づいて第一譲受人が完全な所有権を取得し，譲渡人は無権利者となるが，第二譲受人が登記を備えると，対抗要件主義の法定効果として新たに所有権を取得することができ，これにより第一譲受人は所有権を失う。譲受人双方とも未登記の場合は第一譲受人に所有権が帰属する。この構成によれば，所有権の帰属が明快となり，意思主義および一物一権主義にも整合的である。

このような構成は理論上当然に第三者の要件に直結するものではないが，かかる法定効果を登記に対する信頼保護と結びつけたのが公信力説と呼ばれる見解である。この説によれば，177条の趣旨は未公示物権変動を知り得ない第三者の取引安全を図ることにあり，譲渡人名義の登記に対する第二譲受人の信頼保護の必要性および，第一譲受人の登記懈怠に対する帰責事由を根拠として導かれる法定効果として，第一譲受人の権利喪失と第二譲受人の権利取得が基礎づけられる。公信力説は，177条における第三者の主観的要件（本章第3節参照），さらには，177条が民法94条2項類推適用法理と通底する旨を指摘した点において，登記を要する物権変動の範囲（第7章参照）にもかかわる重要な問題提起を行ったが，第三者に善意ないし善意無過失を要求する点および，公示の原則と公信の原則を統一化する理解に対して，疑問が示されている。

(4)　制度内在構成

未登記物権に関する対外的主張の制限とこれに由来する二重譲渡の成立可能性，および登記の有無による優劣決定は，意思主義＋対抗要件主義システムにおいて本来的に内在する法定効果であると説明すれば足り，ことさら二重譲渡の可否あるいは所有権の帰属・得喪関係について理論化する必要はない。

近年は，二重譲渡の法律構成に拘泥することなく，端的に制度内在的な帰結として把握する見方も見受けられるが，理論の放棄であるとの批判もある。

→→ 基本説明

第2節　第三者の範囲（客観的範囲）

1　第三者の意義

　一般に第三者とは，「当事者およびその包括承継人以外のすべての者」をいう。177条の「第三者」についてこの定義を形式的にあてはめると，売買による所有権移転を例にとれば，買主はその所有権の取得をもって，売主およびその代理人・相続人以外の誰に対しても対抗することができないということになる。これに対して，民法94条2項あるいは96条3項など他の第三者保護規定においては，各制度の趣旨に従って保護されるべき第三者の範囲が限定されている。それでは，177条についてはどのように理解すべきであろうか。条文の文言上はとくに制限されていないが，解釈・運用レベルにおいて，公示制度の目的および，未登記権利者と第三者間の妥当な利益衡量のあり方が問われる。

2　第三者の具体例

(1)　第三者の範囲——制限説

①　制限説の確立

　民法の制定当初は，177条の第三者につき，文字どおり物権変動の当事者以外の者をすべて包含する無制限説が主流であった。その背景には，登記慣行が定着するに至っていない当時の社会状況下において，未登記に対するサンクションを最大化することで登記を事実上強制し，公示の促進を通して不動産取引の安定化を図ろうという政策的配慮が存した。ところが，無制限説を貫くと，具体的な局面においてさまざまな不都合が生じる。例えば，未登記所有者は，故意・過失によって自己所有の建物を損傷させた者に対しても所有権を主張することができないとすると，不法行為者は所有者が未登記であることを理由として責任を免れることになりかねないが，そもそも他人の所有権を違法に侵害した不法行為者は，所有者が誰であるかを問わずに責任を負うべき立場にあり，公示によって保護すべき対象に含まれないのではないか，という素朴な疑問が生じる。

　そこで，判例は早くから，177条の第三者を「登記の欠缺を主張する正当な利益を有する者」に制限する旨を明示し，公示制度の目的に従って第三者の範囲を限定する制限説が，判例法理として確立するに至った（大連判明41・12・15民録14輯1276頁）。177条の趣旨は，不動産の権利関係を公示することによ

って，当該不動産につき正当な権利または利害関係を築いた者が不測の損失を蒙ることを防止する点に求められるとすれば，これに該当しない者は177条によって保護すべき第三者に含まれず，このような者に対しては，権利者は登記の有無を問わずにその権利取得をもって対抗することができるということになる。

このように判例は，177条の第三者を妥当な範囲に制限することによって，登記の要否について柔軟に判断しながら，不動産の権利関係をめぐる紛争に対して適切な解決に努めている。それでは，「登記の欠缺を主張する正当な利益」の有無をどのように判断すべきであろうか。学説上はさまざまな定義が示されているが，はじめから一義的・演繹的に確定するのではなく，主要な第三者類型について個別具体的に検討し，理解を積み上げていくのが効果的である。

以下では，Aが自己所有の甲土地をBに売却する旨の売買契約が締結されたがBが未登記である場合において，BがCに対して所有権取得を対抗することができるか否かにつき，Cを類型化して考察する。

② 第三者に該当しない者

第1に，Cが不法行為者または不法占有者である場合は，177条の第三者に該当しない（前掲・大連判明41・12・15，不法占有者につき最判昭25・12・19民集4巻12号660頁）。Cは所有者がAまたはBのいずれであっても，所有者からの損害賠償請求または明渡請求に応じるべき立場にあり，Bの未登記を主張してその請求を拒むことにつき正当な利益を有しないからである。

第2に，実質的無権利者およびその譲受人も177条の第三者にあたらない。不法行為者・不法占有者も広義の無権利者に含まれるが，ここでは，CもAから甲地を買い受けたが売買契約が無効・取消しまたは解除された場合について考える。Cは甲地につき取引関係に入った者ではあるが，登記の有無にかかわらず有効に権利取得することができない地位にある以上，Bの未登記を主張することにつき正当な利益を有するとはいえない。そして，そのような無権利者からの譲受人（D）についても，94条2項・96条3項あるいは545条1項ただし書などの第三者保護規定の適用がない限り，権利を取得することができず（無権利の法理），同様となる。したがって，CまたはDが甲地について所有権移転登記を備えたとしても，実体的な権利関係をともなわない無効な登記であり，Bは移転登記または抹消登記手続を求めることができる。

第3に，転々譲渡の前主も177条に含まれない。上記の例において，C→

A→Bと順次売買されたにもかかわらず，Cが甲地の占有を継続している場合，CはもっぱらBの未登記のみを理由として同人の所有権に基づく明渡請求を拒むことはできない。Cは甲地をAに譲渡した以上，その実現に協力すべきであり，かかる譲渡を前提としてAから同地を譲り受けたBの所有権取得について争う地位にはないからである。

③　相容れない権利取得者

上記の二重譲渡の例においてAC間の売買契約が有効であった場合，Cは同一不動産につきBと相容れない所有権の取得を争う関係に立ち，Bが登記なくしてその所有権の取得をCに対して対抗することができるとすると，Cは所有権の取得が妨げられことになる。こうした二重譲渡における第二譲受人が177条の第三者に該当する典型例であり，同条の趣旨は，正にこのような有効な取引に基づいて正当な権利関係を築くに至った第三者の取引安全を図る点にある。よって，未登記のBは所有権の取得をCに対して主張することができず，CがBに先んじて登記を備えたときは確定的に甲地の所有権を取得する。

Cが甲地につきAから地上権または抵当権などの制限物権の設定をうけた者である場合も，Bの所有権に基づく支配と相容れない使用収益支配または価値支配を争う関係に立つため，同様となる。これらの場合において，未登記のBはCの地上権・抵当権を否定することができず，Bの所有権移転登記手続に先んじてCが地上権・抵当権設定登記手続を行ったときは，BはCの地上権・抵当権の負担付きの所有権を取得するにとどまる。

このように，同一不動産につき相容れない支配を争い，対抗要件の有無または先後によってその優劣が決定づけられる第三者相互の関係を「対抗関係」といい，177条の適用によって解決される紛争類型を講学上「対抗問題」と呼ぶ。

④　差押債権者

CがAに対して貸金債権を有している場合，このような一般債権者は177条の第三者にあたらないというのが一般的な理解である。甲地につきA所有名義の登記が残存していることから，同地がAの責任財産に含まれると信じてCが貸付けを行ったような場合もあり得るが，抵当権等を有しない一般債権者は，甲地について具体的な権利または利害関係を有するには至っていないため，Bの未登記を主張するにつき正当な利益を有するとは言い難いからである。

それでは，CがA所有名義で登記されたままとなっている甲地に対して差押えを行った場合，Bは登記なくして所有権に基づいて差押えの無効を主張する

ことができるか。学説には，一般債権者が差押えによって甲地に対して実体上権利を有することになるわけではなく，物的支配を行うには至っていないとして，一般債権者と同様に扱う見解もある。これに対して判例・通説は，差押債権者は177条の第三者に含まれると解している。不動産に対する差押えは登記に基づいて行われるところ，差押えによって強制競売が行われ，売却代金から配当を受けられる地位に立つという点において，差押債権者は当該不動産につき保護されるべき具体的な利害関係を有しており，未登記所有者からの第三者異議の訴えが認められると，当該不動産から債権回収を図る機会を失うことになるからである。

(2) 第三者の範囲——賃借人

上記の例において，CがAから甲地を賃借した場合については，二つの段階に分けて考察する必要がある（Ⅴ巻債権2第5章第4節も参照）。

第1に，賃借権は債権であるが，物の排他的利用を内容とする権利であるため，BとCは同一不動産について相容れない使用収益支配を争う関係に立ち，したがって177条の第三者に賃借人も含まれる。そうすると，甲地のBへの譲渡または所有権移転登記に先立ってCが対抗要件ある賃借権を取得していた場合，Cはかかる賃借権をBに対して対抗することができる。その効果として，Bはその賃借権の負担を引き受けなければならず，賃貸人の地位がBに移転し，AB間の賃貸借関係はBC間に承継される（605の2Ⅰ）。これにつきABCの同意を要しない。その理由は以下のとおりである。ⅰ．新所有者は賃借権を否定することができない立場にある。ⅱ．賃貸人の地位は所有権と密接不可分であり，賃貸権限を失った旧所有者との間ではなく，新所有者との関係において賃借権を維持するのが，賃借人保護ひいては当事者関係の円滑に資する。ⅲ.賃貸人としての債務の履行は所有者であれば誰でもできるのが通常である。なお，AB間の合意により賃貸人の地位を旧所有者Aに留保することは妨げられない（同条Ⅱ）。Cの賃借権が当初の賃貸人との間で維持されるとともに，旧所有者の賃貸権限が現所有者との合意により正当化されるため，上記の賃借権の対抗を認める趣旨に反しない。

第2に，このような賃借権の対抗によって賃貸人の地位が移転することをうけて，今度は，Bが賃貸人の地位に基づいて，Cに対して賃料請求あるいは解約申入れなどの権利行使をするための要件として，甲地に関する所有権移転登記の要否がさらに問われる。判例・通説は登記必要説に立つ（最判昭49・3・

19民集28巻2号325頁）。その理由として次のようなものが挙げられる。ⅰ.賃貸人の地位は所有権と密接不可分である。ⅱ.確定的に所有権を取得するに至っていない未登記のBによる権利行使を認めると，Cは賃料の二重払いなどのリスクを負い，不安定な地位に立たされるため，賃借人は賃貸不動産の所有者が誰であるかについて確知することにつき正当な利益を有する。

　この第2の局面においてBに要求される登記の意味は，上記の第1の局面とは異なる。確かに，Cに対して権利主張するための要件という点では共通しているが，第1の局面では，相容れない使用収益支配の優劣を決すべく，Cの賃借権を否定ないし排除するための要件であるのに対して，第2の局面においては，Cの賃借権が存続してBの所有権と両立することを前提として，賃貸人の権利行使のための要件として機能する。そこで学説上は，第2の場面における登記を権利保護資格要件と称して，排他的支配の優劣を決する本来の意味における対抗要件と区別する理解が定着している。

　このように，第三者に対して権利を主張するための要件といっても，その意味は多義的であり，不動産に関する権利関係の確定ならびに調整につき，登記がさまざまな機能を果たしていることに留意を要する。

第3節　第三者の範囲（主観的範囲）

→→　**基本説明**

1　背信的悪意者の排除

(1)　総　説

　登記の欠缺を主張する正当な利益の有無は二段階に分けて検討される。第一段階においては，前節において展開したように，第三者の類型ごとに形式的・客観的に判断される。そして第二段階として，このような客観的要件を充足することを前提として，さらにその実質的・主観的要件の要否が問題となる。ここでは，先行する物権変動の事実に関する第三者の善意・悪意を問うべきかが争点となる。例えば，上記の二重譲渡の例においてCは第二譲受人であるから，形式的・客観的にみて明らかに177条の第三者の範囲に該当する類型に属するが，Cが第一譲渡の事実すなわち，甲地がすでにBに売却されている旨について知りながら同地をAから買い受けた場合はどうか。もし，このような悪意者は177条の第三者から排除すべきであると解するなら，たとえCがBに先

んじて登記を備えたとしても，Bに対してその所有権取得を対抗することができないことになる。それとも，Cが先に登記を備えた以上，善意・悪意を問わず優先すべきであろうか。なお，第三者の主観的要件の要否および内容は，前述の二重譲渡の法律構成あるいは，「対抗することができない」の意義に関する理論構成から演繹的に定まるものではない。

(2) 主観的要件の要否

① 善意悪意不問構成

伝統的に判例・通説は，客観的要件を充足した第三者は登記を備えることによって保護され，原則としてその善意悪意は問わないという立場に立つ。それは以下のような理由に基づく。ⅰ．177条は文言上，善意の第三者に限定していない。ⅱ．登記の有無という客観的基準に基づく画一的解決を図ることにより，権利関係と公示の合致が徹底され，不動産取引の安定化がもたらされる。ⅲ．登記を備えた譲受人が悪意であることを理由に保護されないとすると，不動産の権利関係の確定に際しては登記以外の主観的要因が決定的な役割を果たすことになり，紛争が混迷するとともに登記の重要性が低下する。ⅳ．第一譲受人の未登記に対する非難と比較すれば，公示の要請に従って登記手続を行った第二譲受人を保護することが公示制度の理念に適っており，この理は，先になすべきことをした者がより厚く保護されるべきであるという，自由競争原理によっても正当化される。

② 悪意者排除構成

これに対して近時では，先述した公信力説をはじめとして，177条の第三者から悪意者を排除すべき旨を説く見解がますます有力化している。その主な根拠は次のとおりである。ⅰ．公示の目的は当事者間の意思表示のみによる物権変動の存在を外部に知らしめることにあり，公示制度は善意の第三者を対象としている。ⅱ．登記はあくまで，かかる対外的な認識付与という公示制度の目的を達成するための手段にすぎず，重要なのは物権変動の存在に関する第三者の認識の有無であって，登記以外の何らかの方法によってこれを認識するに至った者についてはもはや公示の目的は達成されているから，このような悪意者は登記の欠缺を主張する正当の利益を有しない。ⅲ．未登記につき過失ある第一譲受人より，第一譲渡を知りながら取引に及んだ悪意の第二譲受人のほうが非難に値する。ⅳ．自由競争原理が妥当するのは契約締結過程においてであり，すでに成立した他者の契約の実現を悪意で侵害することまでを正当化するもの

82　　　　第6章　不動産物権変動(1)

ではない。

(3) 背信的悪意者排除論の確立

　上記のような悪意者排除構成による問題提起は説得力に富むが，善意・悪意不問構成も，第三者は先に登記しさえすればその態様を一切問わずにつねに優先する，と解しているわけではない。判例は基本的立場として善意悪意不問構成を維持しつつも，背信的悪意者排除による調整を導入して具体的妥当性の確保に努めている（最判昭43・8・2民集22巻8号1571頁）。この昭和43年判決は，すでに占有を開始している土地の第一譲受人が未登記であることを奇貨として，同地を不当な高値で同人に買い取らせて暴利を得る目的において，これを廉価で譲り受けて登記を備えた第二譲受人の態様につき，「実体上物権変動があった事実を知る者において右物権変動についての登記の欠缺を主張することが信義に反するものと認められる事情がある場合には，かかる背信的悪意者は，登記の欠缺を主張するについて正当な利益を有しない」と判示したものであり，背信的悪意者排除論に関するリーディングケースとして位置づけられている。そのため，先に登記を備えたとしても，背信的悪意であった旨が主張立証された場合には，かかる譲受人は177条の第三者にあたらない。

　「物権変動の事実に関する悪意＋信義則違反」を要素とする背信的悪意の意義は，第一譲渡の原因事実（ex. 売買契約）に関する知不知だけでなく，信義則判断を柔軟に行うことを通して非難すべき態様の有無を総合的に評価する点にある。このような背信的悪意者排除論は，数々の裁判例の蓄積を通して，やがて判例法理として確立されるに至った。具体的には，ア．第三者の地位および行為態様（ex. 第一譲渡の実現に協力すべき地位にありながらこれと矛盾して同一不動産を譲り受けた場合），イ．目的・手段の不当性（ex. 第一譲受人に対する積極的害意または不当な侵奪目的に基づく場合あるいは，第一譲受人の登記手続を妨害した場合），ウ．第一譲受人の利益状況とこれに対する認識の程度（ex. 売買契約の存在だけでなく，履行が完了して第一譲受人が居住を開始・継続している旨まで知っていた場合）などの諸事情が考慮要因とされるが，このような背信的悪意者排除による調整は，登記を備えた第三者の要保護性につき，未登記権利者の利益状況と比較しながら，紛争の実態に即して実質的に判断する上で重要な役割を果たすところとなった。

(4) 背信的悪意者からの転得者の地位

　上記の例において，Cが背信的悪意者であったが，事情を知らないDに甲地

を転売して所有権移転登記を了した場合，Dは177条の第三者として保護されるであろうか。背信的悪意者の地位に関する理論構成および，転得者の取引安全との調和が問題となる。仮に背信的悪意者は無権利者であると構成すれば，転得者であるDに無権利者からの譲受人となり，同条の第三者にはあたらない。無権利者でないとしても，Cは所有権取得をもってBに対して対抗することができない地位にあり，Dもその承継人にすぎないと解するなら，同様となる。このように，ここではCの地位とその承継の有無が問われる。

　この問題につき，判例は次のような理論構成を示した（最判平8・10・29民集50巻9号2506頁）。ⅰ．背信的悪意者であるからといって譲渡自体が無効となるわけではなく，その権利主張が第一譲受人との関係において信義則上許されないにとどまるため，転得者が有効な権利取得を妨げられることはない。ⅱ．信義則違反の態様は属人的な要素であって承継になじまないため，転得者も背信的悪意者として177条の第三者から排除されるかどうかについては，第一譲受人との関係において相対的に判断されるべきである。ⅲ．したがって，未登記の第一譲受人において，転得者自身が自己との関係において背信的悪意者である旨を主張立証しない限り，転得者は177条の第三者に該当する。

　なお，これとは反対に，善意者からの転得者が背信的悪意者であった場合はどうか。平成8年判決とは問題類型を異にするため，当然にその射程が及ぶとはいえないが，たとえCが善意者であったとしても，Bとの関係においてDが背信的悪意者である旨が主張立証されたときは，Dは177条の第三者にあたらないと解すべきであろう。具体的には，DがAB間の第一譲渡の事実を知りかつ，善意のCの存在を主張することが信義に反すると認められる場合すなわち，Dが善意の中間者を利用して権利取得する意図に基づいて，故意にCを介在させたようなケースがこれに該当しよう。

→→→ 展開説明

2　近時の判例の動向

(1)　背信的悪意者排除論のさらなる展開

　判例における背信的悪意者排除論の確立により，177条における第三者の主観的要件に関する議論は，その要否から内容のあり方へと発展した。上述したように善意悪意不問構成は背信的悪意者排除説へと進化し，第三者の善意悪意のみならず，信義則違反の有無を重視する要件判断によって考慮要素の多様化を促した。他方において，悪意者排除構成においても，第二譲受人が第一譲渡

について悪意であった場合だけでなく，第一譲受人が占有開始しており，不動産取引において通常要求される現況確認により第二譲受人がこれを容易に知り得た場合をも排除する旨の，悪意有過失者排除説が台頭するに至った。

こうした判断枠組みの柔軟化傾向をうけて判例は，未登記権利者と第三者間の紛争類型の特色に応じた新たな展開を見せた。

(2) 時効取得と背信的悪意者

例えば，Aの隣人であるBが，隣接するA所有の甲土地の一部を自己の所有地に含まれると誤信して，そこに公道に出るための通路を開設して長期間にわたり利用してきたが，その後Aから甲地を買い受けて所有権移転登記を備えたCから，通路の撤去および通路部分に関する土地明渡しを求められた場合，BはCに対して，甲地の通路部分に関する時効取得をもって登記なくして対抗することができるか。

第1に，次章第3節において詳述するが，取得時効も177条において「登記を要する物権変動」に含まれ，CがBの時効完成後の譲受人である場合は177条の第三者に該当する（大連判大14・7・8民集4巻412頁）。

第2に，その場合において，時効取得につき未登記のBがCの請求を拒むためには，登記を了したCが背信的悪意者である旨を主張立証しなければならい。

そこで，先述の判例における背信的悪意の定義（物権変動の事実に関する悪意＋信義則違反）にあてはめると，Cが背信的悪意であったというためには，少なくともCがAから甲地を譲り受ける際に，甲地の通路部分についてBの取得時効が成立している旨を知っていた旨の主張立証が必要である。しかしながら，売買契約の存在に関する悪意と異なり，Bが取得時効成立のための各要件（162）をすべて充足していること（所有の意思の有無，占有開始時，占有期間など）について具体的にCが悪意であったことまでを示さなければならないというのは，Bに著しい困難を強いることとなる。そうすると，取得時効においては，背信的悪意者排除論による調整がほとんど機能しないことになりかねない。

そこで判例は，この問題類型において排除されるべき第三者の悪意の対象を，「取得時効の成立」から「多年にわたる占有継続の事実」へと緩和した。すなわち，Cにおいて，Bの甲地に対する「多年にわたる占有継続の事実」を認識し，かつBの未登記を主張することが信義に反して許されない旨の主張立証があれば，Cは背信的悪意者として177条から除外される（最判平18・1・17民

集60巻1号27頁）。例えば，Cが甲地につき予め現況確認を行った際に，Bが長年にわたって通路部分を利用している事実を知るに至り，Bの所有に属する旨の高度な蓋然性を認識・認容して同地を買い受けながら，その後にBの未登記を理由として明渡しを求めたような場合は，たとえ取得時効の成否についてまで正確に認識していなかったとしても，Bの登記の欠缺を理由として所有権の取得を否定することは信義に反して許されない，と評価されることになろう。

この平成18年判決は，取得時効の成立に関する悪意の立証・認定困難の救済および，未登記の長期占有者の保護の必要性と，登記を備えた譲受人の態様に対する非難可能性との利益衡量により，さらなる実質的衡平の確保を図った点において重要な意義を有する。

(3) 承役地の譲受人の主観的態様

甲土地を所有するAの隣地を所有するBが，甲地の一部につきAから通行地役権の設定をうけて，そこに公道に出るための通路を開設して利用を開始したが，設定登記が未了であったところ，CがAから甲地を買い受けて所有権移転登記を経由した上で，Bに対して通路の撤去と通路部分の明渡しを求めた場合，Bはこれを拒むことができるか（通行地役権については，第15章第4節参照）。

地役権者は，自己の通行地役権をもって登記なくして承役地の譲受人に対して対抗することはできない。そのため，未登記通行地役権者であるBがCの請求を拒んで通路の使用を継続するためには，Cが背信的悪意者である旨を主張立証しなければならないといえそうである。それでは，Cにおいて，Bが通行地役権の設定をうけていることを知りかつ，その未登記を主張することが信義に反すると認められる事情が存しなければならないのであろうか。

この点につき判例は，通行地役権者による継続的な通路使用に関する外形的・客観的事実があれば，承役地の譲受人において，他人の通行使用を目的とする何らかの権利の存在に関する認識可能性が認められるところ，このような場合において承役地の譲受人が登記の欠缺を主張することは信義に反する，と判示した（最判平10・2・13民集52巻1号65頁）。その特色は，Bによる継続的な通路使用の事実が客観的にみて明らかである場合，Cは予め現況確認をすれば，甲地上に他人が通行使用するための何らの権利が設定されていることを知り得たにもかかわらず，Bの未登記を理由として通行の差止あるいは通路部分の明渡しを求めることは信義に反して許されない，という価値判断に立脚して，譲受人の信義則違反を，他人による通行使用の客観的事実の存在＝通行使

用のための権利に関する譲受人の認識可能性のみから導いた点に求められる。

したがって，少なくともこの問題類型においては，判例は177条の第三者について背信的悪意者排除説ではなく，実質的に悪意有過失者排除説というべき立場に拠っていることになる。その理由として，通行地役権の特殊性およびその要保護性と，承役地の譲受人の取引安全との衡量に関する，次のような特徴が挙げられよう。ⅰ．通行地役権は近隣関係の好意に基づいて設定される場合が多く，しかも土地の一部に関する限定的な利用を目的とするにすぎないため，登記手続に対する期待可能性に乏しい。ⅱ．通行地役権は要役地の利用にとって必要不可欠な権利であり，要保護性が高い。ⅲ．未登記通行地役権であっても，通路の開設など通行使用の客観的事実によって容易に認識可能である上，承役地の所有権に対する負担が小さいため，これを認めても譲受人の取引安全を不当に害することにはならない。さらに注意すべきは，譲受人の悪意有過失の対象は通行地役権設定の事実ではなく，他人の通行使用のための何らかの権利の存在であり，上記①の場合よりさらに緩和されている点である。

上記①の問題類型と比較すると，①においては，多年にわたる占有継続の事実に対する悪意＋信義則違反により譲受人の背信的悪意が認定されるのに対して，②では，通行使用の客観的事実＝通行のための権利に関する認識可能性のみにより，譲受人は177条の第三者から排除される。①においては，Bの取得時効が認められればCは甲地の通路部分の所有権を取得できないため，譲受人の所有権を否定するに値する非難の有無が問われるのに対して，②では，Bの通行地役権を認めたところでCが所有権を失うわけではなく，譲受人の所有権の取得は妨げられないことを前提として，単に他人による通行使用を甘受すべき態様の有無が問題となるにすぎないからである。

(4) 背信的悪意の多様性

このように判例は，問題類型によっては背信性判断のみならず悪意の意義についても柔軟に解しながら，未登記権利者の占有・利用状況と登記を備えた譲受人の態様との妥当な利益衡量に努める傾向にあり，177条の第三者から排除されるべき背信的悪意の意義はますます多様化している。そのため，未登記権利者と第三者のどちらを保護すべきかに関する実質的価値判断において，背信的悪意者排除説と悪意者排除説は接近しており，背信的悪意の意味を一義的に定型化してあてはめるのではなく，紛争の実態に応じていかなる事情をどのように評価すべきか，という問題思考が一層重要となる。

第7章

不動産物権変動(2)
登記を要する物権変動

→ 趣旨説明

第1節 いわゆる「対抗問題」の意義

(1) 民法 177 条は，不動産物権変動はその登記をしなければ第三者に対抗することができないと規定する。これは，登記なしに物権変動が生じること（意思主義）を前提にした場合に，登記がいかなる役割を担っているかを端的に示す条文である。すなわち，登記は，物権変動の効力要件ではなく対抗要件であり，物権変動の当事者間で登記の有無が問題となることはなく，物権変動の当事者以外の第三者との関係において登記が第三者との優先劣後を確定する道具となることを意味する。

A所有の甲不動産をXが買い受けたが，その旨の登記をしないうちに，Aが甲をYにも売却し，登記を完了した場合，甲をめぐる物権変動の競合状態から生ずる所有権の帰属を相争うXとYの関係において，登記の対抗力をもって解決されるべき紛争事案が，いわゆる「対抗問題」である。

(2) 公示の原則からすれば，あらゆる種類の不動産物権変動を登記上に正確に反映させることが，不動産取引の安全を確保するためにも理想とされるが，登記が不動産物権変動の第三者対抗要件であるとするわが民法の建前からは，おのずと限界がある。

初期の判例は，意思表示による物権変動に限定して177条を適用してきたが，隠居・入夫婚姻という生前相続に関する事案につき，意思表示によるか否かを問わず一切の物権変動について登記を要するものとする変動原因無制限説に立場を改め（大連判明 41・12・15 民録 14 輯 1301 頁），現在に至る（同日の大審院連合部判決が採用した第三者制限説に関しては，第6章第2節参照）。もっとも，戦後の民法改正により生前相続が廃止され，死亡相続に一本化された現在においては，同様の紛争はもはや生じえない。また，その後の判例は，対抗問題と

して扱わない紛争類型を多数認めている点にも留意すべきである。

　民法の起草者は，すべての物権変動は登記がなければ第三者に対抗できない
ものと解していたようである。学説には，意思表示による物権変動だけが登記
を要すると解する学説（したがって相続や取得時効を原因とする物権変動では対抗
問題を構成しない），あるいは，現存する当事者間の権利関係に基づく物権変動
についてのみ登記を要すると解する学説，そして，同一物について相容れない
物権を有する者が複数ある場合で，その物権相互の優劣を決定する問題をもっ
て「対抗問題」とし，この意味での対抗問題を生じる物権変動についてのみ登
記を要すると解する学説（対抗問題限定説）も主張されたが，原則として判例
の見解を支持するものが多数説といえよう。

　(3)　二重譲渡に見られるように，契約などの物権変動原因が競合するけれど
も譲受人双方とも未登記の状態にある場合には，両者の優劣はどのように考え
るべきか。

　判例（大判昭9・5・1民集13巻734頁など）・通説は，譲受人XもYも互い
に自己の所有権取得を相手方に対して主張できないと解する。X・Y間におい
ては，いずれかが先に登記を備えることで優劣が決するまでは，いずれからの
権利主張も棄却され（両すくみ状態），その結果として，登記を備えるまでの間
は優劣未確定のまま権利の二重帰属状態が生じていると解される。

　他方，物権の排他性を根拠に，双方未登記の間は時間的に先んじた物権変動
が常に優先するとする見解がある。Xの契約がYの契約に先行していればXが
優先すると解するも，Yへの移転登記が先になされれば，それによってはじめ
てYの権利取得が正当化され，その反射的効果として，Xは権利を喪失するこ
とになる。

→→　基本説明

第2節　取消し・解除と登記

1　法律行為の取消しと登記

(1)　問題の所在

　X所有の甲土地につき，XA間で売買契約が締結されるに際して，Xに重要
な錯誤があった場合，Aによる詐欺・強迫があった場合，あるいはXが制限行
為能力者であった場合には，Xは当該売買契約を取り消すことができるが（95

Ⅰ，96Ⅰ，5Ⅱ，9，13Ⅳ，17Ⅳ），甲土地が第三者Ｙに転売されているときには，Ｘによる所有権の回復とＹによる所有権の転得のどちらが優先するだろうか。

　ある法律行為が取り消されると，その法律行為は「初めから無効であった」ものとみなされ（121），いったん生じた法律行為の効果が遡及的に消滅することになる。また，わが国の判例・通説は物権行為の独自性・無因性を認めていないので，原因行為たる債権契約が取り消され遡及的に失効すると，これに基づく物権変動は一度も生じなかったことになる。つまり，上記買主Ａは一度も所有権を取得することがなかったとされ，無権利者Ａと取引した第三者Ｙもまた権利者になりえないので（無権利の法理），Ｙとの関係でＸが登記なしに常に優先することになると考えられる。登記に公信力は認められていないので，たとえＹがＡ名義の登記の有効性を過失なく信頼したとしても，Ｙに甲土地の所有権は帰属することはないのが原則である（売買目的物が動産の場合には，192条によって第三者は所有権を取得できる）。

　しかし，法律行為の遡及的消滅という考え方は一種の擬制に過ぎず，いったん買主Ａに移転した所有権が売買契約の取消しにより売主Ｘに戻ってくる（復帰的物権変動）と解することもできよう。このような考え方によれば，ＸとＹは対抗関係に立つと解されるので，登記の先後によって優劣が決定されることになる（177）。

(2) 判 例

　判例は，第三者の出現した時期が取消しの意思表示の前か後かで区別して理論構成する。すなわち，甲土地につき取消し前にすでに利害関係を有していた者（取消し前の第三者）と取消し後に初めて利害関係を有するに至った者（取消し後の第三者）とでは異なる法理が適用される。

(a) 取消し前の第三者

　取消しの遡及効を貫徹することにより，Ｘが取消しの意思表示をするとＡははじめから無権利者となり，登記に公信力が認められない以上，そのようなＡと取引したＹもまた無権利者となるので，ＸとＹは対抗関係に立たず，それゆえＸは登記なしに甲土地の所有権を主張することができる（Ｙは登記を具備していてもＸに劣後する），と解するのを原則とする（強迫取消し前の第三者につき大判昭4・2・20民集8巻59頁）。

　ただし，取消原因が錯誤・詐欺の場合には，取消しの遡及効を制限する第三

者保護規定が存在するので（95 Ⅳ，96 Ⅲ。消費者契約法上の不当勧誘による取消しにつき法 4 Ⅴ），Yが錯誤・詐欺の事実につき善意無過失の第三者である場合には，Xは取消しの効果をYに対抗できないことになり，結果としてYは甲土地の所有権を取得することができる。Yが 95 条 4 項・96 条 3 項の第三者として保護されるに際して登記を具備する必要があるかが問題となるが，そもそも条文上登記が要求されていないこと，XY間が対抗関係にないこと（輾転譲渡の前主・後主の関係）から，対抗要件としての登記の具備は必要ないと解されるが（詐欺の事案につき最判昭 49・9・26 民集 28 巻 6 号 1213 頁），いわゆる「権利保護資格要件」としての登記を要すると解する説が有力に主張されている。

(b) 取消し後の第三者

95 条 4 項・96 条 3 項は，取消しの遡及効により不利益を受ける第三者を保護する規定であると解されるので，これにより保護される第三者とは取消し前に利害関係を有するに至った者に限定され，取消し後の第三者については適用されない。ところが，取消し後の第三者についても取消しの遡及効を貫徹すれば，取引の安全を大いに害することになる。そこで判例は，取消しによる復帰的物権変動を観念することで，取消し後の第三者との関係を対抗問題として取り扱い，取消しによる所有権の復帰は登記なくして対抗できないとし，177 条を適用して登記の先後によって優劣を決定する（詐欺の事案につき大判昭 17・9・30 民集 21 巻 911 頁，最判昭 32・6・7 民集 11 巻 6 号 999 頁）。取消しの意思表示をするまでは一応有効な契約関係が存在することから，取消し前のXがX名義の登記を回復することは期待できないので（仮登記等で備えをしておくこともできない），登記の有無によって優劣を決定することはできないが，他方，取消し後のXは，取消しの意思表示後速やかにX名義の登記を回復できたにもかかわらずそれを怠った（登記懈怠あり）と評価され，未登記による不利益を受けてもやむを得ないと判断される。また，取消しによるAからXへの復帰的物権変動とAからYへの転売がAを起点とする二重譲渡類似の関係が形成されると解することで，XY間には 177 条を適用する前提が整っていると考えられるからである。

(3) **判例に対する批判**

このような判例法理に対しては，理論構成と具体的妥当性の両面から次のような批判がされている。すなわち，①取消し前の第三者との関係では取消しの遡及効を肯定して，物権変動の遡及的消滅（無権利の法理）を前提に理論構成

するのに対して，取消し後の第三者との関係では取消しの遡及効を否定して，取消しによる復帰的物権変動と第三者への譲渡が二重譲渡類似の関係にあるとみて177条が適用されると理論構成するが，これは理論的一貫性に欠ける。②判例法理によれば，取消し前の第三者は，95条4項・96条3項の適用がある場合を除いて，無権利者ゆえにたとえ善意無過失であっても保護されないのに対して，取消し後の第三者は，登記を具備している限りにおいて悪意であっても保護されることになり，著しく均衡を失していて不当である。③取消権者は，取消し可能な状態にあるにもかかわらず恣意的に取消権の行使を遅らせることで善意の第三者の犠牲において保護されることになるが，このことは，自己の権利を保全するのに誠実である者がよりよく保護されるべきであるという法の建前に反する結果となる（なお，取消権をいつ行使するかは取消権者の自由に委ねられるべきであるから，取消権を適時に行使しないことは必ずしも非難に当たらないとの異論もある）。

(4) 学 説

当初，判例法理を支持するものが通説であったが，その後，上記の批判に対応するかたちで多様な見解が主張されるようになった。

(a) 遡及効貫徹説

民法121条を文言どおりに解釈し，取消しの前後を通じて取消しの遡及効を貫徹させることで，取消し後の第三者との関係でも，常に第三者を無権利者からの譲受人として取り扱うことで対抗問題を生じさせないことを原則とする。ただし，取引安全の保護に配慮して，取消し後の虚偽の外観（不実登記）を信頼した第三者を94条2項の類推適用によって保護する説が有力に主張されている（94条2項類推適用説）。これによれば，第三者の保護要件として善意または善意無過失（取消原因の存在に加え取消権が行使された事実を知らないことを含む）が要求されるが，登記の具備までは必要ないと解される。他方，取消者には，不実登記を除去できることを認識していながらなおそれを相当期間放置するなど，虚偽の外観の作出・存続に対する帰責性（意思的関与）が必要とされる。

また，取消しの意思表示時ではなく，取消権者が行為を取り消しうべきものであることを了知し，かつその追認をなしうる状態に入った時＝取消可能時を基準として，それ以後に登場した第三者につき94条2項の類推適用を認める説もある。これによれば，取消し前に登場した第三者も広く保護されることに

なる（なお，取消可能時という基準はあまりに曖昧ゆえに基準になりえないとの批判がある）。

(b) 遡及効制限説（対抗問題構成説）

取消し後の第三者に関する判例法理と同様に，取消し前の第三者との関係でも復帰的物権変動を観念し，177条の適用範囲を広く認めることにより，取消しによる所有権の復帰も登記なしに対抗できないと解する。ただし，このように解することによって，取消し前ゆえに登記の回復が不可能な取消権者が常に劣後することになりかねないが，取消可能時よりも前の取消権者には速やかに取消権を行使して物権を回復すべきであったのにそれを怠ったという事情がないので，177条の適用の前提を欠くことになることから，理論的には取消可能時以降に登場した第三者との関係を対抗問題として扱うことになろう。したがって，取消可能時以前に登場した第三者との関係では，95条4項・96条3項が適用される場合を除き，取消権者が登記なしに優先することになる。

なお，上記批判②については，単純悪意者や過失ある善意者をも排除するものとして背信的悪意者排除論を柔軟に解釈運用することによって対応することになろう。

2　契約解除と登記

(1)　問題の所在

Ｘ所有の甲土地につき，ＸＡ間で売買契約が締結されたところ，Ａが代金の支払を怠るなど債務不履行に陥った場合には，Ｘは当該売買契約を解除することができるが（541），他方で，甲土地がＡから第三者Ｙに転売されている場合，Ｘは，契約解除による所有権の回復をＹに対して登記なしに主張することができるであろうか。

解除権の行使により既存の物権変動の効果が覆されると解する点において，「取消しと登記」の問題と類似の法状況が生じることになるが，判例・通説は，契約解除の意思表示の前後を区別して，それぞれについて異なった法理を適用して問題を処理する。

(2)　解除前の第三者

解除権が行使されると，契約当事者は相互に「相手方を原状に復させる義務」を負うことになるが（545 Ⅰ 本文），「解除と登記」を議論する前提として，解除の効果たるこの原状回復義務の内容をどのように理解するかが問題となる（解除の効果に関する学説につき，Ⅳ巻債権1〔98頁〕参照）。

第 2 節　取消し・解除と登記　　93

　判例は，契約解除によって契約関係が遡及的に消滅すると解する直接効果説に与する（大判明 44・10・10 民録 17 輯 563 頁，最判昭 51・2・13 民集 30 巻 1 号 1 頁）。すなわち，契約が解除されると，当該契約は初めからなかったことになり，これに基づく物権変動は一度も生じなかったことになる。そうすると，買主Ａは初めから無権利者であったとされ，無権利者Ａと取引した第三者Ｙもまた無権利者として扱われることになりそうであるが，民法は，「第三者の権利を害することはできない」と規定することで（545 Ⅰ ただし書），解除の遡及効によって不利益を受けるＹ（解除前の第三者）を例外的に保護している。

　Ｙが 545 条 1 項ただし書の第三者として保護されるためには，登記を具備する必要があるだろうか。直接効果説を前提に考察すれば，Ｙは無権利者からの譲受人であり，本来であれば無権利者として扱われるべきところ法によって特別に保護されたと解されるので，ＸＹ間には登記の有無によって優劣を決すべき対抗関係は生じていないことになる。ところが，判例は第三者に「対抗要件」としての登記の具備を要求する（大判大 10・5・17 民録 27 輯 929 頁，最判昭 33・6・14 民集 12 巻 9 号 1449 頁）。ところが，ＸＹ間は対抗関係にない以上，理論的には「権利保護資格要件」としての登記が要求されているものと解される。

　Ｙは，「善意の第三者」である必要はないか。債務不履行は事後的に発生するものであるから，Ｙが利害関係を有するに至った時点で債務不履行が生じていなければそもそも善意・悪意を問題にすることはできない。かりに不履行が既に生じその事実をＹが知っていたとしても，Ｘは解除権を行使するかどうか自由に選択できるし，解除権行使までにあらためてＡが債務の本旨に従った履行をすれば，債務不履行は治癒される。そうであれば，Ｙが債務不履行の事実をたまたま知っていたとしても，解除による不利益を覚悟すべきとまではいえないので，Ｙは悪意であっても 545 条 1 項ただし書の第三者として保護される（同じく第三者保護規定の 94 Ⅱ，95 Ⅳ，96 Ⅲ とは異なる点に注意を要する）。

(3)　解除後の第三者

　545 条 1 項ただし書は，解除の遡及効により不利益を受ける第三者を保護する特別規定であると解し，これにより保護される第三者は解除前に利害関係を有するに至った者に限定される。したがって，解除後の第三者については 545 条 1 項ただし書が適用されず，判例は「取消し後の第三者」の問題と同様に，解除の遡及効を否定し，復帰的物権変動を観念することで，解除者と第三者と

の関係を対抗問題として処理する（大判昭 14・7・7 民集 18 巻 748 頁，最判昭 35・11・29 民集 14 巻 13 号 2869 頁）。その結果，第三者の善意悪意は原則として問題とならず，登記具備の先後によって優劣が決定される。売主 X は，解除後速やかに X 名義の登記を回復することができたのにこれを怠ったと評価できる以上，登記を先に具備した Y に劣後して失権してもやむをえないと考えられるからである。

(4) 学 説

(a) 解除の前後を通じて解除の遡及効を貫徹すれば，無権利者と取引した解除後の第三者は無権利者でしかなく，それゆえ 177 条適用の前提たる対抗関係は生じないので，登記を具備した第三者であっても原則として保護されない（無権利の法理）。ただし，取引の安全に配慮し，善意（または善意・無過失）の第三者にかぎり 94 条 2 項の類推適用により保護される余地はある。なお，取消しと契約解除の制度趣旨の違いを重視する立場からは，「解除と登記」の問題を「取消しと登記」の問題とパラレルに捉えることに対する一定の抵抗感が示されている。

(b) 他方，解除の前後を問わず解除による遡及効を否定し，解除によって契約関係の清算に向けられた権利義務関係（原状回復義務）が発生すると解する説が主張されている（間接効果説・折衷説・原契約変容説など）。これによれば，買主 A は解除によっても無権利者にならず，原状回復義務の履行として A から X への復帰的物権変動が生じ，さらに第三者 Y は権利者 A からの譲受人となることで，X Y 間は常に二重譲渡類似の関係に立ち，よって 177 条の適用により登記具備の先後により優劣を決することになる。この場合，Y は背信的悪意者でない限り，登記を具備していれば悪意者であっても保護されることになろう。

(5) 合意解除と登記

X A 間の売買契約が合意解除された場合，判例は債務不履行を理由とする法定解除の場合と同様に処理するので（最判昭 33・6・14 民集 12 巻 9 号 1449 頁，最判昭 58・7・5 判時 1089 号 41 頁），X は登記を具備した第三者に対し合意解除および物権変動の遡及的消滅を Y に対抗できないと解される（545 条 1 項ただし書の類推適用）。

これに対して，学説は，合意解除とは契約関係の巻き戻しを志向する新たな契約の締結であると解し，X は，合意解除の前後を問わず登記がなければ Y に

対抗できないと解する（177）。

→→ 基本説明

第3節　取得時効と登記

1　問題の所在

　A所有の甲土地を，Xが所有の意思をもって平穏に，かつ，公然と10年ないし20年間占有を継続すると，Xは取得時効により所有権を取得する（162）。取得時効は，相続と同様に，意思表示によらない物権変動原因のひとつであり，前掲の大審院連合部判決（明治41年12月15日）を前提に考えれば，時効による所有権取得についても登記なくして対抗できない，すなわち登記の有無によって優劣を判断すべきことになりそうである。反対に，取得時効については常に登記なくして対抗できるとすれば，不動産取引の安全を著しく害することは明らかであるが，どうであろうか。その実態は，第4節で解説する「相続と登記」と同様に，問題となる事案類型に従って登記の有無が個別に判断されるのである。そこで，まずは判例の見解を確認しておこう。

2　判例の準則

　判例は，5つの準則に従って事案を処理する。

　①　A所有の甲土地につきXが占有を継続することにより取得時効が完成した場合，Xは時効による甲の所有権取得をAに対して登記なくして対抗できる〔第1準則・大判大7・3・2民録24輯423頁〕。Xの取得時効が完成すると，甲の所有権がAからXに移転するものと観念することで，A・Xはあたかも物権変動の当事者関係にあるからである。また，登記が取得時効の要件ではないということも根拠となりうるだろう。

　②　A所有の甲土地につきXが占有を継続することにより取得時効が完成したが，完成前の段階でAが甲をBに譲渡し，登記も移転していたという場合，Xは時効による甲の所有権取得をBに対して登記なくして対抗できる〔第2準則・最判昭41・11・22民集20巻9号1901頁〕。時効完成前の第三者Bは，Xの取得時効が完成した当時の甲の所有者であり，それゆえ，時効完成によりあたかもBからXに甲の所有権が移転したものと観念すれば，B・Xは物権変動の当事者関係にあるからである。

　また，Bが甲を譲り受ける際に現地検分をしていればXの占有継続を容易に

知ることができ，場合によっては明渡請求訴訟を提起して時効中断（完成猶予・更新）の措置をとることができたのにそれを怠った点，さらに，Xは時効完成時よりも前に登記を備えることができないため登記懈怠の事情がない点を考えあわせると，登記の有無つまり177条適用の基礎を欠いているということも考慮されよう。

なお，A・B間の譲渡がXの時効完成前であれば，AからBへの所有権移転登記が時効完成後であっても，Bは時効完成前の第三者として扱われる点に留意すべきである（最判昭42・7・21民集21巻6号1653頁）。

③　A所有の甲土地につきXが占有を継続することにより取得時効が完成したが，Xが登記をする前にAが甲をCに譲渡し，登記も移転したという場合，Xは時効による甲の所有権取得をCに対して登記なくして対抗できない〔第3準則・大連判大14・7・8民集4巻412頁，最判昭33・8・28民集12巻12号1936頁〕。Xの取得時効が完成することで，Xとしては権利者としていつでも登記を備えられたにもかかわらずそれを怠ったという事情が理論上は想定しうる。さらに，Xの時効完成時にAからXへの第一物権変動があり，その後AからCへの譲渡により第二物権変動があったものと観念すれば，あたかもAを起点としてXとCに二重譲渡されたのと類似の状況が生じているため，177条を適用する基礎ができているものと解されるからである。

なお，177条の適用にあたっては，登記を具備したCが背信的悪意者であれば，Xは登記なくして対抗できることになるが，取得時効固有の事情を考慮して，背信的悪意者排除論を適用するにあたりその悪意要件を緩和し，「多年にわたる占有継続の事実を認識」していれば足りる（最判平18・1・17民集60巻1号27頁）。

④　判例の第2準則と第3準則を維持するためには，現在からさかのぼって時効期間を算定してはいけない。換言すれば，時効の起算点は常に「占有の開始の時」に固定されなければならない〔第4準則・大判昭14・7・19民集18巻856頁，最判昭35・7・27民集14巻10号1871頁〕。もし，時効期間の算定に際して現時点からの逆算（起算点の任意選択）を認めてしまうと，原所有者Aからの譲受人は常に「時効完成前の第三者」となり，判例の第3準則を維持しえなくなるからである。

⑤　A所有の甲土地につきXの取得時効が完成したあと，Xが登記をする前にAが甲をDに譲渡し，登記も移転したが，Xがさらに占有を継続し時効に必

要な期間が経過した場合，Xは時効による甲の所有権取得をDに対して登記なくして対抗できる〔第5準則・最判昭36・7・20民集15巻7号1903頁，最判平24・3・16民集66巻5号2321頁〕。Xが2度目の時効を完成させた当時の甲の所有者はDであるので，取得時効の再度の完成によりあたかもDからXに甲の所有権が移転したものと観念することで，D・X間の関係は物権変動の当事者関係にあたるとみることができるからである。なお，2度目の時効の起算点は，時効完成後の第三者の取引時ではなく，登記時であることに留意すべきである。判例は，もともと「自己の物」の時効取得を認めてきたが（最判昭46・11・5民集25巻8号1087頁），第三者の登記時をもって占有者Xはあらためて「他人の物」(162)を占有するに至ると解されるからである。

　また，この第5準則は，DがAからの所有権の譲受人であるばかりでなく，抵当権者であっても踏襲されると解するのが判例である（前掲・最判平24・3・16）。

3　判例に対する批判

　以上のように，判例は，5つの準則に従って事案ごとに登記の要否を判断するが，このような判例の理解については理論上の問題点が指摘され，従来から学説により批判されているところである。

　①　時効の効力は，その起算日に遡るとするのが民法の立場であり（遡及効・144），また時効による所有権取得は原始取得であると一般に解されているところ，判例準則はこれらと整合的に説明できない。

　つまり，時効完成前の第三者（第2準則）を時効の遡及効を前提に考察すれば，Xの取得時効が完成したことにより，占有開始時にAからXに甲の所有権が移転し，さらにその後AからBに所有権が譲渡されたという二重譲渡類似の関係が観念され，BとXは対抗関係(177)にあると解されうる。また，時効の原始取得を前提とすれば，甲土地の所有権は初めから時効取得者Xに帰属していたものとなり，それゆえAは初めから無権利者，その譲受人Bもまた無権利者であることを前提に理論構築すべきことになろう。

　②　判例準則は，時効期間満了をもって時効の効力が発生，つまり物権変動が生じることを前提に理論構築されているが，時効の効力を実体的確定的に発生させるために「援用」を要するのが民法の立場であり(145)，判例もそのように解しているはずである（最判昭61・3・17民集40巻2号420頁）。ところが，判例準則には「援用」の観点が完全に脱落しており，もし援用を基準に

判例準則を再構成すれば，第3準則は維持できない可能性さえあろう。

③　判例準則は，原権利者と第三者との取引時が時効完成の前と後とで区別してその取扱いを異にするが，第三者の出現が時効完成の前か後かはまったくの偶然の事情であり，これによって法的保護が左右され，法的安定性に欠ける点で問題がある。つまり，第三者Bが，たまたまXの時効完成の直前に原権利者Aと取引したがために，登記まで得たにもかかわらずXに劣後し，たまたま時効完成後であればXに優先するのである。このような帰結がはたして妥当な事案解決といえるかと問われれば，甚だ疑問と言わざるを得ないだろう。

④　判例準則によれば，長期間占有するほど時効取得者が保護されにくいことになる。時効制度の趣旨に鑑みれば，長期間の占有によって確立された物の支配秩序が時効によって正当化されることに意義があるはずであるが，占有が長期化すれば「時効完成後の第三者」の問題が生じやすくなり，一般に登記を有していない時効取得者は第三者に劣後する可能性がそれだけ高くなるからである。

⑤　判例準則によれば，本来，厚く保護されるべきであると考えられる善意占有者よりも悪意占有者のほうが保護されやすい結果になりやすい。例えば，Xの占有開始後15年経過した時に第三者Cが原権利者Aと取引に入った場合，Xが善意占有者であれば，Cは時効完成後の第三者となり，C・Xは対抗関係にあるものとして登記の有無によって優劣が決定される。その結果，Xには一般的に登記がないことが想定されるので，Cに劣後する可能性が高い。他方，Xが悪意占有者であった場合には，Cは時効完成前の第三者となり，その後時効が完成した際にはC・Xは当事者関係にあるものとしてXは登記なくしてCに優先することになりうるのである。

また，第3準則を前提に考えた場合，悪意占有者とは異なり善意占有者は時効の完成を認識していないのが通常なので，善意占有者は時効完成後登記ができるのにそれを怠ったとは必ずしも言えないだろう。それにもかかわらず，登記の有無で優劣を判断されるのであれば，本来厚い保護を受けてもいいはずの善意占有者は，かなり不利な立場に置かれていることは明らかである。はたして，かかる結果は是認されるべきものだろうか。

⑥　そのほかに，第3準則によれば，時効の完成を知っていた悪意の第三者まで保護される余地があること（背信的悪意者排除論の弾力的な運用により回避可能），第5準則は起算点を固定するという第4準則と矛盾するなどと批判さ

れる。

4　学　説

多くの学説がさまざまな観点から主張され，いまだ通説を形成するに至っていない理論状況であるが，大別すると3つに整理することができる。

(1)　占有尊重説

わが国の取得時効制度は占有の継続のみを要件とし，取得時効の成否に関して登記の有無を問題としていないこと（162），時効取得は意思表示による物権変動ではないので，177条の適用が想定されないこと，時効による権利取得は原始取得であると一般に解されていることなどを根拠に，取得時効を常に最優先させるべきであると解する学説を「占有尊重説」という。この学説によれば，起算点を自由に移動させることが認められ，また，時効取得が争われている現時点から遡って（逆算して）時効期間が満了していればよいと解されている（判例の第4準則を否定）。その結果，原権利者からの譲受人は常に時効完成前の第三者となり，時効取得者とは当事者関係に立つため，時効取得者は譲受人に対して登記なくして対抗できることになる（判例の第2準則と同旨）。なお，占有尊重説に立脚しながらも，94条2項の類推適用によって第三者を保護する余地を認める学説や，時効の援用後または時効取得者が勝訴する判決確定後は，登記なしに第三者に対抗できないと解する学説もある。

(2)　登記尊重説

時効完成の前後を問わず，登記名義人であった原権利者からの譲受人（第三者）との関係において，時効取得者は登記なしに対抗できない，つまり登記の先後によって優劣を決すると解する学説を「登記尊重説」という。取得時効を含めてあらゆる物権変動が公示の対象となるとの発想から，登記による画一的事案処理による取引の安全の保護を重視することがうかがわれる。この学説によれば，登記に一種の時効中断（更新）の効力を認めることになる。例えば，第2準則の適用場面において，AからBに登記が移転した時にXの取得時効が中断（更新）し，Bへの移転登記時を起算点としてさらに時効期間が経過しない限り，Xの時効は完成しないと解する（判例の第2準則の否定）。

また，時効の遡及効を根拠として，時効による権利取得は起算日においてその効力が生じるゆえに（144），時効完成の前後を問わず常に第三者との関係においては登記がなければ対抗できないと解する学説もある。

ただし，第三者の登記時からさらに時効期間に相当する占有が経過すれば，

時効取得者は第三者に対して登記なしに対抗でき（判例の第5準則と同旨），第三者がその権利取得時において時効が完成していることを認識していた場合には，第三者は背信的悪意者とみなされることで，時効取得者が登記なしに対抗できることを認める学説もある。

(3) 類型論

　事案の特徴を抽出し，事案類型ごとに妥当な解決を図るべきだとするのが「類型論」と呼ばれる学説である。論者によりその類型の区別および理論構成には微妙な差異があり，類型論としての統一見解はまだない。以下では2つの類型を紹介しよう。

　例えば，AがXに譲渡し，占有を移転したが登記を備えないうちに，AがYにさらに譲渡し，Yが先に移転登記を備えたが，その後Xが時効期間に相当する占有を継続したことを根拠に，Xがその権利取得をYに主張する場合（二重譲渡型），本来的には，登記の先後によって優劣を決するという177条の適用場面であることを重視する。その結果，時効完成の前後を問わず，XはYに対して登記なしに対抗できないと解する。

　他方，X・Y間で隣接する土地の境界を争っている場合には（境界紛争型），時効取得者Xの登記の具備が現実的に期待できないため，177条適用の基礎を欠いており，登記の先後は問題となりえない。その結果，時効完成の前後を問わず，越境部分の土地の時効取得につきXはYに対して登記なしに対抗できると解することになる。

第4節　相続と登記

→→ 基本説明

1　問題の所在

(1) 序　論

　相続は，人（被相続人）の死亡によって開始し（882），原則として，相続開始の時に被相続人に帰属した一切の権利義務が相続人に承継される（896）。このように，相続は意思表示によらない物権変動原因のひとつであり（法定の包括承継），他方で，遺言があればそれに従って権利義務を取得する，つまり物権変動が生じることになる。

　昭和22（1947）年に家族法が全面改正される前の民法には，家督相続につい

第4節　相続と登記　　101

て隠居による生前相続の制度（旧964）があり，これに関する判決の中で，一切の不動産物権変動は登記がなければそれを第三者に対抗できないものとの理解が示された（いわゆる変動原因無制限説・大連判明41・12・15民録14輯1301頁）。しかしながら，現行民法では生前相続は廃止され，死亡相続に一本化されたため，同様の問題は生じない。また，その後の判例では，いくつかの紛争類型において登記なくして対抗できる物権変動が認められている。とりわけ「相続と登記」に関する問題において顕著であることから，その理由付けには留意すべきである。

　相続人が一人だけの場合（単独相続），その者が被相続人に帰属した一切の権利義務を承継することで相続による権利関係が確定する。これに対して，相続人が複数存在する場合には（共同相続），承継された相続財産は共同相続人の共有とされるが（898），この時点ではまだ権利関係は確定されず，その後の遺産分割協議を経て初めて権利義務の帰属が確定される（906以下）。以上のように，相続を原因として不動産の権利を取得した場合に，これを第三者に対抗するには登記を必要とするかが問題となる。

(2)　「当事者関係」と「対抗関係」

　A所有の甲不動産が生前にXに対して譲渡されたが，移転登記を経由する前にAが死亡し，Bが単独相続して登記を経由した。XはBに対して，甲の所有権を取得したことを登記なしに対抗できる。Bは，Aの譲渡契約上の地位を包括承継する結果として，AとBは同一人として扱われ，それゆえにXとBは契約の当事者関係にあり，登記の有無は問題にならないからである。

　その後，Bが甲をYに譲渡した場合には，A＝Bを起点としてXとYに二重譲渡されたものと解し，XとYが対抗関係に立つことになるので，177条によりXはYに対して登記なしに甲の所有権取得を対抗できない（相続介在型二重譲渡・大連判大15・2・1民集5巻44頁，最判昭33・10・14民集12巻14号3111頁）。

(3)　表見相続人との関係

　欠格事由（891）にあたるなどして，実質的には相続人ではないのに相続人らしい外観を呈するA（表見相続人）が，相続財産の不動産をYに譲渡した場合，真正相続人Xは，Yに対して相続による権利取得を登記なくして対抗できると解されてきた（大判明43・4・9民録16輯314頁など）。表見相続人であるAはあくまで無権利者であり，登記に公信力を認めない民法の下では，無権利

者と取引した者は無権利者にすぎず（無権利の法理），177条の適用場面ではないからである。しかし，近時では，94条2項類推適用論などにより善意（・無過失）の譲受人Ｙを例外的に保護することが考えられよう。

→→→ 展開説明

2 共同相続と登記

(1) 序 論

被相続人ＡにはＢ・Ｃ・Ｄ3人の共同相続人がおり，その相続持分は3分の1ずつだったが（898・899），遺産分割協議が調う前にＤが，登記に必要な書類を偽造するなどして遺産中の甲不動産につき単独相続した旨の登記をしたうえでＸに譲渡し，Ｘ名義の登記を完了した。この場合，Ｂ・Ｃは相続による各持分の取得をその登記がなくてもＸに対して対抗できると解するのが判例（最判昭38・2・22民集17巻1号235頁）・通説である。Ｄ名義の登記は，ＢやＣの相続持分を超える限りにおいて無権利の登記であり，登記の公信力が認められない結果として，譲受人のＸもＢ・Ｃの持分につきその権利を取得できないからである（無権利の法理）。もっとも，Ｄの相続持分に関しては，ＤからＸに有効に譲渡されうるので，登記は実体関係に符合していることになるから，Ｂ・ＣはＸに対して移転登記の全部抹消を請求できるものではなく，一部抹消としての更正登記手続を請求できるにとどまる。つまり，Ｂ・Ｃ・Ｘの共有関係が成立していることを反映した登記を実現することになる。

学説には，「共有の弾力性」を根拠として，Ｂ・Ｃは相続による各共有持分の取得につき登記なしには対抗できないと解する反対説がある。これは，遺産分割協議終了前のＢ・Ｃであっても単独で，かつ容易に共同相続の登記（不登63Ⅱ）ができるにもかかわらずそれを怠っていたという事情から，177条の適用によって処理することを想定している。しかしながら，共同相続の段階ではその権利関係は暫定的・過渡的なものにすぎず，登記に要する費用を節約するために，実際には共同相続人が共同相続の登記をすることはほとんど期待できない。遺産分割の終了後に，共同相続の登記を省略して相続の登記が行われることは，登記実務上も適法なものとされている。この点で共同相続人に必ずしも登記懈怠があったとは認定できないため，現状においては判例・通説の方が説得的といえよう。ただし，Ｄの単独相続の登記がＢ・Ｃによって事前・事後に承認されていたとか，知りながら放置されていたなど虚偽の外観作出・存続につき帰責性が認められる場合には，94条2項の類推適用（その他，32Ⅰ後段，

第4節　相続と登記　　　103

110，信託法27の類推適用）などにより善意（・無過失）の譲受人Xを保護する
余地はなお残されているものと考えられる。

　また，上記の判例理論は，Dにつき法定相続分を下回る割合の相続分が遺言
によって指定されたが（902），Dの債権者XがDを代位してDの法定相続持分
3分の1の共同相続登記をした上でこれに差押えをかけた場合にも適用される。
したがって，B・CはXに対して指定相続分の取得を登記なしに対抗できる
（最判平5・7・19家月46巻5号23頁）。

(2)　遺産分割前の第三者

　被相続人Aには，B・C・D3人の相続人がいたが（法定相続分3分の1），
Dが遺産中の甲不動産につき共同相続の登記を経由し，その法定相続分をXに
譲渡した。その後，Bが単独相続する旨の遺産分割協議が調った場合，Bは遺
産分割による甲の所有権取得を遺産分割前の第三者Xに対して対抗できるか。

　相続の開始により共同相続人は，遺産に属する各財産に対して法定相続分ま
たは指定相続分に従って持分を取得するが，個々の財産がどの共同相続人に帰
属するかは遺産分割によって確定する。事前に共同相続の登記がある場合には，
共有名義人と遺産分割による権利取得者との共同申請（不登60）によって持分
の移転登記が行われることになると解されるが，共有登記がない場合には，遺
産分割による権利取得者が遺産分割協議書を添付情報として単独申請（不登63
Ⅱ）による相続登記が可能である。

　遺産分割協議が調うと相続開始の時までさかのぼってその効力を生ずるが
（遡及効・909本文），遺産分割までに第三者が相続持分を譲り受けたような場
合には，遡及効により第三者の利益が害されることになるため，第三者を保護
するために遡及効が制限される（同条ただし書）。ただし，第三者が保護される
ためには保護要件として登記を具備する必要があると解すべきかが問題となる
（545Ⅰただし書の第三者の議論参照）。

　なお，各共同相続人は遺産分割手続の終了前にその相続持分を処分すること
ができるが（前掲・最判昭38・2・22），その場合には，その部分は遺産分割の
対象にできなくなるため，B・Xの共有関係が成立し，これを解消するために
は遺産分割手続ではなく共有物分割手続（256）によることになると解するの
が判例である（最判昭50・11・7民集29巻10号1525頁）。

(3)　遺産分割後の第三者

　それでは，Aの遺産中の甲不動産につき法定相続人B・C・DのうちBが遺

産分割により単独相続することになったが，その旨の登記を経由しないでいる
うちにDがその法定相続分3分の1をXに譲渡（あるいは債権者XがDを代位し
て共同相続登記をした上でDの持分につき差押え）した場合，Bは単独相続した
旨を登記なしに遺産分割後の第三者Xに対抗できるか（Ⅵ巻家族210頁**2**参照）。

判例（最判昭46・1・26民集25巻1号90頁）・通説によれば，Bは，法定相
続分を超えて取得した持分につき，登記がなければXに対抗できないと解され
る（177）。遺産分割後の第三者には909条ただし書は適用されないのを前提に，
第三者Xとの関係では相続人Dが相続によりいったん取得した法定相続分につ
き，遺産分割時に新たにDからBに移転するのと異ならないと解する（移転主
義）。そうであれば，Dの相続持分がDを起点としてBとXに二重譲渡された
のと同視し，さらに，遺産分割後のBはいつでも単独相続の登記ができたにも
かかわらずこれを怠っていたとの事情に鑑みて，B・X間を対抗関係と解する
ことができるからである。

かかる判例に対しては，第三者の出現時期が遺産分割の前か後かで遺産分割
の遡及効についての理解に整合性がない，遺産分割後であれば悪意の第三者も
保護されうるとの批判がある。また，177条の適用によって処理するのではな
く，原則としてBを保護しつつも，D名義の虚偽の登記を信頼したXを94条
2項類推適用などで保護すればよいとする見解がある。

(4) 相続放棄と登記

相続人は，相続が開始したことを知った時から3か月以内に単純承認・限定
承認・相続放棄を選択しなければならない（915）。そこで，被相続人Aの3人
の法定相続人B・C・Dのうち，Dが相続放棄をしたが（これにより，BCは
各2分の1の持分を取得），その後，Dの債権者XがDを代位し，遺産中の甲不
動産につきB・C・Dの共同相続の登記をした上で，Dの持分を差し押さえ，
差押えの登記がなされた。この場合，BまたはCは，Dの相続放棄により取得
した2分の1の持分をXに対して登記なしに対抗できるか（民事執行法38条に
基づく第三者異議の訴えによる差押えの排除）が問題となる（Ⅵ巻家族221頁**2**(1)
参照）。

判例（最判昭42・1・20民集21巻1号16頁）・通説は，この場合に177条を
適用せず，B・CがXに対して登記なしに対抗できることを認める。相続放棄
者Dは，その相続に関して初めから相続人とならなかったものとみなされるが
（相続放棄の遡及効・939），その効力は第三者保護を許容しない絶対的なもので

あるとされる。また，無権利者であるＤの登記は無効であり，登記に公信力がない限り，これを前提として取引や差押えをした第三者もまた権利者とはなりえず（無権利の法理），無権利者との関係では 177 条は適用されないからである。

　もっとも，Ｄが相続を放棄しても，Ｂ・Ｃの共同相続状態は依然として継続することになるため，上述のように，Ｂ・Ｃが登記をしていないことについては必ずしも登記懈怠を構成しない。それゆえ 177 条を適用する基礎を欠いており，登記の有無による優劣決定に合理性は見いだせないとも言えよう。

　ただし，例えば共同相続人Ｂ・ＣのうちＣが相続放棄し，Ｂが単純承認することで放棄後の権利状態が確定し，その結果Ｂに登記懈怠が認められるような場合，あるいはＤ名義の無効な登記の作出・存続につきＢ・Ｃに帰責性がある場合には，94 条 2 項を類推適用することにより善意（・無過失）の第三者Ｘを保護することが考えられる。

3　遺贈と登記

(1)　序　論

　遺贈とは，遺言によって財産を受遺者に無償で譲与する行為であり，遺言者（被相続人）の一方的意思表示によって効力を生じる単独行為である。遺贈には，包括名義で遺言者の財産を全部または一部を処分する包括遺贈と，特定名義でする特定遺贈があるが（964），遺贈によって不動産の所有権が移転した場合にも登記を要することになるだろうか（Ⅵ巻家族 250 頁 **6**(1)参照）。

　ＸはＡからＡ所有の甲不動産につき遺贈を受けたが，遺贈の存在に気が付かなかったためその登記をしていなかったところ，Ａの相続人Ｂが相続の登記をした上で甲をＹに譲渡した。のちに遺贈の存在が明らかとなったとき，Ｘは，遺贈による甲の所有権取得についてＹに対して登記なしに対抗できるか。

　判例は，遺贈が意思表示によって物権変動の効果を生じる点においては贈与と異なるところはないことを理由に，受遺者は登記なくして遺贈による権利取得を対抗できないとする（最判昭 39・3・6 民集 18 巻 3 号 437 頁）。さらに判例は，Ａから生前贈与を受けたＸと遺贈を受けたＹとの関係についても登記の先後（177）によって優劣を決する（最判昭 46・11・16 民集 25 巻 8 号 1182 頁）。

　学説では，登記必要説と登記不要説が対立する。登記必要説は，判例の見解と同じであるが，登記不要説は以下のような理由から登記必要説を批判する。すなわち，受遺者は，遺贈の事実を知りえないことが多く，速やかに登記手続をとることが一般に期待できない。また遺言者の死亡前に仮登記等で受遺者の

権利を保全する方法もないので，登記懈怠は観念できない。つまり177条を適用する基礎を欠いているにもかかわらず，登記の先後で優劣を決することは受遺者にあまりに酷である。そこで，原則として受遺者を優先的に保護するが，受遺者の帰責性を前提に94条2項の類推適用により善意（・無過失）の譲受人の保護を図ることが考えられる。

なお，遺言執行者が選任された場合には，遺言執行者が相続財産の管理処分権を有することになるので，相続人による相続財産の処分行為は無効となる（1013）。その結果，無権利者のBからの譲受人Yが無権利者であることを根拠に（無権利の法理），受遺者XはYに対して甲の所有権取得を登記なしに対抗できることになる（最判昭62・4・23民集41巻3号474頁）。このように，遺言執行者がある遺贈とない遺贈とで全く正反対の結論にいたることを正当化するだけの合理的理由があるかどうかが問題とされる。

他方，包括遺贈の場合はどうであろうか。包括受遺者が相続人と同一の法的地位を有する（990）ことを根拠に，理論的には「共同相続と登記」の問題と同様に，遺贈による権利取得を第三者に対して登記なしに対抗できると解する余地があるが，包括遺贈と特定遺贈はいずれも遺言者の意思に基づく財産処分行為である点で異ならないことを根拠に，包括遺贈の場合にも受遺者は権利取得を登記なしに対抗できないと解する下級審裁判例がある（東京高判昭34・10・27判時210号22頁，大阪高判平18・8・29判タ1228号257頁）。

(2) 「相続させる」旨の遺言と登記

被相続人AにはB・C・D3人の相続人がいたが，Aが「遺産中の甲不動産をBに相続させる」旨の遺言をした。B名義の登記がなされないうちにDの債権者Xが，Dを代位して法定相続分3分の1の共同相続の登記をした上で，Dの持分に対して差押えをかけた場合，Bは遺言による甲の所有権取得をXに対して登記なしに対抗できるか（Ⅵ巻家族254頁**6**(3)参照）。

特定の遺産を特定の相続人に「相続させる」旨の遺言は，遺言者の合理的意思解釈によれば，特段の事情のない限り遺贈ではなく，遺産分割方法の指定（908）であると性質決定される（相続分の指定を伴うことも認められる）。そのうえで，当該遺産は被相続人の死亡後直ちに，何らの行為を要せずして，つまり遺産分割協議を経ずに受益相続人によって相続により承継されるものと解される（最判平3・4・19民集45巻4号477頁）。その結果，Dは甲については初めから無権利者であり，登記に公信力がない結果として，Xも無権利者であるが

ゆえに 177 条の第三者にあたらないことから（無権利の法理），Ｂは甲の所有権取得をＸに対して登記なしに対抗できることになる（最判平 14・6・10 家月 55 巻 1 号 77 頁）。なお，「相続させる」旨の遺言があったときには，遺産分割協議がなくても，相続を原因とする所有権移転の登記申請（単独申請・不登 63 Ⅱ）を受け付けるのが登記実務である（昭 47・4・17 民甲 1442 号法務省民事局通達）。

学説には，受益相続人が相続の開始後速やかに登記をしえたこと，つまり登記懈怠があることを根拠に登記なしに対抗できないと解する見解（登記必要説）と，受益相続人と第三者との関係が実質的には対抗問題とは同視できないことから登記の有無を問題としないと解する見解（登記不要説）がある。

4　改正相続法の影響

平成 30（2018）年 7 月に相続法が改正され，平成 31（2019）年 7 月以降，逐次施行されていく予定であるが，「相続と登記」に対する改正相続法の影響を確認しておこう。

例えば，判例は，「相続させる」旨の遺言により承継された財産について，登記なくして第三者に対抗できると解してきたが，遺言の有無・内容を知りえない相続債権者が債権回収のために，登記簿上被相続人の名義のままだったので代位により共同相続の登記をした上である相続人の法定相続分に対して差押えをかけてみても，受益相続人により覆されてしまった。かかる帰結は，相続債権者の利益を害し，さらには，登記制度や強制執行制度の信頼を害することにもなりかねなかった。

そこで，改正法 899 条の 2 第 1 項は「相続による権利の承継は，遺産の分割によるものかどうかにかかわらず，次条及び第 901 条の規定により算定した相続分を超える部分については，登記，登録その他の対抗要件を備えなければ，第三者に対抗することができない」と規定することにより，遺産分割後の第三者や遺贈の問題について採用してきた「登記なくして第三者に対抗できない」との判例理論の射程範囲を相続させる旨の遺言についても拡張させることによって，相続債権者の利益や第三者の信頼あるいは取引の安全を保護することを目指すことになった。

➡➡ 基本説明

第5節 その他の物権変動原因と登記

変動原因無制限説に与する判例を前提とするならば，上記第1節から第4節で取り上げた物権変動原因以外の物権変動原因についても177条が広く適用されることになり，所有権をはじめとした物権の取得を第三者に対して登記なくして対抗できないのが原則であると解される。

(1) 強制執行や担保権の実行における競売による所有権の取得は，登記がなければ第三者に対抗できないと解するのが判例である（大判大8・6・23民録25輯1090頁）。なお，買受人への所有権の移転は，代金を納付した時に生じ（民執79・188），嘱託による登記がなされる（民執82 I ①）。

(2) 公用収用による所有権取得は，原始取得と解されているが，登記がなければ第三者に対抗できないと解されている（大判明38・4・24民録11輯564頁）。国が農地買収によりその所有権を取得したが，移転登記を備えないうちに，被買収者が自己の登記名義を利用して当該農地について第三者と売買予約をし，その仮登記を備えた場合，国は登記がなければその所有権取得を第三者に対抗できないとして，仮登記の抹消登記請求を認めなかった判例がある（最判昭39・11・19民集18巻9号1891頁）。

コラム 所有者不明土地問題に関する法改正の動向③不動産登記

相続等による所有者不明土地の発生を予防するための仕組みとして，以下の点が検討されている。

1 不動産登記の申請義務化について

(1) 相続により不動産の所有権を承継したにもかかわらず，その旨の登記申請を相続人が行わないために，実体的な権利関係が正確に登記上に反映されない状態が生じ，これが長年継続することが原因となって，「所有者不明土地」が生ずると指摘されている。

そこで，実体的権利関係の変動と登記とを一致させる方策として，相続登記を相続による物権変動の効力発生要件とし，従来の登記の位置付け（対抗要件主義）を改めることについて検討されている（さらに，意思表示や取得時効による物権変動についてもあわせて議論されている）。

しかしながら，相続による物権変動につき登記を効力発生要件とすることは，

土地の適切な管理の観点からも相続登記の促進の観点からも逆効果となりかねないとの懸念から，相続による物権変動を登記に反映させるための仕組みとしては相当ではないと判断された。

(2)　他方で，真の権利者を登記に反映させることの重要性に鑑み，相続人に相続登記の申請について公法上の義務を課すなどの方策が別途検討されるべきであるとされた。ただし，その公法上の義務に関しては，その具体的内容として，登記申請義務を課す権利には所有権だけが想定されているものの，義務違反となるまでの期間はどれほどか，対象となる財産は土地だけか（建物も含むか），登記申請義務を負う主体は誰かなど，検討すべき課題がいくつか残されている。また，公法上の義務を怠った場合のサンクションとして，相続人に何らかの不利益（過料，損害賠償，対抗不能効果など）が課されることが検討されている。

2　登記の申請手続・既登記の抹消手続の簡略化について

(1)　現在の登記実務では，法定相続分による所有権の移転登記（共有登記）がされた後に遺産分割協議が行われた場合，物権変動の態様・過程を忠実に登記上に反映させるために，持分喪失者から持分取得者への持分の移転の登記が両者の共同申請により行われることが要請される。他方で，法定相続分による所有権の移転登記がなされていなかった場合には，不動産登記法63条2項に基づき単独で登記申請することができるとするのが登記実務である。このように，法定相続分による所有権の移転登記をしている場合の方がそうでない場合に比べて登記申請手続が煩瑣であり，登記義務者から共同申請のための協力を得ることが困難な場合も想定されるなど，相続の発生を登記に反映させたことがかえって不利益をもたらす結果となり，合理性を欠くといえる。そこで，相続の発生を円滑・迅速に登記に反映させるために，法定相続分による所有権の移転登記を含めた相続登記に際して相続人の登記手続上の負担を軽減し，相続登記を促進するという観点から，登記権利者が単独で錯誤による更正の登記をもって申請することができるものとすることが提案される。この場合，不動産登記法63条2項の改正など必要な法制上の措置を講ずる必要がある。

遺産分割の場合だけでなく，相続放棄の場合や遺贈の場合も同様の問題状況にあることから，各場合において単独申請で足りるか，それとも共同申請の原則が貫徹されるべきかが検討される。

(2)　解散等によりすでに実体のない法人を登記名義人とする担保権が存在する場合，不動産の円滑な取引を阻害する要因の一つとなりうる。そこで，このような場合には，いずれも被担保債権が時効消滅している可能性が高いこと，権利行使の機会が十分に保障されていることに鑑み，当該担保権の登記の抹消手続がある程度簡略化されることは許容されるとの判断から，一定の要件を満

たす場合に登記権利者は単独で当該担保権の登記の抹消を申請することができるものとすることが提案される。

　上記のような担保権のほかにも，10年を経過した買戻し特約の登記や地上権など存続期間の満了した権利の登記についても検討の対象となる。

　いずれにしても，手続の簡略化は共同申請の原則に対する例外を認めることになるので，登記の真正性を担保すること，そして不測の不利益を受けるおそれのある登記義務者の権利・利益を十分に保障することにはとくに留意する必要があろう。

（舟橋秀明）

第8章

動産物権変動(1)
対抗要件一般

→ 趣旨説明

第1節　動産物権変動の特徴

1　対抗要件主義の適用領域

(1)　動産に関する物権の譲渡

　動産物権変動とは，動産物権の得喪および変更の総称である。不動産物権変動に関する民法177条に対応する動産物権変動の規定である民法178条は，動産に関する「物権の譲渡」についてのみ，引渡しを対抗要件としている。つまり引渡しが対抗要件とされる範囲は，意思表示による物権変動で，しかも「物権の譲渡」に限られる。そこで，①意思表示以外の原因に基づく物権変動，②「物権の譲渡」以外の意思表示による物権変動，例えば制限物権の設定および消滅については，その第三者に対する効力をどう考えればよいかが問題となる。

(2)　変動原因

(a)　意思表示以外の原因による動産所有権の移転

　不動産物権変動に関して，対抗要件主義の射程は，広く物権の得喪および変更に及び，民法177条の文言上，意思表示によるものに限定されていない。これに対して，上記のとおり，動産の場合は，動産物権の譲渡に限定されている。

　相続による権利の取得は包括承継であり，被相続人の死亡と同時に，遺産を構成する動産の占有も被相続人から相続人に当然に移転すると考えられている（最判昭44・10・30民集23巻10号1881頁。Ⅵ巻家族第10章第3節1(3)参照）。したがって，単独相続の場合は，引渡しを対抗要件とするまでもなく，（観念的な）占有の自動承継により物権の承継も自動的に公示されていることになる。

　もっとも，共同相続の場合は，相続開始と同時に法定相続分に応じた共有関

係が生じるため，相続における特則である 899 条の 2 第 1 項が適用される。すなわち，特定の相続人に特定の動産を相続させる旨の遺言（「特定財産承継遺言」〔1014 II〕あるいは遺産分割により法定相続分を超える権利を取得した相続人は，法定相続分を超える部分の取得につき別途引渡しを受けなければ，第三者に対抗することができない。

取得時効についても，自主占有の継続を要件とする関係上，時効取得者は現実に目的動産を支配しているのであり，ここでも対抗要件としての引渡しが重ねて必要になることはない。

これに対して，法律行為の取消しまたは解除等に伴う物権変動の遡及的消滅の場合は見方が分かれうる。

一方において，「譲渡」という文言を厳格に解して，取消しや解除に伴う遡及的消滅に民法 178 条は適用されないとする考え方がある（A説）。取消しや解除の遡及効を貫徹しても，法律行為が当初より無効の場合と同様に，民法 192 条の即時取得（第 9 章参照）を通じて取引行為により善意無過失で目的物を支配するに至った第三者を保護することができるので，取引の安全は保障される。

他方において，「譲渡」を拡大解釈し，不動産物権変動の場合の処理（第 7 章第 2 節参照）とのバランス上，ここでも同様に取消しまたは解除後に目的物に法的利害関係を有するに至った者との関係において遡及効を制限して，復帰的「譲渡」を観念し，民法 178 条を適用する考え方もある（B説）。動産と不動産を問わず統一的な対抗要件主義に関するルールを構想するものといえる。

判例の立場は明確でないが，学説ではA説が通説ともいわれている。

(b) 法定担保物権

動産にかかる法定担保物権に関して，対抗要件は問題にならない。留置権は目的物の占有を成立要件とするから（295），対抗要件としての引渡しを観念する余地はない（III巻担保物権第 15 章第 1 節 1 参照）。動産先取特権も，その一部は債権者が目的動産の占有・支配を有しているものとみられ（312，317，318），占有を有しない他のものにおいても（320〜324），法律上の要件を満たせば当然に効力を主張することができる（311）。もっとも，債務者が目的動産を第三取得者に引き渡すと，債権者は追及できなくなる点において（333），効力が弱い（III巻担保物権第 14 章第 4 節 **2**(1)参照）。

⑶ 制限物権の設定

(a) 担保物権

動産に設定可能な典型担保物権は質権のみである（342）。動産の非占有担保は特別法上のものを除くと担保目的で譲渡する方法（譲渡担保）によるしかなく（Ⅲ巻担保物権第7章第1節1参照），この場合は通常占有改定による引渡しが対抗要件として利用される。動産質権は引渡しを効力発生要件とし（344），質物の継続占有を対抗要件とする（352）。既に発生した質権を譲渡する場合も，民法344条の趣旨から，引渡しを効力要件とする見方も成り立ちうるが，特則が明示されていない以上，原則どおり意思主義・対抗要件主義（176・177）が適用されると考えられる。このため，制限物権の設定および消滅に関しては，質権の譲渡および譲渡担保についてのみ，引渡しが対抗要件として機能する余地がある。

(b) 用益物権？

民法典が定める用益物権（地上権，永小作権，地役権，入会権）はいずれも土地を目的としている（第15章第1節参照）。動産上に設定可能な用益物権は存在せず，他人の動産を使用収益するには，現行法上，所有者から債権的利用権（賃借権や使用借権）の設定を受けるほかない。そして賃借権や使用借権の設定および移転等に民法178条は適用されない。もっとも，これらの債権的利用権に民法178条を類推適用する可能性を検討する余地はある。しかしながら，不動産賃借権のように，対抗要件を具備することで賃借権に第三者対抗力を認める規定（605，605の4）に対応する動産賃貸借の規定は存在しない（Ⅴ巻債権2第5章第4節1参照）。民法典が，物権・債権を区別する体系を採用し，物権の債権に対する優先的効力を認め，かつ賃貸借の対抗力に関して動産と不動産とを区別していることからすれば，動産賃借権への民法178条または民法605条の類推適用には慎重であるべきだろう。

2 不動産物権変動と動産物権変動との違い

不動産は特定物であり，代替性に乏しいことから，同一不動産上に競合して物権を取得しようとする者相互間の利益対立は熾烈をきわめる。それゆえ不動産物権変動法において二重譲渡紛争はきわめて重要な基本問題として古くから議論されている。不動産には国家の管掌のもと整備された公示方法として不動産登記制度が存在し，担保物権に関しては，同一の不動産に複数の担保権が設定され，登記の先後に従った序列が確立されるなど，対抗要件主義の枠内で相

当程度取引の安全を図る仕組みが整えられている。

　他方で，動産の場合は，もともと代替性のある種類物として取引されることが圧倒的に多く，また一般的には動産1個1個の価値もそう高くはない。そのため同一動産の二重譲渡という紛争が深刻に問題化する取引事例は限られる。また後述するように，観念的な占有移転方法が認められていることにより，動産物権変動の公示方法が不完全なものとなっており，動産取引の安全は対抗要件制度よりもむしろ即時取得制度によって図られている。

　さらに財産としての性質上，動産は不動産と比べて，通常，公共的利益との関係性への配慮をほとんど必要としない。民法典が土地に関して定める相隣関係の調整規定類似の規制は通常問題となりえない。また無主物の扱いに関しても，動産は所有の意思をもって占有することで原始的に所有権を取得することができるが（239 I），無主の不動産は国庫に帰属する（同条 II）。民法177条と民法178条とは，物権の譲渡に関して対抗要件主義という同一の構造をもつ規範であるものの，両者が法体系において占める意義はまったく同じである必然性はない点に留意する必要もあろう。

→→ **基本説明**

第2節　引渡し（占有の移転）

1　引渡しの意義

(1)　現実の引渡し

　物権は物に対する直接的な支配権であるから，動産物権の変動は，その物理的な支配の移転を通じて外部に対して認識可能な状態におくことができる。そのため，対抗要件としての引渡しの最も基本的なパターンは，物に対する現実の支配を移転する行為，すなわち現実の引渡し（182 I）である。

　もっとも，現行法上，占有権は代理人によって取得することもできる（181）。例えばAが所有する動産甲をBに賃貸する場合，甲を所持して現実に支配するのは賃借人Bであるが，賃貸借契約に基づき甲をBに引き渡した後も，賃貸人Aは賃借人Bの所持を介して，甲の占有を継続することができる。この場合におけるBの占有を直接占有，占有代理人Bを介したAの占有を間接占有という。このように，占有それ自体が観念化して捉えられているため，占有の移転方法についても，現実の引渡しのほか，下記のように，観念的な占有移転方法のバ

リエーションが考えられる（占有移転方法の種類につき，第13章第4節**1**(2)参照）。

(2) 簡易の引渡し

簡易の引渡しとは，例えば動産甲の賃貸人Aが賃借人Bに甲を譲渡する場合のように，目的動産の譲受人が譲渡前から既に目的物を現実に所持して支配している場合，一旦譲渡人が譲受人から目的物の返還を受けて，再度現実の引渡しをする代わりに，より簡易な方法として，譲渡人と譲受人との間の意思表示のみによって支配の移転を行う方法をいう（182 Ⅱ）。簡易の引渡しによりAは目的物の間接占有を失い，Bのみが占有者となる。

(3) 占有改定

占有改定とは，譲渡人が目的物を譲受人に引き渡した後も，目的物の支配を継続する引渡し方法である。すなわち代理人が自己の占有物を以後本人のために占有する意思を表示したときは，本人は，これによって占有を取得する（183）。ここでも意思表示のみによって引渡しが行われる。例えば動産甲をAがBに売却する契約をしたが，Bが即時に甲を引き取れない事情があり，受領の準備が整うまで一時的にAに保管してもらう場合や，Aが動産甲を自己の債権者であるBに担保目的で譲渡する場合などに用いられる。これらの場合，Aの直接占有を介して，Bに間接占有が成立する。すなわち，1個の動産につき，AおよびB，二人の占有者が存在する状態である。

間接占有者も占有改定による引渡しを行うことができるか，言い換えれば間接占有者も民法183条にいう「代理人」に含まれるかが問題となる。この点に関して，商品の輸入取引において，信用状を発行し，当該商品につき譲渡担保権の設定を受けた銀行は，当該商品が譲渡担保設定者である輸入業者の直接占有を介さず，輸入業者の委託を受けた海運貨物取扱業者から転買主に直接に引き渡された場合でも，輸入業者から占有改定による引渡しを受けたものといえるとしたものがある（最決平29・5・10民集71巻5号789頁）。

(4) 指図による占有移転

既に代理占有関係が存在する場合，直接占有者に指示することにより，間接占有を移転する方法を指図による占有移転という。例えばAが第三者Cに賃貸または寄託している動産甲をBに譲渡する場合などに用いられる。本人（譲渡人）が占有代理人に対して，以後第三者（譲受人）のためにその目的物を占有することを命じ，その第三者がこれを承諾したときは，その第三者が占有権を

取得する（184）。これにより，Ｃの直接占有を介した間接占有はＡからＢに移転する。Ａは間接占有者でなくなり，Ｂのみが間接占有者となる。

2　民法178条における引渡し

(1)　引渡しの意義

　動産譲渡の対抗要件としての引渡しは，その趣旨からして，所有権移転の事実を外部から認識可能にする形態で行われる必要がある。そこで，1で見た，現実の引渡し，簡易の引渡し，占有改定，指図による占有移転のすべてが，民法178条の「引渡し」に該当するといえるかどうかが，問題となる。

　簡易の引渡し，指図による占有移転は，当然に民法178条の引渡しに当てはまると解されている。前者については，目的動産は譲受人が直接占有しており，後者については，外部から直接見える形で占有状況に変化が生じているわけではないものの，直接占有者への問い合わせにより，譲渡の有無および譲渡の相手方について情報を得ることができるからである。

　これに対して，占有改定は，公示方法として不完全であり，対抗要件としての適格性につき疑問が提起されてきた。指図による占有移転の場合と異なり，譲渡の当事者である譲渡人が従前同様に目的動産の直接占有を継続するため，利害関係人が直接占有者から譲渡の有無および譲渡の相手方につき正しい情報を得ることが構造上困難だと考えられるからである。しかし，判例は一貫して，同条の「引渡し」に占有改定も含まれるものと解している（大判明43・2・25民録16輯153頁，大判大5・7・12民録22輯1507頁）。仮に占有改定が民法178条の「引渡し」に当たらないと解したとしても，その趣旨は容易に潜脱されかねないからである。すなわち，動産取引の現場で，いったん譲渡人から譲受人へ現実の引渡しをした後，直ちに譲受人が譲渡人に逆向きに現実の引渡しを行ったとすると，この場合は対抗要件が具備されたものと見るほかない。そして現実の引渡しの往復が本当にあったのか，あるいは意思表示だけ（占有改定）がされたのかを部外者が事後に判定することは困難である。動産所有権の帰属状態を正確に公示できないという意味では，占有改定事例は現実の引渡しの往復事例と大して変わらないという評価が背後にあるものと考えられる。

　占有改定の意思表示は，明示の意思表示でなく，黙示の意思表示でもよい。すなわち，担保目的で動産が売り渡され，債務者（譲渡人）が譲渡も引き続きその担保物件を占有している場合には，債務者は占有改定により事後債権者のために占有するものであるとして，占有改定により占有が債権者（譲受人）に

移転するものと解される（最判昭30・6・2民集9巻7号855頁）。

(2) 民法178条の「第三者」の意義

(a) 第三者の客観的範囲

民法178条にいう「第三者」とは，当事者および包括承継人以外のすべての第三者を指すわけではなく，「引渡の欠缺を主張する正当の利益を有するもの」であると解される（大判大5・4・19民録22輯782頁）。例えば譲渡された動産についての二重譲受人や譲渡された動産に対する差押債権者等が「第三者」の典型例である。これに対して，無権利者は「第三者」に含まれない。すなわち無権利者甲が占有する動産に対して甲の債権者乙が仮差押えをしても，動産の真の所有者丙からその動産を譲り受けた丁に対して，乙は引渡しの欠缺を主張する正当の利益を有しない（最判昭33・3・14民集12巻3号570頁）。

「第三者」の範囲に関して，特に問題になるのは，寄託物または賃貸目的物が譲渡され，指区による占有移転により対抗要件が具備されるべき場面における，受寄者・賃借人の法的地位である。賃借人・受寄者はいずれも，引き渡された動産を返還すべき相手方を確知することに利益を有している。そのため，学説においては，上記基準に照らして，いずれも第三者に該当するという見方とともに，対抗関係を両立しがたい物権変動の間の優劣決定場面に限定する見方からいずれも第三者に該当しないとする見方も存在する。

この点，判例は，買主の依頼により一時売買目的物である動産を保管するにすぎない受寄者は「第三者」に該当しないとする一方（最判昭29・8・31民集8巻8号1567頁），動産の賃借人は民法178条の「第三者」に含まれると解している（大判大4・2・2民録21輯61頁）。

両者の区別はどのように正当化できるだろうか。判例は理由を詳らかにしない。そこで学説は次のような論拠を挙げている。

すなわち賃借人は賃貸借契約という権原に基づき一定期間継続的に目的物を支配する地位を保障されている。間接的とはいえ一応の支配権を有する賃借人が目的物に対して有する利益は物権保有者が目的物に対して有する利益と近似している。

これに対して，受寄者は，目的物の占有継続に対して独自の利益を有していない。受寄者が占有に関して有する利益は，未払報酬債権がある場合には留置権によって，将来の報酬債権については，寄託者への損害賠償請求権等によって図られるべきものである。また，寄託物の返還の相手方を確知する利益に関

しては，寄託者の指図がない限り，受寄者は寄託物を寄託者に返還すれば足り，その場合に寄託者からの譲受人に対する損害賠償責任を負わないものとされており（Ⅴ巻債権2第11章「改正時のポイント2(2)」参照），178条の解釈において返還すべき相手方を確知する利益を重ねて斟酌する必要性に乏しい（660ⅡⅢ）。

　このように「第三者」該当性を判断する際には，当該第三者が引渡しの欠缺を主張することにどのような利益を有しているのか，その利益の内実とともに，その背後にある法的地位（全くの無権利者か，賃貸借や寄託などの適法な法律関係を基礎とするものか），あるいは，背後にある権利の性質が物権の特性の一つである支配の継続性（支配権）としての側面を多少なりとも共有しているか，という点が併せ考慮されているとみられる。

　(b)　第三者の主観的態様

　第三者の主観的態様に関しても，不動産物権変動における背信的悪意者のように（第6章第3節1参照），理論上は譲渡の効果を否認することが信義に反する者は「正当な利害関係を有する者」とはいえないとして排除されることが考えられる。しかし，実務上，動産譲渡においては，背信的悪意者排除論はほとんど問題になっていない。その理由としては以下の諸点が考えられる。

　もともと動産は種類物・代替物として取引されることが多く，二重譲渡自体が生じにくい。仮に生じても，譲渡人が譲受人の一方に契約上の義務を履行したからといって，当然に他方の譲受人に対して履行不能に陥るという事態に直結しない。たとえ履行を受けられなくても，譲受人は適時に契約を解除して代替取引をし，損害が生じた場合には，譲渡人に損害賠償責任を追及することにより，自己の利益を十分に守ることができる。

　また，先に述べたとおり，動産譲渡の対抗要件具備として占有改定でも足りるとされ，かつ占有改定の認定が比較的緩やかに行われる傾向があり，二重譲渡事例で第一譲受人が引渡しを受けていないと評価される場合はかなり稀である。むしろ善意無過失の第二譲受人の取引安全は後述する即時取得（192）制度によって保護されうる。

　むろん不代替的特定物として動産が取引される場合もある。しかし，動産はその性質上，所在の安定性が全く保障されていない。仮に二重譲渡で引渡しを受けた第二譲受人が第一譲渡につき引渡し未了を主張することが信義則に反し，引渡し未了でも第一譲受人は権利取得を第二譲受人に対抗できる，というお墨付きを得たところで，第二譲受人の支配下にある動産は容易に所在不明とする

ことが可能であり，第一譲受人がこれを追跡することは事実上困難である。背信的悪意者排除論に相当する法理が民法 178 条においても理論上存在しても，有効性に乏しいのである。

第3節　引渡し以外の対抗要件

→→→ 展開説明

1　明認方法

(1)　意　義

　明認方法とは，主に立木等について，その所有権が地盤の所有者以外の者に帰属することを第三者に明認する手段を講じることによって，物権変動の公示方法とすることをいう。例えば，①樹木の皮を削って刻印すること，②立て札を立てること，③薪炭の製造用に立木を買い受け，その山林内に小屋や製炭設備を作り製炭作業に従事していることなど（大判大 4・12・8 民録 21 輯 2028 頁）により，明認方法による対抗要件具備が認められる（最判昭 37・6・22 民集 16 巻 7 号 1374 頁）。果実や稲立毛が樹木から未分離のまま譲渡される場合も同様に明認方法を用いることができる。

　わが国では山林に生育する立木を地盤に植えられたままの状態で，地盤から分離して処分する取引慣行が古来より存在している。最も典型的なのは，①伐採目的で地上の立木だけを買い受ける場合である。このほか，②地盤の所有権を有しない立木の所有者が立木を担保に供して融資を受ける場合も，立木のみの処分が行われる。

　②に関しては，立木に関する法律（明治 42 年）が制定されており，「樹木ノ集団」に関しては立木登記によって，立木のみに抵当権を設定し，かつ対抗要件を具備することができる。個々の立木に関しては，立木登記をすることができず，土地の構成部分となっているから（86 I），独立の財産性を原則として認められていない。しかし，明認方法を施すことにより，土地に植栽されたままの状態で，立木のみを分離処分することができ，かつ対抗要件を具備することができる。明認方法は，立木の所有権を留保して地盤のみを譲渡する場合にも用いられる（最判昭 34・8・7 民集 13 巻 10 号 1223 頁）。

(2)　明認方法の存続

　一旦施した明認方法が第三者の出現時点において既に消失していた場合，明

認方法の対抗力はどうなるか。判例は，明認方法が対抗要件として機能するには，それが「登記に代るものとして第三者が容易に所有権を認識することができる手段で，しかも，第三者が利害関係を取得する当時にもそれだけの効果をもって存在するものでなければならず，従って，たとい権利の変動の際一旦明認方法が行われたとしても問題の生じた当時消失その他の事由で右にいう公示として働きをなさなくなっているとすれば明認方法ありとして当該第三者に対抗できない」としている（最判昭36・5・4民集15巻5号1253頁）。

なお借地借家法により，借地権についても一定の場合に明認方法による対抗要件具備が認められている。借地上の建物が滅失した場合，借地人が「その建物を特定するために必要な事項，その滅失があった日及び建物を新たに築造する旨を土地の上の見やすい場所に掲示するときは」，借地権は，地上に登記した建物がある場合と同様に，対抗力があるとされる（借地借家10Ⅱ）。もっとも，2年以内に建物を再築し，かつ，その建物について登記を経由しなければ，2年経過後に登場した第三者には対抗力を失う（同項ただし書）。

→→ 基本説明

2 登記・登録

動産の中には，引渡しではなく，登録を対抗要件とするものがある。代表的なものは自動車であり，登録を受けた自動車の所有権の得喪は，登録を受けなければ，第三者に対抗することができない（道路運送車両5）。登録自動車を担保に供するには，質権ではなく，抵当権を設定する必要がある（自動車抵当3，5）。

船舶所有権の移転及び抵当権（商687，848Ⅲ），登録された飛行機及び回転翼航空機の所有権の得喪及び変更（航空3の3），抵当権の得喪及び変更（航空機抵当5）・既登記の建設機械の所有権及び抵当権の得喪及び変更（建設機械抵当7），農業用動産の抵当権の得喪及び変更（農動産13），小型船舶の所有権の得喪（小型船舶4）についても同様の規定がある。

→→→ 展開説明

3 動産債権譲渡特例法上の登記

(1) 立法の経緯

平成17（2005）年10月から施行された動産債権譲渡特例法により，法人が動産を譲渡する場合には，動産譲渡登記ファイルへの登記により対抗要件を具備することができる。すなわち特例法上の登記を備えることによって，民法

178 条の引渡しがされたものとみなされる（動産債権譲渡特３Ⅰ）。この制度は，企業の資金調達の円滑化促進を目的として導入されており，個人が行う動産譲渡は対象外としている。登記対象となる動産は集合動産・個別動産を問わない。担保目的かどうかの認定はしばしば容易ではないし，また流動化や証券化にも対応可能にするため，担保目的の譲渡に限定されてもいない。

　動産を譲渡担保に供し，設定者が目的動産を引き続き利用するための方法として，民法典上の対抗要件として占有改定が通常は用いられる。譲受人にとっては，後続の譲渡担保権者に対する優先権を確保できるかという点，また第三者により目的動産を即時取得される危険があるという点で，対抗要件を具備しても決して安心することができない。後続の譲渡担保権者にとっても，先行する隠れた譲渡担保の存在によって，劣後した地位しか得られないのではないか，という不安定要因がある。こうした動産譲渡取引における不安定要因を少しでも改善するために，公示方法としてより優れていると考えられる登記制度の導入が希求された。

(2)　占有改定との関係

　審議過程では，制度設計の選択肢として，担保目的の譲渡に関しては，①登記を対抗要件とし，占有改定による対抗要件具備を認めないという案（占有改定排除型）と，②占有改定を対抗要件として認めつつも，担保目的・流動化・証券化目的での譲渡に限り，動産譲渡登記をした者は，先に占有改定により対抗要件を具備した第三者に優先するという（登記優先型），③占有改定を対抗要件具備方法として認めたうえで，動産譲渡登記がされた場合を現実の引渡しがされた場合と同様に扱い，動産譲渡登記による即時取得を認めるとする（即時取得型），という考え方が示され，活発な議論がされた。先に述べたとおり，占有改定が公示方法として不完全であることは明らかであるから，立法過程では，同一動産につき占有改定と特例法上の登記が競合したときは，登記に優先効を付与するという方向での議論も強力に推し進められた。しかし，取引の当事者が特例法上の登記を利用するか，これまで通り占有改定によるか，必ずしも見通しが効かない状況で取引慣行に馴染まないルールを強行的に定めることは躊躇され，結局，現行法では，登記の効力は占有改定による対抗力と同等のものに留まっている。

(3)　即時取得防止機能

　審議過程では，もう一つの柱として，動産譲渡登記をすることによって，対

抗要件として登録制度を有する大型動産と同様，第三者による即時取得を阻止する機能を付与することも検討されていた。しかし，この点に関しても，現行法上，特例法上の登記さえ得ておけば，後続の譲渡に対して万全に保護されるというわけでもない。動産の譲受人は動産譲渡登記ファイルを調査すべき義務を当然に負うわけではない。そもそも特例法上の登記は，法人である譲渡人単位で編成されており（人的編成主義），占有を権利外観とする民法の基本原則を修正するものでもない。善意無過失で同一目的物の占有を取引行為により取得した者があれば，即時取得を阻止することはできない。即時取得防止機能という観点からも動産譲渡登記はなお不完全なものにとどまる。

第9章

動産物権変動⑵

即時取得

第1節　即時取得の意義

→ 趣旨説明

1　無権利の法理

　何人も自己が有する権利以上のものを他人に移転することはできない。このような不文の大原則は一般に，無権利の法理と呼ばれている。ある物の所有者でない者が売主となって，その物につき売買契約を締結しても，それだけでは，買主が目的物の所有権を取得することはできない。他人の勝手な行為により，自己の意思に反して自己の財産が失われることはないという保障が原則として存在することを通じて，個人の所有権その他の物権が安定的に保護されることが，健全な取引秩序の出発点とされるべきだからである。

　もっとも，取引活動が活発になった近代以降の社会において，とりわけ動産に関しては，動産の占有者にその処分権限が帰属するものと正当に信頼して取引関係に入った者の信頼を保護する必要性も高い。土地や建物のような不代替的特定物と異なり，種類物として大量かつ迅速・頻繁に取引され，個々の物の財産的価値が比較的小さいと考えられる動産に関しては，真の権利者の利益を多少犠牲にしてでも，無権利者と取引した者の権利外観に対する信頼を保護することが要請される。そこで設けられたのが即時取得である。

　現行民法の即時取得に対応する制度は，旧民法では，「即時時効」つまり取得時効の変種として位置付けられていた（旧民証拠編144）。動産の占有を有効な権原に基づき取得した場合は，たとえ前主が処分権限を有していなかったとしても，時効期間を極限まで縮小するという発想に基づき，即時に，その動産の権利を取得できるものとされていた。そうした来歴の痕跡は，即時取得が民法典中において，占有者が自ら取得した占有権の効力（「第2章第2節」）とし

て規定されている点に見出すことができる。このような沿革に照らし，即時取得は，原始取得の一場合であり，取引の安全を図るため，既成事実に現状維持的な保護を与える制度の一環として理解することができる。

→→ 基本説明

2　公信の原則

(1)　意　義

公信の原則とは，物権の存在を推測させる表象を信頼した者は，たとえその表象が実質的な権利を伴わないものであった場合にも，なおその信頼を保護されなければならない，という原則である（第4章第2節**2**参照）。取引の安全のため，公示内容に対する信頼を保護するものであるから，「公信」の原則と称されている。

動産物権の帰属に関する公示方法は占有である。公示方法である占有から，前主に公示どおりの権利を有するものと信頼し，取引関係に入って自ら動産の占有を開始した場合，たとえ前主が目的物に対する支配を正当化する権利（本権）を有していなかったとしても，取引行為者が信頼したとおりの内容の権利取得が認められるべきだと考えられた。そこで民法典は占有に関して公信の原則を定めている（192）。無権利の法理という大原則との関係において，公信の原則は例外則として位置付けられる。

これに対して，不動産物権変動における公示は，占有ではなく，不動産登記によって行われる（177）。そして不動産に関して民法192条に相当する規定はない。したがって，不実の登記を信頼して取引関係に入った者は，たとえ善意無過失であっても，登記された内容に従った権利取得を認められないのが原則である。もっとも，動産に比べて不動産においては真の所有者の静的安全を重視する必要があるにせよ，国家が管掌する公のデータベースである不動産登記簿の記載を信頼して取引した者の信頼を保護する必要性は，動産の場合と同様に存在する。そこで判例法上不実登記に対する信頼保護法理が94条2項類推適用法理として形成されている（⇒I巻総則第10章〔94条2項類推適用〕参照）。

(2)　流通性が高い特別の動産

手形・小切手，株券その他の有価証券については，その強度の流通性を考慮して，より徹底した公信の原則がとられている。すなわちこれらの有価証券については，取引した者が善意無重過失であれば，その信頼を保護され，外観作出の経緯を問わず善意取得することができる（手16 II，77 I ①，社債株式振替

144，小 21，会社 131 II）。

第2節　即時取得の要件

→→ 基本説明

1　要　件

即時取得とは，占有者が，①動産につき，②取引行為によって，③善意であり，かつ無過失で，④平穏にかつ公然と，④占有を始めることにより，占有者がその動産の上に行使する権利を取得する制度である。

(1)　動　産

(a)　登録動産

即時取得は対象を動産に限定し，不動産を除外している。登録制度に従って登録された動産も適用対象外である（最判昭 62・4・24 判時 1243 号 24 頁）。登録を対抗要件とする動産については，登録された動産物権の公示は占有ではなく登録名義を通じて行われるため，登録名義人でない者が動産を占有していても，その占有を権利帰属の外観とみることはできないからである。もっとも登録制度が存在しても，未登録あるいは登録抹消後の動産については，動産物権変動の原則どおりに，占有が権利外観として評価されるため，民法 192 条が適用される（最判昭 45・12・4 民集 24 巻 13 号 1987 頁）。このような趣旨からすれば，登録制度が存在しても，登録の趣旨が私法上の対抗要件ではなく，他の公法上の目的にあるときには（例えば，銃砲刀剣類所持等取締法 14 条に基づく刀剣の登録等），登録動産に民法 192 条を適用することは妨げられない。

(b)　立　木

即時取得は，現に動産である物の占有を開始した場合のみに適用されるため，不動産の構成部分である立木を伐採して，事実上の行為により動産として占有した場合には適用されない（大判昭 7・5・18 民集 11 巻 1963 頁）。

(c)　金　銭

金銭は，動産であるが，それ自体は物としての特性・個性を備えない価値表象物である。そのため，金銭所有権に関しては，動産の対抗要件に関する規定（178）も即時取得に関する規定（192〜194）も適用されず，特段の事情がある場合（例えば封金のような形で特定性が保持されている場合）を除いて，金銭は占有の移転に伴い当然に占有者の所有に帰属すると解される（最判昭 29・11・5

刑集 8 巻 11 号 1675 頁，最判昭 39・1・24 判時 365 号 26 頁）。もっとも，学説においては，金銭所有権に関しても有体物の所有権に対する保護との均衡上，物権的効力を有する価値返還請求権（金銭価値返還請求権）を観念すべきだとする見解も有力に主張されている。

(2)　取引行為

(a)　取引行為の存在

即時取得は，時効取得とは異なり，もっぱら取引の安全を保護する制度として位置付けられている。したがって，即時取得が成立するには，占有の取得が取引行為に基づくものなければならない。例えば，他人の山林を自己のものと誤信して，樹木を伐採したり（大判大 4・5・20 民録 21 輯 730 頁），他人の傘を自己のものと誤信して持ち帰ったりするなど，事実行為により動産の占有を取得しても，即時取得は成立しない。同様に，相続により被相続人の占有を承継取得した場合にも，成立しない。

また，即時取得は，前主に目的物の処分権が存在しないという瑕疵のみを治癒する制度であるから，取引行為はそれ自体が有効である場合に限って適用される。前主の行為能力の制限，代理権の欠缺，意思表示の瑕疵など，譲渡行為そのものに瑕疵がある場合に，そうした瑕疵まで治癒するものではない。

取引行為が有償の場合に限られるべきかについては，立法論としては議論がありうるが，現行法は有償・無償を区別していない。したがって譲受人が贈与等の無償契約に基づき動産を占有する場合にも即時取得の適用がある。

動産競売による取得も，裁判所を介した売買であることに変わりがなく，即時取得の適用があり，執行債務者の所有物でない動産が強制競売された場合でも，買受人は所有権を取得することができる（最判昭 42・5・30 民集 21 巻 4 号 1011 頁）。

(3)　善意無過失

(a)　意　義

善意とは，前主に目的動産の処分権限がないことを知らないことをいう。取得時効の場合における善意占有とは，占有者が自己に占有権原があると考えることであるのに対して（I 巻総則第 16 章第 6 節〔取得時効の善意無過失〕参照），即時取得における善意占有においては，前主の権限の有無についての信頼が問題にされている。

法人が占有の取得者である場合，善意・悪意は法人の代表権を有する代表者

の認識を基準として判断される。代理人がいる場合にはその代理人が基準とされる（最判昭47・11・21民集26巻9号1657頁―民101条）。意思表示の効力が問われているわけではないので，民法101条の類推適用の問題となる。

無過失とは，動産の占有を開始した者が，取引の相手方がその動産につき無権利者でないと誤信し，かつ，そのように信ずるについて過失のなかったことをいう（最判昭26・11・27民集5巻13号775頁）。占有者に過失がなかったとされるのは，取引上要求されるべき注意を払っても知ることができなかった場合，換言すると，占有者の信頼が保護に値する正当なものと言える場合である。

(b) 基準時

善意無過失の判断基準時は，占有取得時である。取引行為（法律行為）の開始時ではない。即時取得が取引における信頼を保護するものであるとすれば，権利取得の原因である法律行為の時点において占有者が善意無過失であれば足りるようにも思われる。しかし，民法は，占有権の取得による法定効果として，権利を失わせるという強い不利益を法律行為に関与しない真の権利者に与えるものであり，単なる意思表示に対する信頼保護の範疇を超えた問題を扱っている。そのために目的動産に対する物的支配を確立した時点というべき占有取得時における善意無過失が必要だと考えられる。

(c) 証明責任

占有者は権利を適法に行使するものと推定されるので（188），無過失が推定される。即時取得の成立を争う真の権利者が，相手方に過失があったことの証明責任を負う。

しかし，動産に所有権留保特約付売買で取引されることも多く，目的物を占有している譲渡人が目的物の処分権限を有していることを当然に前提にしてよいとは限らない。例えば分割払で購入されることが多い種類の商品や，譲渡担保・リースの対象とされる建設機械，工作機械等を事業者から購入する場合は，買主は動産を占有していても，代金を完済していない限り，所有権を取得していないのがむしろ通常形態とみられる。そのような事情を指摘することで，無過失の推定は覆滅される可能性がある。例えば，土木建設機械を扱っており，その売買が所有権留保の割賦販売によることが多いことを知っていた古物商が，新品である土木建設機械を建設会社から買い受ける場合，売主の所有権につき調査すべきであり，それを怠った場合は過失があるとされた（最判昭42・4・27判時492号55頁）。

また，動産譲渡登記がされている動産について，その動産を取得しようとする者は動産譲渡登記の調査義務を負うべきか。一般的に譲受人に登記確認義務があるとはいえないが，設備品や在庫品を担保に融資を受けている可能性のある法人から，その直接占有下にある動産を譲り受ける場合，登記を確認する義務があると解される余地がある。特に金融機関が在庫品を譲渡担保にとる場合などは，登記確認義務が課せられてもよいであろう。

(4) 平穏かつ公然

(a) 意　義

平穏とは強暴の反義語であり，占有の取得が法律上許されない強暴な行為によってされていないことをいう。公然とは隠秘の反義語であり，物に対して利害関係を有する者に対して占有の取得をことさらに隠蔽しようとしていないことをいう。前主からの占有承継（取得）の態様を問題にするものであり，取得時効における「平穏公然」が，占有者の占有の態様であるという点で（I巻総則第16章第6節〔取得時効〕参照），微妙にその意味は異なっている。

取引行為による場合は，平穏かつ公然と占有を取得したとみられるのが通常である。もっとも，取引行為による場合でも，落札者決定を受けた直後に相手の意に反して暴力で奪取したり（東京控判昭14・5・6評論全集28巻民法889頁），相手の承諾を得ずに，夜中こっそり持ち出す場合などは，平穏・公然とはいえない。

(b) 証明責任

平穏・公然は，善意と同様推定される（186 I）。したがって，即時取得の成立を争う当事者が強暴・隠秘について証明責任を負う。

以上により，即時取得による権利取得を主張する者が主張立証すべき事実は，通常，①目的物が即時取得の対象となる動産であること，②有効な取引行為に基づいて占有を取得したこと，で足りる。

→→→ 展開説明

2　占有改定・指図による占有移転と即時取得の可否

「占有を始めた」という要件につき，現実の引渡し，簡易の引渡しがこれを充たすことに争いはない。これに対して，占有改定，指図による占有移転については，議論がある。

(1) 制度趣旨

即時取得は，譲渡人に目的物の処分権限がなく，本来は譲受人が譲渡人から

権利を承継取得できない場合でも，占有という権利外観に対する正当な信頼を保護することで，譲受人に権利を取得させる制度である。取引の安全を図る趣旨からすれば，譲受人への引渡しがどのような方法で行われたかは，信頼の要保護性の評価において特に差をもたらさないはずである。権利者との有効な取引行為に基づいて動産を譲り受け，民法178条が定める対抗要件を備えた者は，確定的に目的動産の所有権を取得するから，前主の処分権欠缺という権利取得の障害事由のみを治癒する民法192条の解釈においても，対抗要件を備えた譲受人は同条の保護を受ける資格が十分にあると考えることができそうである。

他方において，即時取得を動産ゲヴェーレにおける追及力の制限というドイツ法の沿革に即して理解する場合は，むしろ次のように考えるべきことになる。動産の占有を他人に委託した者は，その動産が受託者の手元に存する限りにおいて，その返還を請求することができるにすぎない。受託者の手元から当該動産が失われると，もはやその動産を追及することはできない。目的物の現実の支配が受託者の元にある限り，すなわち原権利者の信頼が少なくとも外形上存続し，その信頼が裏切られていない限り，占有委託者の追及効は制限されない，つまり占有改定による即時取得を認めるべきでないことになる。

(2) 占有改定

占有改定による即時取得の成否が問題になる典型的場面として，次の①〜③の事案類型が考えられる。①BがAに貸借・寄託した動産をAがCに売り渡す事例（無権限者処分型），②Aが所有する動産をまずBに譲渡して占有改定により引き渡した後，さらにCにも二重に譲渡し，占有改定により引き渡す場合（二重譲渡型），③DがAに貸借・寄託した動産をAがBに譲渡し，占有改定により引き渡した後，二重にCにも譲渡し，占有改定により引き渡す場合（無権限者二重譲渡型）。

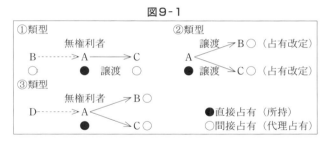

図9-1

(a) 判 例

判例は，即時取得の成立に必要な占有とは，「一般外観上従来の占有状態に変更を生ずるがごとき占有」に限られるものとし，占有改定では足りないとするが（最判昭35・2・11民集14巻2号168頁），それ以上に詳細な理由を付していない。そこで学説は，主に①類型の事案を想定しつつ，占有改定による即時取得を認めるべきでない理由を次のように指摘する。

第1に，BがAに預けた動産甲をAが勝手に善意無過失のCに売り，占有改定をした場合，Aの直接占有を介したBの間接占有とCの間接占有は併存する。BCの間接占有はいわば対等の関係にあり，真の所有者Bの利益を害してまで，Cの権利取得に対する利益を優先する要請は働かない。BがAに甲の返還を求めた場合，所有権がCに帰属することをAが主張して返還を拒絶することを認めるべきではない。

第2に，この場合に即時取得を認めると，即時取得によりBの権利は反射的に消滅するから，BがAの元から甲を引き揚げた後も，BがCからの引渡請求に応じなければならないことになる。この結論も不当にCの利益保護に傾倒しているといわざるをえない。

第3に，③類型では，Aはもともと無権利者であり，たとえBCがともに占有改定を受けても，譲渡が有効でない以上，対抗要件としてはまったく無意味であって，BC間に一切の優劣関係は生じない。①類型と同様に，BCが占有改定を受けただけでは，BCよりも真の所有者Dの利益が優先されるべき状況にあり，BCのうち現実の引渡しを受けた時点で善意無過失である者だけが目的動産を即時取得し，その反射としてAは権利を失うと考えるべきである。

上記の説明は，①③類型を想定する限り，説得力があるように思われる。これに対して，②類型では，BCいずれも権利者であるAからの譲受人であり，利益状況が①類型と異なるともいえる。とはいえ，民法178条を素直に適用すると，Bが対抗要件を具備した以上，Aは確定的に目的動産の所有権を失う。既に無権利者のAと取引したCとBとの関係は，民法192条の適用問題として捉えられ，①類型と本質的に変わりないともいえる。そうすると，①類型を想定した肯定説批判はそのまま②類型にも妥当すべきことになる。

(b) 折衷説

②類型の典型事例である，動産の所有者が同一の動産を二重に譲渡担保に供する場合を考えてみよう。Bへの第一譲渡と占有改定により，Bが確定的に目

的動産の所有権を取得し，Ａが完全な無権利者となるという理解に対しては，特に占有改定が公示方法として十分な機能を期待し得ないことを直視すれば，善意無過失で占有改定を受けたＣの所有権取得に向けられた法的地位を保護すべきだと考えられる。そこで占有改定時に善意無過失でありさえすれば即時取得が一応成立するとした上で，真正所有者Ａへの返還または第三者（Ｂまたはｃ）への現実の引渡しにより，現実の支配が確立された時点で，所有権の帰属が最終的に確定する，という見解（折衷説）が有力に主張されている。否定説では現実の引渡しの時点で善意無過失でない限り即時取得は成立しないが，折衷説では，たとえ現実の引渡しを受けた時点で悪意有過失に転じていても，占有改定時に要件を満たしていれば，即時取得が成立する。

しかし，②類型において，共に対抗要件を備えたＢＣの両方を暫定的な所有者として対等の立場と捉えることは，担保目的とはいえ所有権移転という法形式を選択した当事者の意思を尊重する観点からは問題であるし，占有改定に対抗要件としての適格性を認めている現行法の解釈との整合性という点でも問題が残る。後述するように，即時取得を原始取得として構成する以上，たとえ暫定的な法律関係としてであるにせよ，権利者からの承継取得と無権利者からの即時取得との併存を認める構成には法理論上の難点がある。

さらに，譲渡担保に関していわゆる担保的構成に立ち，占有改定の先後に従って，複数の譲渡担保権が併存し，②類型では，Ｂを第一順位，Ｃを第二順位の譲渡担保権者とみればよいとする学説も存在する。しかし，抵当権のように，同一の不動産につき数個の抵当権を設定することが予定され，かつ複数の抵当権間の順位が登記の前後によって決められる（373）ことが織り込み済みの制度と異なり，そもそも明文上の根拠もなく慣習法上の物権として形成され，順位の確定や譲渡担保権の実行手続をコントロールするルールの形成自体が判例法理に委ねられている，動産譲渡担保において，動産抵当制度と同じような解釈論を展開することが許されるか，慎重な検討を要する（最判平18・7・20民集60巻6号2499頁は，集合動産に譲渡担保が重複設定された場合において，後順位譲渡担保権の成立可能性を容認しつつも，その独自の私的実行権限を否定した）。

(3) 指図による占有移転

次に，指図による占有移転の場合はどうか。占有改定の場合，譲渡により権利を失った譲渡人の元に直接占有が残り，譲受人は譲渡人の占有を介して間接占有をする。直接占有者は譲渡の当事者であり，譲渡につき直接の利害関係を

有するから，譲渡に関する第三者からの照会に対して誠実な応答を期待することができない。指図による占有移転の場合，譲渡の当事者以外の第三者の直接占有を介して間接占有が指図により譲受人に移転する。目的物に利害関係を持とうとする者は譲渡人および譲受人いずれに対しても中立的な立場にある直接占有者に照会し譲渡につき正確な情報を得ることが期待できると考えられる。そこで民法192条における占有取得を対抗要件との連続性において捉えることを前提として，指図による占有移転は占有改定とは異なり，外部に向けた公示という機能において十分であるから，指図による占有移転による即時取得は認められるという考え方がある。

　もっとも，判例は既述のとおり，「一般外観上従来の占有状態に変更を生ずる」かどうかという基準を確立している。そもそも民法192条は民法178条と制度趣旨を異にするから，民法192条で要求される占有の取得とは何かを考えるにあたっては，対抗要件としての引渡しが担うべき機能と完全に切り離して検討することも可能である。特に沿革上，即時取得が取得時効の変種として，既成事実に対する現状維持的保護を承認したという側面から，どのような形態での占有取得が必要かを別途定める解釈が探求されてよい。

　裁判例としては，指図による占有移転による即時取得を認めるものと認めないものとが混在している。すなわち①類型は，ＸがＡに占有を委託した動産甲をＡがＢに譲渡し，占有改定により引き渡した後，Ｂが甲をさらにＹに譲渡し，Ａに対する指図により，間接占有をＹに移転するというケースである。この類型では，ＸのＡに対する信頼は形の上では裏切られておらず，Ｙの即時取得の存否も外部からは認識しにくいため，即時取得の成立が否定される（大判昭8・2・13新聞3520号11頁）。

　②類型は，ＸがＡに占有を委託した動産乙をＡがさらにＢに占有委託したうえで，Ｙに譲渡し，Ｂに対する指図により間接占有をＹに移転するというケースである。この類型では，Ｙの即時取得を認めるかのような判例がある（大判昭7・2・23民集11巻148頁）。同様に②類型に分類されうる事例で，倉庫業者の寄託台帳上の寄託者名義の変更により指図による占有移転がされた場合に関するものであるが，即時取得を認めたものがある（最判昭57・9・7民集36巻8号1527頁）。両者の結論を分けるポイントは，委託者Ｘの受託者Ａへの信頼が裏切られているかどうか，換言すれば物支配への密接度の差にある。①類型では，Ａの直接占有を介してＸの間接占有による物支配は継続するとみられ

る一方，②類型では，Aが同人からの占有委託者BにYのために占有するよう指図した以上，Aを媒介とするXの動産に対する占有関係が完全に切断される結果，直接占有者Bを介する間接占有者はYだけとなる。

このように即時取得を主張する者が占有を取得する一方で，原権利者の占有が失われる（間接占有の切断）という関係性が認められる，という意味において，「一般外観上従来の占有状態に変更が生じる」と見ることができるかどうかが，即時取得成否の分水嶺となっていると分析することができる。

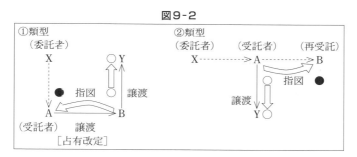

図9-2

3　動産譲渡登記

特例法により動産譲渡登記を備えると民法178条の引渡しがあったものとみなされる。それでは無権利者である法人から動産を買い受けた者が動産譲渡登記をした場合，即時取得は成立しうるか。すでに述べたように，判例は，民法192条にいう占有取得の要件として，対抗要件を具備しさえすれば，即時取得との関係でも占有を取得したと評価できるとは考えていない。学説においては，動産譲渡登記制度が対抗要件具備の一方法にすぎず，占有移転とは切り離された制度であるとして，登記の具備は民法192条の占有取得にあたらないと解するのが有力である。

→→ 基本説明

第3節　即時取得の効果

1　原始取得

即時取得は権利の承継取得原因ではなく，取得時効と同様に権利の原始取得原因である。即時取得により，動産に付着していた第三者の権利や負担は消滅し，即時取得者が信頼した外観に沿ったとおりの内容の権利が取得される。

この点，不動産登記の公信力欠如を補完する理論である民法94条2項類推適用法理は，厳密にいえば，登記に公信力を認めたものではない。したがって，民法94条2項類推適用による権利取得を占有の公信力に基づく場合と同様に原始取得であると解すべき必然性はない。

即時取得によって取得することのできる権利は所有権または質権である。また一部の先取特権に即時取得の規定が準用される結果（319），債務者に帰属しない動産上に先取特権が例外的に成立する場合はある。

これに対して，商事留置権（商521）は，民事留置権と異なり，債務者の所有物であることを成立要件とする。そこで債務者以外の者の所有物について商事留置権の即時取得が問題となりうる。判例は，法律上当然に発生し，当事者間の取引により取得される権利ではないことを理由に，適用を否定する（最判昭62・4・24判時1243号24頁）。

2　帰属確定後の債権法上の利益調整手段

所有者は占有を委託した者に対して債務不履行または不法行為に基づく損害賠償請求をすることができる。また第4節でみる，民法193条による回復ができなかった場合，または民法194条の適用により代価弁償をした場合には，所有者と窃取した者との間で損害賠償の問題が生じうる。さらに代価の支払を受けた譲渡人との間で不当利得返還等の問題が生じうる。

第4節　盗品・遺失物の特則

→→ 基本説明

1　回復請求権

(1)　占有離脱物

盗品・遺失物については，たとえ取引行為が介在して，転々流通したとしても，被害者または遺失者は，盗難または遺失の時から2年間に限り占有者に対してその物の回復を請求することができる（193）。盗品・遺失物を併せて占有離脱物という。自己の不注意により占有を喪失した場合と，他人の違法な行為により占有を失った場合とでは，占有喪失という事態に対する権利者の帰責性に差があるようにも思われる。しかし，民法は両者を同等に評価している。両者に，自己の意思に基づかずに占有を喪失したという共通点が見出されるからである。占有離脱物に関しては，外観の作出につき，自らの意思に基づき他人

に占有を委託した場合と同程度の帰責性を認めることができない。そこで占有
離脱の時点から2年間に限り，被害者または遺失者は無条件に無償で物の回復
をすることができるものとされている。2年経過後は，回復を求められること
がなくなるので，占有の取得者は確定的に目的物の所有権を保持することがで
きる。2年間は除斥期間と解されている。

(2) 回復請求権者

回復請求の主体は，被害者または遺失者であって，目的物の所有者に限られ
ない。例えば目的物の賃借人や使用借人，受寄者も本条に基づく回復請求権を
行使することができる（参照：最判昭59・4・20判時1122号113頁［株券の受
寄者］）。もっとも動産質権においては継続占有が第三者対抗要件であり，質権
者が質物の占有を奪われた場合，質物を回復するには占有回収の訴えによるし
かないから（353），即時取得者に対して質権に基づく回復請求権を行使するこ
とはできない。

(3) 盗品または遺失物の意義

盗品とは，窃盗または強盗によって占有者の意思に反して占有を剥奪された
物をいう。遺失物とは，占有者の意思によらずに強盗・窃盗以外の方法でその
占有を離れた物をいう。落とし物・置き忘れた物，飼主の元から逃走した家畜
などがこれにあたる。

目的物は現存している必要がある。目的物が滅失した場合，回復請求権は消
滅し，被疑者は回復に代わる損害賠償を請求することもできない（最判昭26・
11・27民集5巻13号775頁）。

詐欺または強迫による法律行為に基づく義務の履行として占有が移転された
場合はどうか。これらの場合は，意思表示に瑕疵があるため，処分行為は完全
に自由な意思形成に基づいているとはいえないが，その履行として行われた占
有移転は，自己の意思に基づいているので，盗品・遺失物のように，占有の喪
失に自己の意思がまったく及んでいない場合とは区別することができる。した
がって，原則として，193条は適用されない。もっとも，他人の干渉により，
表意者の意思が完全に抑圧され，占有の移転が表意者の意思に基づくものと評
価しえないときは，「盗品又は遺失物」にあたると解する余地がある。

(4) 代価弁償をすべき場合

占有者が，競売もしくは公の市場で，またはその物と同種の物を販売する商
人から，善意で買い受けたときは，被害者または遺失者は占有者が支払った代

価を弁償しなければ，物の回復を求めることができない（194）。

盗品・遺失物に関しては，権利者の帰責性が乏しいことから，民法192条の要件を満たす第三者も，被害者または遺失者からの回復請求に応じなければならない。しかし，第三者が市場において商品として購入した場合にまで無条件の回復を認めると，商品取引の安全を害するため，原所有者は代価を弁償して第三者が出捐した対価の支払と引換えにのみ回復を認めることにした。

なお，占有者が古物商，質屋である場合，被害者・遺失者は，盗難または遺失の時から1年間は無償で回復を請求することができる（古物20，質屋22）。これらの者は専門業者であり，特別の注意を要求してもよいこと，盗取者や悪意の前主との通謀を防ぐ趣旨があることがその理由とされている。

(5)　**即時取得の成立要件を満たさない場合**

民法193条は「前条の場合において」と定めているため，即時取得が成立した場合に回復請求が可能であるのは当然としても，即時取得の要件を満たさない場合はどうかが問題となる。例えば動産の賃借人がその動産を盗まれ，転々譲渡された末，善意無過失でない転得者の手元に到達した場合を考えてみよう。もし賃借人が盗難から2年間回復請求する権利がないとすれば，占有回収の訴えによる他なく，その要件はハードルが高くなり（200・201），かつ権利行使期間は1年以内に訴えを提起する必要がある（201Ⅲ）。

しかし，善意無過失の第三者との関係でさえ2年間は回復請求ができるのに，悪意有過失の第三者との関係で請求ができないのは均衡を失する。そこで，株券を窃取された受寄者が悪意・重過失で株券を所持する者に対して引渡しを求めた事案において，民法193条は，盗品の被害者が民法192条の要件を具えない占有者に対してその物の返還請求権を有することを当然の前提とした規定であるとして，その請求を認めている（前掲・最判昭59・4・20参照）。この請求権は，民法193条の盗難・遺失を理由とする回復請求権とは別の請求権であるから，2年間の除斥期間にかからない。

→→→　展開説明

2　所有権および使用利益の帰属

(1)　*所有権の帰属*

民法192条は，占有の公信力により，権利外観が作出された経緯を問わず，善意無過失の占有者が信頼した外観に対応した権利を取得することを定め，これを受けて民法193条が盗品遺失物の場合に限り，回復請求権を特則として

定めるものとみられる。したがって占有開始の時点から目的物の所有権は直ちに占有者に帰属しているものと考えられそうである（占有者帰属説）。

他方，民法193条が適用される場合は，即時取得が当然には成立しておらず，2年間回復請求がされなかったことが確定した時点で，占有者に権利が帰属するとみる考え方もある（原所有者帰属説）。この見方によると，2年間は原権利者が所有権を留保することになる。判例は原所有者帰属説に立つ（大判大10・7・8民録27輯1373頁）。したがって，自己の所有物を盗まれた者，あるいは遺失した者は，民法193条に基づく回復請求権と共に，所有権に基づく返還請求権を行使することもできる（請求権競合説）。

原所有者帰属説に立つべき根拠として，第1に，占有離脱物という点で共通する性格をもつ家畜外動物の取得において，所有権移転時期を占有離脱時から1か月経過後とするルール（195）との整合性が挙げられる。第2に，占有を失った被害者または遺失者が所有者でなかった場合，所有権が占有者に移転しているとすると，被害者または遺失者は回復請求により自己が有しなかった権利を回復することになり，法理論として若干奇異な結果となることが指摘されている。

(2)　使用利益の帰属

(a)　代価弁償の請求時期

194条の規定は，被害者または遺失者が，代価の弁償があるまで物の返還を受けられないことを定めたもので，回復請求に対して占有者が回復を拒絶するための抗弁権として代価弁償の支払を求めることができるのは明らかである。それ以上に，占有者が目的物を任意に返還した後に，代価弁償を請求できるかについては自明でない。

古い判例には，盗品である指輪を警察に任意で提出した古物商が警察から「仮下渡」を受けた被害者に代価の弁償を請求した事案で，民法194条は占有者に同時履行の抗弁権を与えるのみとして，代価弁償請求権を否定するものも存在したが（大判昭4・12・11民集8巻923頁），現在では，判例変更がされ，目的動産の返還後も，194条に基づいて代価の弁償を請求することができ，かつ代価弁償債務は期限の定めのない債務であるから，回復者が履行請求の意思表示をした時期を目的物の引渡し時と解し，占有者は以後遅滞の責めを負うべきものと解されている（最判平12・6・27民集54巻5号1737頁）。

(b) 占有者の使用収益権能

　盗難・遺失の時から物の回復が行われるまでの間の目的動産の使用利益が誰に帰属するかという問題は，所有権の帰属につき占有者帰属説に立つ場合は，当然に占有者が使用利益を有すると考えるべきことになる。原所有者帰属説に立ったとしても，占有者の使用利益は認めることは可能である。すなわち，第1に，被害者が盗品等を回復するか，回復をあきらめるかは，被害者の選択に委ねられているところ，その選択次第で，占有者が返還までの使用利益を喪失したり享受したりするようでは，被害者に比べて占有者をはなはだしく不安定な地位に置くことになり，被害者と占有者の保護の均衡を目的とする民法194条の趣旨を没却することになり，さらに弁償される代価には利息は含まれないと解されるところ，それとの均衡上占有者の使用利益を認めることが両者の衡平に適うという実質的考慮に基づき，民法194条が特別に占有者の使用収益権能を法定していると解することもできる（前掲・最判平12・6・27）。

第10章

所有権(1)
所有権の意義と内容

→ 趣旨説明

第1節　所有権の意義

　所有権とは，何らの拘束を受けずに何人に対しても主張することができる，物の全面的な支配権である。

　所有権のこのような性格は，近代以前には確立していなかった。例えば，封建的な土地所有では，領主が土地の領有権（上級所有権）を，土地を現実に保有し耕作する農民は土地の下級所有権を有すると構成され，後者の下級所有権には，領主の農民に対する政治的支配と直結した様々な拘束が含まれていた。

　このような状態を打破して個人の自由な所有権を確立したのが，市民革命であった。そして，近代市民社会の基本法典である民法も，これと歩調を合わせ，所有権から政治的・団体的・身分的な支配の要素を取り除き，所有権を純粋に「人の物に対する権利」として一元的に構成した。

→→ 基本説明

第2節　所有権の内容と制限

1　所有権の内容（使用・収益・処分）

　所有者は，自己の所有物を自由に使用・収益・処分することができる（206）。このうち，収益とは物の果実（88参照）を取得すること，処分とは物理的処分（消費・改造のほか，破壊や損傷も含む）と法律的処分（譲渡や用益物権・担保物権の設定など）をそれぞれ意味する。

　このように，所有権は，物権の中でも，物に対する全面的支配性を有するところにその重要な特徴が見られる。

2　所有権の制限

　以上の所有権の自由は，野放しの自由を意味するわけではない。206条自体，

所有権の自由は「法令の制限内において」認められるとしており，所有権に対する制約が当初から予定されている。今日では，社会公共の観点からの法令による所有権制限が極めて多くなっている。具体的には，社会の安全（防災，衛生，公害防止等），公共施設（道路・鉄道・河川等）の建設・維持，自然環境や文化財の保護，経済政策の遂行，国土の合理的利用や都市環境の形成などの目的から，主として行政法による制限が行われている。これらの制限は，土地以外に関するものもあるが（食品に対する食品衛生法による規制，文化財に対する文化財保護法による規制など），多くは土地所有権の制限に関わる（下記3参照）。

　他方で，所有権が私法上で制限を受ける場合もある。第1に，所有者が自己の所有物について他人との間で地役権設定や賃借権設定などの契約を結んだ場合，所有権は他人の権利（地役権や賃借権）によって制限を受ける。第2に，所有権の行使が権利濫用の禁止に当たり許されない場合がある（1Ⅲ。Ⅰ巻総則第1章第2節2参照）。第3に，借地借家法や建物の区分所有等に関する法律など，民法の特別法により所有権が制限されている例もある。

3　土地所有権の制限

　土地所有権の対象となる土地は，人間の社会生活にとって不可欠なものであるが，物理的には有限の地表の一部であり，不動性と連続性という特性を有している。そのため，土地の所有をある者が独占すれば他の者の社会生活が困難となるし，ある土地の利用が必然的に周囲の土地の利用にも影響を及ぼすことになる。

　そこで，土地所有権のこのような特殊な性格から，法令による様々な制限が行われている。民法においても，土地所有権の内容および範囲に関して特別の規定が置かれている。民法による制限は第3節および第4節で取り上げるので，ここでは，民法以外の法令による土地所有権の制限の例を紹介しておく。

　例えば，ある土地が都市計画区域に指定され第一種低層住居専用地域（都計5Ⅰ・8Ⅰ①・9Ⅰ）とされると，その土地の所有者は，建築基準法で許容された一定の用途でしか土地を利用することができない（建基48Ⅰ，同法別表第二（い）項。例えば，住宅等の建築は認められるが店舗や工場等の建築は原則として認められない）。また，許容された用途の建築物を建てる場合でも，容積率（建築物の延べ面積が敷地面積に占める割合）・建ぺい率（建築物の建築面積が敷地面積に占める割合）・高さ等について一定の規制を受けることになる（建基52Ⅰ①・53Ⅰ①・55Ⅰ）。

このように，土地所有権は今日，まちづくり・自然保護・産業開発等を目的
とする法令によって大きな制約を受けている。しかし，都市環境の破壊や自然
の乱開発等の事態はなお各地で起きており，土地所有権に対する制限が依然と
して不十分であるとの批判も強い。

→→ 基本説明

第3節　土地所有権の及ぶ範囲

　土地所有権は，法令の制限内において，その土地の上下に及ぶ（207）。した
がって，上空や地下を他人が無断で利用していれば，土地所有権に対する違法
な侵害となり，土地所有者はその利用の停止等を請求することができる（ただ
し，第2節2で触れたように，土地所有者の請求が権利濫用に当たり許されないと
されることもある。大判昭11・7・10民集15巻1481頁［宇奈月温泉事件］等参
照）。したがって，土地の上空や地下を他人が適法に利用するには，土地所有
者との間で区分地上権（269の2）や地役権（280）の設定契約を結ぶなどして，
土地所有者の同意を得る必要がある。

　もっとも，土地の上空および地下に対する土地所有者の土地利用の利益を保
護することが207条の目的であるから，土地所有権の効力が及ぶ範囲も，そ
の利益が存在する範囲に限られると解されている。例えば，土地のはるか上空
を航空機が通過しても，そのような上空に対して土地所有者は土地利用の利益
を有しているとはいえず，土地所有権の侵害には当たらない。

　地下に関しては，地中の物にも土地所有権が及ぶのが原則であるが，「法令」
により土地所有権が及ばないとされている場合もある（未掘採の鉱物について
鉱業2・7・8等参照）。さらに，地下の利用については，「大深度地下の公共
的使用に関する特別措置法」により，首都圏等の対象地域において，一定の要
件と手続の下で，道路・河川・鉄道・通信・電気・上下水道等の公共の利益と
なる事業の実施のため，認可を受けた事業者に大深度地下（同法2条1項およ
び同法施行令2条によれば少なくとも40メートル以上の地下）を使用する権利が
与えられる。その反面，土地所有者等は，事業者の大深度地下の使用に支障を
及ぼす範囲で，自己の権利の行使を制限される（同法25）。以上の制限によっ
て具体的な損失を被った土地所有者は，当該事業者に対してその損失の補償を
請求することができるにとどまる（同法37）。

第4節　相隣関係

→ 趣旨説明

1　相隣関係の意義

　土地は物理的に連続しているため，ある土地の利用が周囲の土地の利用に影響を及ぼすことは避けられない。そのような影響により，土地が有効に利用されず，隣接する土地所有権の共存も妨げられる。そこで，隣接する土地相互の利用を調整する必要から，相隣関係の規定が設けられている。

　土地所有権の内容の観点から見れば，土地利用の調整のために，一方の土地所有権の内容が制限され，他方の土地所有権はその分だけ内容が拡張される。例えば，土地の所有者は，建物を修繕するために必要な範囲で，隣地の使用を請求することができる（209 Ⅰ）。隣地の所有者は使用を受忍するという形で土地所有権の制限を受ける反面，隣地使用を認められる土地の所有者は，その分だけ自己の土地所有権が拡張されることになる。

　相隣関係による土地所有権の内容の制限・拡張は，一定の要件を満たせば法律上当然に認められる。上の例で，建物の修繕をしたい土地所有者としては，隣地の所有者との合意により，隣地の一部を使用する権利（賃借権や使用借権）を設定してもらうこともできる。しかし，合意が成立しないと隣地を使用できないというのでは，修繕工事が進まないなど，土地の有効な利用が図られなくなる。しかも，このような事態は，隣地の所有者の側にも同様に起こりうる（いわば「お互い様」の状況）。そこで，民法は，法律上当然に認められる土地所有権の内容の制限・拡張として，隣地使用請求の規定（209）を設けた。

　相隣関係の規定を概観すれば，**図10-1**のようになる。以下では，今日においても一定の役割を果たしており，解釈上も争いのある規定を取り上げる。

　なお，土地相互の利用の調整が必要となるのは，土地所有権相互の関係だけではない。土地利用権に基づいて土地を利用している場合でも，同様の調整が必要となる。民法は相隣関係の規定を地上権にも準用しているが（267），以上の必要性から，相隣関係の規定は永小作権や土地賃借権にも準用ないし類推適用されると解されている（土地賃借人にも213条の準用を肯定した最判昭36・3・24民集15巻3号542頁参照）。

第4節　相隣関係　　　143

図 10-1

隣地の使用・通行に関するもの	隣地使用請求（209）
	公道に至るための他の土地の通行権（隣地通行権）（210～213）
水に関するもの	自然水流に関する規定（214・215・217）
	人工水流に関する規定（216・217）
	水流の管理に関する規定（219・222）
	雨水に関する規定（218）
	排水に関する規定（220・221）
境界に関するもの	境界標設置権（223・224）
	囲障設置権（225～228）
	境界線上の工作物に関する規定（229～232）
境界線付近における竹木に関するもの	枝の切除および根の切取りに関する規定（233）
境界線付近における建築・工事に関するもの	建物と境界線との距離（234・236）
	目隠しの設置（235・236）
	掘削の制限（237・238）

→→ 基本説明

2　公道に至るための他の土地の通行権（隣地通行権）

(1)　原　則

(a)　要　件

図 10-2

```
┌──────────────────────┐
│ ┌─────┬──────┬──┐ │
│ │甲土地 │      │公│ │
│ │（A所有）│丙土地 │  │ │
│ ├─────┤（C所有）│道│ │
│ │乙土地 │      │  │ │
│ │（B所有）│      │  │ │
│ └─────┴──────┴──┘ │
│        公道          │
└──────────────────────┘
```

　例えば，A所有の甲土地が，B所有の乙土地とC所有の丙土地に囲まれて公道に通じていないとする（**図 10-2**）。これでは，Aが甲土地を利用するのに様々な不都合が生じ，土地が有効に活用されないという社会的な損失にもなる。BがAに対し乙土地の通行を認めた場合や，AとCが丙土地に通行地役権（280）を設定する契約を結んだ場合は，このような支障は回避されるが，BやCがこれを拒否することもある。

　そこで，他の土地に囲まれて公道に通じていない土地（以下「袋地」という）の所有者は，公道に至るため，他の土地（以下「囲繞地」という）を法律上当

然に通行することができるとされた（210 I。一般に「隣地通行権」と呼ばれている）。池沼・河川・水路・海あるいは著しい高低差のある崖を通らなければ公道に至ることができない土地（準袋地）についても，同様の通行権が認められる（同条 II）。

　ある土地が袋地に当たるかどうかは相対的に理解されている。土地が公道に全く接していない場合だけでなく，既存の通路等で公道に出られる場合でも，その通路等が当該土地の用途に従った利用にとって不十分であれば，当該土地は袋地と評価され，当該土地の所有者に隣地通行権が認められることがある（既存の通路を拡幅して通行することや既存の通路とは別のところを通行することを認めるなど。大判昭13・6・7民集17巻1331頁参照）。

　なお，判例は，袋地の所有権を取得した者は，袋地について所有権移転登記を経由していなくても，囲繞地の所有者に対して隣地通行権を主張することができるとして，不動産相互間の利用の調整という相隣関係の趣旨を公示制度に優先させている（最判昭47・4・14民集26巻3号483頁）。

　(b)　内　容

　通行の場所と方法は，通行権者のために必要であり，かつ，囲繞地のために損害が最も少ないものでなければならない（211 I。同条2項はさらに，必要があるときには通路の開設も認める）。具体的には，袋地所有者の通行の必要性と囲繞地所有者の負担の程度の他，付近の地理的状況その他の事情を考慮して判断される。したがって，**図 10-2** において，Aが乙土地と丙土地のいずれを通行することができるかは一概に決まらず，上記の具体的な諸事情を考慮して個々に判断される。

　隣地通行権に基づく通行は通行権者に利益をもたらす反面，囲繞地の所有者に損失を及ぼす。そこで，通行権者は囲繞地の損害に対して償金を支払わなければならない（212）。もっとも，償金は通行権の対価ではない（隣地通行権は法律上当然に認められる）から，通行権者が償金の支払を怠っても隣地通行権は消滅しないと解されている。

　(c)　隣地通行権の成否および内容をめぐる現代的な問題

　都市における現代的な土地利用が広まるに伴い，隣地通行権の成否および内容をめぐって次のような問題が生じている。

　第1に，建築基準法43条1項本文は，都市計画区域または準都市計画区域内にある建築物の敷地について，原則として同法所定の道路に2メートル以上

接することを要求している（以下「接道要件」という）。接道要件を充足していないと，建築物の新築や改築において原則として建築確認を受けられない（建基6 I 参照）。それでは，**図10-3**のように，公道と幅員1.5メートルで接している甲土地の所有者Aは，甲土地で建築物の新築や改築をするため，隣接する乙土地の幅員0.5メートルの部分（図中の網かけ部分）について隣地通行権を主張することができるだろうか。

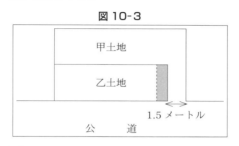

図10-3

判例はこれを否定する。Aの主張は，甲土地への往来通行のために必要不可欠だからという通行権の問題ではない。往来通行に必要不可欠な通路を確保して袋地の利用を全うさせることを目的とする210条と主として避難または通行の安全を目的とする接道要件とではその趣旨・目的が異なるから，単に特定の土地が接道要件を満たさないとの一事をもって，接道要件を満たすべき内容の隣地通行権が当然に認められるわけではないとする（最判昭37・3・15民集16巻3号556頁，最判平11・7・13判時1687号75頁）。これに対して，学説では，Aの主張を一切認めないと甲土地の有効利用が図れなくなることを理由に，接道要件も一要素として考慮しながら隣地通行権の成否・内容を判断すべきであるとする見解が有力である。

第2に，自動車の普及に伴い，徒歩であれば公道に出入りできる土地のために，自動車の通行を内容とする隣地通行権が認められるだろうか。袋地の概念を相対的に理解した上で（上記(1)(a)参照），個々の事例ごとに，袋地のために自動車通行を認める必要性，周辺の土地の状況，囲繞地が被る不利益などの諸事情を総合考慮して判断すべきである（最判平18・3・16民集60巻3号735頁）。

(2) **土地の分割・一部譲渡によって袋地が形成された場合の特則**

共有地の分割または土地の一部譲渡によって袋地が生じた場合，袋地所有者は，袋地を囲む土地のうちの残余地（分割によって生じた他の土地または譲渡さ

れた残余の土地）についてのみ隣地通行権を有する。この場合には償金を支払う必要はない（213）。例えば、**図 10-4**において、甲土地と乙土地が元は一筆の丁土地でＡＢが共有していたが、丁土地につき共有物分割（第12章第5節参照）がなされ、甲土地がＡに、乙土地がＢに帰属した場合、Ａは乙土地のみを無償で通行することができ、丙土地を通行することはできない（同条Ⅰ）。甲土地と乙土地が元は一筆の丁土地でＡが所有していたところ、Ａが丁土地を甲土地と乙土地に分筆し、乙土地をＢに譲渡した場合も、同様である（同条Ⅱ）。

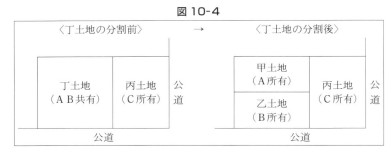

以上のルールにおいて、①通行の場所が残余地（乙土地）に限られるのは、分割・一部譲渡による袋地の発生に関与した土地（甲土地と乙土地）の間で通行権の問題を処理すべきであり、これに関与していない第三者所有の他の囲繞地（丙土地）に不利益を及ぼすべきではないからである。また、②償金の支払が不要とされるのは、当事者（ＡＢ）はあらかじめ通行権の発生を予期して、分割・一部譲渡の範囲を決めたり譲渡の対価に反映させるなどの対応をとれたはずなので、通行の負担により残余地が損害を被るとはいえないからである。

3　境界線付近の建築の制限

(1)　234条の内容

建物を築造するには、境界線から50センチメートル以上の距離を保たなければならない（234 Ⅰ）。境界線に接した建築を認めてしまうと、隣地で建物の建築・修繕をするために空き地が必要な場合に、隣地内で空き地を確保せざるをえなくなり、隣地の所有権が間接的に害される（つまり早い者勝ちになる）、というのが立法趣旨のようである。もっとも、(2)で見るように、より現代的な公共的観点をこの規定の趣旨に読み込むことも可能である。

この規制に違反して建築しようとする者がいるときは、隣地所有者は、その

建築の中止または変更を請求することができる。ただし，建築着手時から1年を経過し，または建物が完成した後は，損害賠償の請求しかできない（234 II）。取壊しによる社会的損失を避けるためである。

以上と異なる慣習があるときは，その慣習に従う（236）。繁華街等では，50センチメートルの距離を保たなくてよいとする慣習があるといわれている。

(2) 建築基準法63条との関係

建築基準法63条は，防火地域または準防火地域内の建築物で外壁が耐火構造であれば，その外壁を隣地境界線に接して設けることができるとしている。それでは，この規定と234条1項との関係はどうなるだろうか。

判例は，建築基準法63条所定の建築物については同条が適用され，234条1項の適用は排除されるとする（最判平元・9・19民集43巻8号955頁）。建築基準法63条は，耐火構造の外壁が防火上望ましいという見地や，防火地域等における土地の合理的・効率的利用を図るという見地から，相隣関係を規律する趣旨でこのような特則を定めたといえるからである。

これに対しては，234条1項の適用は排除されないとする学説（非特則説）も有力である。234条1項の趣旨には，前述の早い者勝ち防止の他，今日では，日照・採光・通風・通行等の良好な生活環境利益を確保することも含まれていると解され，これらの利益を犠牲にして防火上の見地や土地の合理的・効率的利用の見地のみを優先させるべき理由はないからである。

➔➔➔ 展開説明

4 境界確定

(1) 境界の観念

民法は，境界標の設置に関する規定（223）などを設けているものの，境界が不明な場合にそれをどのように決めるかについて，そもそも規定を置いていない。

境界には主に2つの観念があると理解されている。

一つは，筆界（公法上の境界）である。不動産登記法は，土地を区画して一区画ごとに地番を付し，その一区画を一筆の土地として登記記録を作成している（不登2⑤・34・35参照）。物理的には連続した地表面である土地を，「筆」という単位で法律的に区画して登記し，各筆の土地の現況や権利関係を公示しているわけである。このような区画によって筆と筆との間に生ずる境界を，「筆界」という（不登123①参照）。

もう一つは，所有権界（私法上の境界）である。これは，土地が隣接し合っている場合に，一方の土地の所有権と他方の土地の所有権とがぶつかりあうところ，つまり，それぞれの土地の所有権が及ぶ範囲という意味での境界である。

(2) 筆界・所有権界と境界確定

境界の確定について，筆界と所有権界には次のような違いがある。

第1に，隣接する土地の所有者どうしの合意によって境界を変更することが許されるかどうかの点である。

土地の所有者は自己の土地を自由に処分しうるから（206），その一環として，自己の土地の所有権がどこまで及ぶか（つまり所有権の及ぶ範囲＝所有権界）も自由に決めることができる。したがって，所有権界は，隣接する土地の所有者どうしの合意によって変更することができる。

これに対して，筆界は，ある土地が登記された時に，その土地の範囲を区画するものとして定められる。ひとたび形成された筆界は，原則として不動のものとされ，これを変更するには不動産登記法に基づく分筆・合筆の登記等を行う必要がある（不登39）。分筆とは一筆の土地を分けて数筆にすることを，合筆とは数筆の土地を合わせて一筆にすることをそれぞれいう。このように，筆界は，不動産登記法という制度に基づいて土地を区画する点で，公的な境界線としての性質を有するものと理解されていることから，所有権界とは異なり，隣接する土地の所有者どうしの合意によって変更することはできないと解されている（最判昭31・12・28民集10巻12号1639頁，最判昭42・12・26民集21巻10号2627頁）。

第2に，境界が不明な場合に，これを明らかにする訴訟がどのような性質になるかの点である。

所有権界を明らかにするには，所有権の範囲の確認訴訟をするのが一般的である。例えば，Aが甲土地を，Bが乙土地を所有しているところ，両土地の境界をAはcdの線，Bはabの線だと主張し，abdcaに囲まれた部分の所有権の帰属が争われている場合（図10-5），Aは，当該部分が自己の所有であることの確認を求めることになる。これは，ある物の所有者がAかBかを争う場合と同様，通常の民事訴訟である。

図 10-5

　これに対して，筆界を明らかにするのは境界確定訴訟であると解するのが判例・通説である。境界確定訴訟は，法律関係の形成を目的とするものの，形成の基準となる具体的な要件が定められておらず（筆界の定め方についての規定は存在しない），判決の具体的な内容が裁判所の裁量に任されるという特徴を備えた訴訟である（形式的形成訴訟と呼ばれる）。そのため，次のような訴訟法上の特色を有するとされる（大連判大 12・6・2 民集 2 巻 345 頁，大判昭 11・3・10 民集 15 巻 695 頁，最判昭 38・10・15 民集 17 巻 9 号 1220 頁等）。まず，裁判所は，証拠調べの結果として特定の筆界を認定できない場合でも，境界が不明であることを理由に原告の請求を棄却することは許されず，職権に基づいて筆界を確定しなければならない。筆界は土地と土地との間のどこかに必ず存在するからである。次に，原告は，隣接する土地の境界を定める判決を求めれば足り，特定の境界線の存在を示す必要はない。仮に原告が特定の境界線を示したとしても，裁判所はそれに拘束されず，その線を越える筆界を定めることも許される（これらは，民事訴訟法の原則である処分権主義・弁論主義が制限されることを意味する）。

　このように，境界確定訴訟は筆界の確定を対象とし，所有権の範囲（所有権界）とは無関係であるが，筆界の確定につき最も密接な利害を有するのは，相隣接する土地の所有者である。そこで，境界確定訴訟の当事者適格は相隣接する土地の所有者に認められる（最判平 7・3・7 民集 49 巻 3 号 919 頁。甲土地と乙土地が隣接している場合に，甲土地のうち乙土地との境界の全部に接続する部分を乙土地の所有者が時効取得したとしても，それ以外の部分を甲土地の所有者が所有している限り，両土地の所有者は，相隣接する土地の所有者どうしの関係に立っているため，境界確定訴訟の当事者適格を失わないとする）。

　なお，平成 17（2005）年の不動産登記法改正により，筆界特定登記官が簡易な手続に基づいて筆界を特定する「筆界特定制度」が創設された。これは，従来の境界確定訴訟（改正後の同法では「筆界確定訴訟」と表記される）を排除す

るものではないが（不登148参照），裁判所は，境界確定訴訟（筆界確定訴訟）の中で筆界特定に係る資料を利用することができるため（不登147），これにより充実した審理や訴訟手続の迅速化を図ることが期待されている。

5　民法213条に基づく隣地通行権と残余地の特定承継

　例えば，甲土地と乙土地が元は一筆の丁土地でＡＢが共有していたところ，丁土地につき共有物分割がなされ，甲土地がＡに，乙土地がＢにそれぞれ帰属したとする（**図10-6**）。この場合には，袋地となった甲土地の所有者Ａは，乙土地にのみ無償の隣地通行権（以下「無償通行権」という）を取得するので，これに基づいて乙土地のみを通行することができ，Ｂに償金を支払う必要はないが，丙土地を通行することはできない（213Ⅰ）。以上は，**2(2)**で既に学んだ。

　それでは，その後，Ｂが乙土地をＤに譲渡するなど（**図10-7**），乙土地（残余地と呼ばれる）に特定承継が生じた場合には，Ａの隣地通行権はどうなるだろうか。

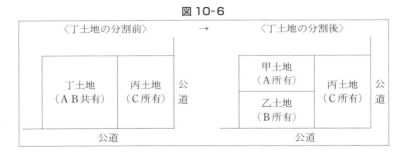

図10-6

図10-7

　判例（最判平2・11・20民集44巻8号1037頁等）は，Ａが**図10-6**の時点で213条に基づき乙土地上に取得した無償通行権は，その後に乙土地（残余地）について特定承継が生じた場合であっても，消滅しないとした（213条適用説と呼ばれる）。その理由は，①213条に基づく無償通行権は，袋地（甲土地）・

残余地（乙土地）自体に付着する物権的な権利・負担であるから，所有者が変わってもそのまま承継されること，②袋地（甲土地）の所有者Aにとっては，乙土地の特定承継という自己の関知しない事情によって無償通行権が主張できなくなるのは不合理であること，③他方で，袋地（甲土地）の所有者Aが残余地以外の囲繞地（丙土地）を通行できるとすれば，その囲繞地の所有者Cに不測の不利益が及ぶことになり妥当でないこと，である。213条適用説によると，Aは，乙土地の所有者がDに変わっても，213条に基づいて乙土地を無償で通行し続けることができるが，その反面，（隣地通行権の原則ルールである）210〜212条に基づいて丙土地を通行することはできない。

　これに対して，学説では，分割・一部譲渡の当事者（分割を行ったAB）は袋地（甲土地）の発生を予期していた以上，**図10-6**の時点で213条に基づく無償通行権が成立するのは当然だとしても，残余地（乙土地）の特定承継人Dにまで無償通行権の負担を強制するのは妥当でないとして，213条適用説に反対する見解も有力である。この見解は，**図10-7**の時点で，213条に基づく乙土地上のAの無償通行権は消滅するとした上で，隣地通行権の原則ルール（210〜212条）に戻って，Aの隣地通行権の成否・内容を判断するべきだと主張する（210条適用説と呼ばれる）。これによると，210〜212条に従って判断した結果，Aが丙土地に隣地通行権を取得する可能性もある。もっとも，210条適用説は，従前の経緯等も重視して210〜212条に基づく判断を行うべきだとしている。例えば，**図10-6**から**図10-7**までの期間，Aが長年にわたって乙土地を無償で通行していた（他方で丙土地を通行したことは一度もなかった）という事実や，DがBから乙土地を購入する際に，Aが乙土地を無償で通行していることを考慮に入れて，その分だけ売買代金額を安くしていたという事実（つまり，Aが乙土地を無償で通行しても，Dには損害が発生していないといえるような事実）などがあると，これらの事実を210〜212条の中で考慮した結果，Aは乙土地を通行することができ，Dに償金を支払う必要はないと判断される（結果的にはAは乙土地を無償で通行することができるが，これは213条に基づく無償通行権ではなく，あくまでも210〜212条に基づく隣地通行権であることに注意。また，上記の事実のうち，仮に後者の事実〔乙土地の売買代金を安くした事実〕がなかったとすれば，210〜212条に従って判断した結果，Aは乙土地を通行することができるが，Dに償金を支払わなければならないとの結論になる可能性もある）。

➔➔➔ 展開説明

第5節　金銭所有権

　金銭は物としての個性を有さず，○○円という価値を表現したものである。そして，かような価値は金銭の所在に随伴する（千円札の存在するところに1000円の価値が認められる）ことから，一般の動産と異なり，金銭の所有権は原則として占有と共に移転すると解されている。これによれば，金銭を占有する者は，それをいかなる理由で取得したか，その占有を正当化する権利を有するかなどにかかわらず，金銭の所有者となる（最判昭39・1・24判時365号26頁）。

　その結果，例えば，Aの金銭をBが騙取した場合，金銭を占有するBにその所有権が移転するので，AはBに対して所有権に基づく金銭の返還請求をすることはできない。その代りに，Aは法律上の原因なく金銭を失い，Bがその金銭分の利益を得ていることから，AのBに対する不当利得返還請求権が成立する。

　以上によると，Aとしては，Bに対して不当利得返還請求ができるのだから，不都合はないように見える。しかし，不当利得返還請求権は一般の債権であり，Bの他の債権者に優先するものではないから，Bの他の債権者との関係で，Aは債権者平等の原則に従ってBの責任財産から満足を受けるにとどまる。その結果，Bの責任財産はAから騙取した金銭によって増えているにもかかわらず，Aはこの増えた分（騙取された金銭）につき何ら優先権を持たず，他方で，Bの他の債権者はBの責任財産の増加という棚ぼた式の利益を得てしまうことになる。

　また，仮にAが騙取されたのが絵画だとすると，Bがこれを占有しても所有権は移転しない。したがって，Bの他の債権者が絵画を差し押さえたとしても，Aは，絵画の所有権に基づき，第三者異議の訴えを提起して差押えを阻止することができる（民執38）。しかし，騙取されたのが金銭の場合には，上述のようにAは金銭の所有権を有していないから，第三者異議の訴えによりBの他の債権者の差押えを阻止することはできない。

　こうしてみると，金銭が騙取された場合も，絵画の場合と同様に，Aに物権的な保護（所有権がある場合と同じような保護）を与えることが考えられる。そこで，学説では，Aは，金銭について占有を失ってもなお「価値所有権」を有

していると解する見解もある。この価値所有権に基づき，AはBに対して物権的な価値返還請求権を行使することができ，また，Bの他の債権者による金銭の差押えに対して第三者異議の訴えが認められるというわけである。もっとも，この見解に対しては，このような物権的保護を与える実体法上の根拠が存在しない他，要件・効果が不明確であるなど（例えば，物権的価値返還請求権を無条件に認めれば，今度はBの他の債権者などを害する結果となり，物権の公示の要請にも反する），解決すべき点が残されている。

コラム　所有者不明土地問題に関する法改正の動向④所有権

　登記制度・土地所有権の在り方等に関する研究会「登記制度・土地所有権の在り方等に関する研究報告書」（平成31年2月）は，第10章との関連では，次の点について民法を見直すべきことを提案している。

　まず，所有者不明土地の発生を防ぐために，①土地が不要になった場合には，土地所有者が一定の要件を満たせば土地所有権を放棄できるようにすること（現行民法では放棄が認められるか否かが明らかでない）。

　次に，所有者不明土地を円滑かつ適正に利用するために，②相隣関係の規定を見直すこと。具体的には，例えば，(i)他人の土地を経由しないとライフライン（水道・電気等）の導管を自分の土地に引き込むことができない場合に，他人の土地に導管を設置できるようにする，(ii)所有者不明土地が管理されずに荒廃している場合に，近隣の土地所有者がその状態の除去を求めることができるようにする，など。

（秋山靖浩）

第11章

所有権(2)
所有権の取得

→ 趣旨説明

第1節　所有権取得の形態

　所有権の取得には，承継取得と原始取得の2つの形態がある。

　所有権の承継取得は，売買・贈与などの法律行為による場合や相続による場合が典型例である。

　これに対して，所有権の原始取得には，時効取得（162），即時取得（192），家畜外動物の取得（195），無主物の帰属（239），遺失物の拾得（240），埋蔵物の発見（241），添付（242〜248）などがある。実際上重要な意義を有しているのは時効取得と即時取得であるが，これらは別のところで説明される（前者について民法総則，後者について第9章参照）。以下では，それ以外の原始取得に関する規定を扱う。

→→ 基本説明

第2節　無主物先占・家畜外動物の取得・遺失物拾得・埋蔵物発見

1　無主物先占（無主物の帰属）

　所有者のない動産（無主の動産）を所有の意思をもって占有した者は，その動産の所有権を取得する（239 I。所有の意思および占有の概念について第13章参照）。無主の動産とは，当初から所有者がいない動産（野生の魚や鳥を捕まえた場合など）の他，以前は所有者がいたが，その所有者が所有権を放棄したため現在は所有者がいない動産を含む（ゴルフ場の池にゴルファーが放置したロストボールの所有権をゴルフ場経営者が取得する場合など）。

　これに対して，所有者のない不動産（無主の不動産）は国庫に帰属し（239 II），先占による所有権取得の対象とならない。

第 2 節 　無主物先占・家畜外動物の取得・遺失物拾得・埋蔵物発見　　155

2　家畜外動物の取得

　他人が飼育していた「家畜以外の動物」を占有する者は，占有開始時に善意
であり，かつ，その動物が飼主の占有を離れた時から 1 か月以内に飼主から回
復の請求を受けなかったときは，その動物の所有権を取得する（195）。

　これに対して，他人が飼育していた家畜の場合は，遺失物に準じて扱われ，
遺失物法の定めるところに従って所有権の取得が認められる（240・遺失 2 Ⅰ参
照）。また，他人が飼育していない動物（野生の動物）を占有する者は，無主物
の帰属の規定（239 Ⅰ）に基づいて所有権を取得する。したがって，195 条は，
家畜以外の動物であるためにその動物を無主物と考えた占有者を保護する観点
から，飼主の利益にも配慮して，遺失物と無主物との中間的な取扱いを認めた
といえる。

3　遺失物拾得

　遺失物を拾得した者は，遺失物法の規定に従い公告をした後 3 か月以内にそ
の所有者が判明しないときは，その所有権を取得する（240）。拾得は，遺失物
の占有を取得することを意味し，先占とは異なり所有の意思を要しない。

　遺失物とは，占有者の意思によらずにその所持を離れた物で，盗品ではない
物をいう。なお，誤って占有した他人の物，他人の置き去った物，および，逸
走した家畜（2 で述べた他人が飼育していた家畜）は準遺失物と扱われ（遺失 2
Ⅰ），その拾得にも 240 条が準用される（遺失 3 ・ 2 Ⅱ）。

　遺失物の拾得に関する要件と効果は，遺失物法に詳しく定められている（警
察署長への提出等の拾得者の義務〔遺失 4〕，公告の方法〔遺失 7〕，公告後 3 か月
以内に遺失者が判明した場合における拾得者の報労金請求権〔遺失 28〕など）。

4　埋蔵物発見

　埋蔵物とは，土地その他の物（包蔵物）の中に埋蔵されて，外部から容易に
目撃できない状態にあり，かつ現在は誰が所有者であるか判別しにくい物をい
う（最判昭 37・6・1 訟月 8 巻 6 号 1005 頁）。

　埋蔵物を発見した者は，遺失物法の規定に従い公告をした後 6 か月以内にそ
の所有者が判明しないときは，その所有権を取得する（241 本文）。ただし，他
人の包蔵物の中で埋蔵物を発見したときは，発見者と包蔵物の所有者が等しい
割合でその埋蔵物の所有権を取得する（同条ただし書）。発見とは，埋蔵物の存
在を認識することをいい，占有の取得を要しない。埋蔵物の発見についても，
遺失物法の規定が原則として適用される（遺失 2 Ⅰ参照）。

なお，土地に埋蔵されている文化財（埋蔵文化財）については文化財保護法に特別なルールがあり，発見者や土地所有者は埋蔵文化財の所有権を取得しえないが（国庫あるいは当該文化財の発見された土地を管轄する都道府県の所有となる），一定の報償金を支給される（文化財 104・105）。

→→　基本説明

第3節　添　付

1　添付とは

(1)　添付の意義

所有者の異なる2つ以上の物が結合して1個の物になった場合（付合），所有者の異なる物が混和して識別することができなくなった場合（混和），および，ある者が他人の動産に工作を加えて新たな物を作り出した場合（加工）を，あわせて添付という。

添付においては，次の点が問題となる。

第1に，どのような場合に，新たに物（合成物・混和物・加工物）が生じた（その反面，その一部となった元の物の所有権が消滅した）といえるだろうか。

第2に，添付によって新たに生じた物の所有権は誰に帰属するだろうか。

第3に，添付によって元の物の所有権を失い，新たに生じた物の所有者にもなれなかった者は，所有者になった者に対してどのような請求をすることができるだろうか。

これらのうち，第1に関する規律は，社会経済的損失の回避や取引安全の確保という社会公共の利益に関係するため（下記(2)参照），強行規定であると解されている。これに対して，第2および第3に関する規律は，当事者間の私的な利害調整の問題であるため，任意規定であると解されている。

(2)　添付の趣旨

A所有の建物の床にB所有の木材が誤って組み込まれた場合（2で述べる不動産の付合に該当する）を例に，添付制度の趣旨を確認しておく。

このような事態が生じても木材の所有権がBからAに移転するわけではなく，Bとしては，木材の所有権に基づき，その返還をAに請求できるはずである。しかし，そのようなBの請求を認め，建物と木材を無理やりに分離して木材を復旧させると，建物も木材も損傷を受けてしまい，社会経済的な利益に反する

結果となる。

そこで，民法は，B所有の木材がA所有の建物の一部になった（＝「従として付合した」）と扱い，Aが木材の所有権を取得すると構成した（242本文）。このように構成すれば，木材に対するBの所有権が消滅し，それに基づくBの木材返還請求も封じられるからである。その代わりに，木材の所有権を失ったBは，木材の所有権を取得したAに対し，不当利得の規定（703・704）に従って償金を請求することができる（248）。以上から見て取れるように，添付制度の趣旨は，所有権に基づく返還請求を否定することで，物の分離・復旧による社会経済的な損失を回避することにある。

他方で，木材が建物に付合することは，木材が建物の一部となり，独立の所有権の対象ではなくなることを意味する。もし木材に独立の所有権が残っているとすれば，建物の取引をする際，当事者は木材についても別個に取引をしなければならず，取引の安全を害することになりかねない。この点では，添付制度は，所有権が及ぶ範囲（物の1個性）を確定することにより，取引の安全を確保する機能も果たしている。

このように，添付制度の趣旨は，社会経済的な損失の回避および取引の安全の確保という2つの観点から説明される（ただし，学説によってどちらの観点を重視するかの違いがあり，具体的な問題の解決にも違いが生ずることがある）。

2 不動産の付合

(1) 意 義

ある物が不動産に「従として付合した」場合には，不動産の所有者がその物（付属物）の所有権を取得する（242本文）。

1(2)で挙げた例のように，動産（木材）が不動産（建物）に付合するのが一般的であるが，不動産が不動産に付合することも排除されないと解されている（離れ家等の付属建物を母屋に接続させた場合など）。ただし，建物は，土地とは独立の不動産であるから（370・388・389参照），土地には付合しないと解されている。

242条本文によって付属物の所有権を失った所有者は，付属物の所有権を取得した不動産所有者に対し，償金を請求することができる（248）。

(2) 「従として付合した」の意味

物の分離・復旧による社会経済的損失の回避という趣旨からすれば，付属物または不動産を損傷するか過分の費用を出さなければ分離ができない状態にな

った場合（243参照）だけでなく，そこまで物理的に接合していなくても，分離・復旧すると社会経済上不利益になる場合も，「従として付合した」の要件を充足すると解される。これに対して，取引の安全の確保という趣旨を強調すれば，付属物が取引上の独立性を失ったと評価されるかどうかを基準にして判断することになる。

　もっとも，以上の抽象的な基準では，具体的で明確な結論を導くのは難しい。そこで，これらの趣旨を考慮しながら，具体的な事案ごとに検討していくべきであろう（(3)(4)参照）。

(3)　権原による付属

(a)　意　義

　物が不動産に従として付合した場合であっても，権原を有する者がその物を付属させたときは，付属物は不動産所有者の所有とはならず，付属させた者の所有にとどまる（242ただし書）。ここでいう権原とは，地上権・永小作権・土地賃借権など，他人の不動産に物を付属させてその不動産を利用する権利をいう。

(b)　強い付合と弱い付合

　242条ただし書の規定は，権原者の保護になるように見える。例えば，AがBからB所有の甲土地を賃借し農作物の種をまいた場合，Aは，同規定に基づき農作物の所有権を留保しており，後に甲土地の賃借権を失っても，農作物の所有権を主張して収穫することができるからである。

　ところが，Aが種をまいた直後に甲土地の賃借権を失ったとすると，Aは，種の所有権を留保しているがゆえに，Bから請求されたら種を収去しなければならない。しかし，このような収去はAに不可能を強いるに等しい。Aのような耕作者を保護するのであれば，種の所有権を甲土地に吸収させたほうが都合が良い。Aは種の所有者でなくなるからその収去義務を負わず，むしろBに償金を請求しうる（248）からである。他方で，独立性を認識できない種について独立の所有権を認め，甲土地と別個独立の取引客体とするのは，取引の安全の観点からも適切ではない。

　そこで，学説は，付属物が完全に独立性を失って不動産の構成部分になる場合（強い付合）と，付合しても独立性を失わない場合（弱い付合）とを分け，強い付合の場合には242条ただし書の適用はなく，弱い付合の場合にのみ同規定の適用があり，権原者が付属物の所有権を留保しうると解している。こう

解すると，Aの植えた農作物は，種の状態では甲土地の所有権に吸収されるが（強い付合），成熟に伴い独立性を獲得してAの所有に属するので（弱い付合），上述の不都合な結論を回避することができる。

(c) 権原の第三者への対抗

AがBからB所有の甲土地を賃借し立木を植えた場合，Aは，242条ただし書に基づいて自己に留保された立木の所有権を，第三者（立木について特に留保せずにBから甲土地を譲り受けたCなど）にも主張することができるだろうか。

多数説は，立木を所有権の客体として甲土地から独立させ，その所有権をAに帰属させることを一種の物権変動と捉えて，Aは，権原についての公示方法（上の例では土地賃借権の登記）あるいは付属物自体についての公示方法（上の例では立木についての明認方法）を備えていなければ，留保した立木の所有権を第三者たるCに対抗することができないとする（最判昭35・3・1民集14巻3号307頁参照）。

しかし，立木は当初からAに帰属し，BからAに譲渡されたわけではないから，AC間を対抗問題とは捉えられないことを理由に，立木について無権利のBと取引をしたCの保護は94条2項類推適用による説も有力である。

(4) **賃借人による建物の増改築と付合**

(a) 増改築部分の構造上・利用上の独立性と付合の成否

AがBから賃借したB所有の建物に増改築を行った場合，増改築部分の所有権は誰に帰属するだろうか。

付合を否定して増改築部分を独立の所有権の対象にすると，建物の一部に建物とは独立の所有権が成立するが，これを常に認めれば，所有権の客観的範囲が不明確となり取引の安全を害することになる。そこで，判例は，増改築部分に構造上・利用上の独立性（区分所有法1参照）が認められる場合には増改築部分に独立の所有権（区分所有権）が成立しうるが，この独立性が認められない場合には増改築部分は建物に付合すると解している（最判昭35・2・11判時214号22頁，最判昭38・10・29民集17巻9号1236頁，最判昭43・6・13民集22巻6号1183頁等）。

したがって，Aのした増改築部分に上述の独立性がない場合は，その増改築部分はBの建物所有権に吸収される。しかも，この場合には，242条ただし書の適用はなく常に付合すると解されており（上記(3)(b)で述べた強い付合のように考えているといえよう），たとえAがBから増改築について承諾を受けたとして

も，Ａが増改築部分の所有権を留保することはできないとされる（最判昭44・7・25民集23巻8号1627頁）。

(b)　増改築部分に構造上・利用上の独立性がある場合

多くの学説は，この場合には242条ただし書の適用があり（上記(3)(b)で述べた弱い付合のように考えているといえよう），付合が権原をもってなされたかを基準として，増改築部分についてＡの区分所有権が認められるかどうかを決する。

まず，Ａの有する建物賃借権は，権原には当たらないと解されている。建物賃借権は，増改築する権能や増改築部分を賃借人に留保する権能を賃借人に当然に与えているわけではないからである（606参照）。本来，242条ただし書の権原とは，農地の賃借人が農作物を土地に植えて収穫することを当然の内容とする農地賃借権のようなものを想定している（上記(3)(a)参照）。

次に，Ａが増改築するについてＢから承諾を得ていた場合に，この承諾を権原と見ることはできるだろうか。Ｂの承諾とは，Ａが増改築をしても用法遵守義務（616・594Ⅰ）の違反による債務不履行にはならないとするための承諾にすぎず，増改築部分の所有権をＡに留保する趣旨までは含んでいないのが通常である。そこで，Ｂの承諾にこのような趣旨まで含まれている場合に限り，Ｂの承諾が権原となり，増改築部分についてＡの区分所有権が認められると解されている（前掲・最判昭38・10・29参照）。

(c)　償金請求

増改築部分がＡの所有に留まるならば，ＡＢ間の賃貸借契約終了の際，Ａは，増改築部分を収去する権利があると同時に，Ｂから請求があればこれを収去する義務を負う（622・599ⅠⅡ）。

もっとも，上記(b)で述べた解釈によれば，多くの場合，建物所有者Ｂが増改築部分の所有権を取得するため，Ａは収去の義務を負わず，ＢもＡに収去を求めることはできない。以上の結論はＡにとって不利にも見える。しかし，Ａには，増改築の費用の償還をＢに請求する途がある。その根拠としては，248条の他，賃貸借に関する608条2項が考えられるが，608条2項は賃貸借における当事者間の利益衡量に基づいて特別に設けられた規定であるから，ＡＢ間のような賃貸借契約の当事者間では608条2項のみが適用されると解すべきである。したがって，増改築が有益であると評価される場合には，Ａは，その価格の増加が賃貸借終了時に現存する限りで，Ｂの選択に応じて，支出額か増価額のいずれかの償還をＢに対して請求することができる。この償還請求権は，

Bが建物の返還を受けた時から1年内に行使しなければならない（622・600Ⅰ）。なお，Bからその支払を受けるまで，Aは建物全体を留置することが可能である（295）。

このように見ると，増改築部分の所有権をBに取得させたほうが，Aにとっては，増改築部分の収去を請求されず，費用償還請求が可能である点で，かえってAのような建物賃借人の保護になるといえる（ただし，608条2項は任意規定であるから，AB間にBの償還義務を免除する趣旨の特約がある場合には，AのBに対する費用償還請求は認められない）。

3　動産の付合

所有者を異にする複数の動産が結合し，損傷しなければ分離することができないか，または分離に過分の費用を要するときは，その合成物の所有権は主たる動産の所有者に属する（243）。例えば，船体にエンジンが備え付けられて上述の状態になった場合，動産の付合が成立し，エンジンは船の所有者に帰属する。付合により所有権を失った者（エンジンの所有者）は，合成物の所有権を取得した者（船の所有者）に対し，償金を請求することができる（248）。

結合した動産のいずれが主たる動産であるかは，価格等を考慮しつつ社会通念に従って判断される。上の例では，船が主たる動産と評価されることが多いだろうが，エンジンのほうが著しく高価であれば，エンジンが主たる動産と評価され，エンジンの所有者が船を取得すると解する余地もある（大判昭18・5・25民集22巻411頁参照）。

ただし，結合した動産の間で主従の区別ができないときは，各動産の所有者は，付合当時の価格の割合に応じて合成物を共有する（244）。

なお，互いに主従の関係にないA所有の甲建物とB所有の乙建物が，その間の障壁を取り除くなどして1棟の丙建物になった場合（「合体」と呼ばれる）も，244条を類推適用し，ABは，合体当時の甲建物・乙建物の価格の割合に応じて丙建物を共有すると解されている。また，この場合において，甲建物にCの抵当権が設定されていたときは，247条2項を類推適用し，Cの抵当権は丙建物に対するAの共有持分権上に存続すると解されている（最判平6・1・25民集48巻1号18頁）。

4　混　和

混和とは，所有者の異なる複数の物が混ざり合って識別することができない状態になることをいう。例えば，金銭が混ざり合った場合や酒と水が混ざり合

った場合である。

動産の付合に関する243条・244条が準用される結果（245），混和した物について主従の区別ができる場合には混和物は主たる物の所有者に帰属し，主従の区別ができない場合にはそれぞれの物の所有者が混和当時の価格の割合に応じて混和物を共有する。例えば，ＡＢＣＤが宝くじ40枚を共同購入することにしＡがこれを購入したが，その際にＡも個人的に宝くじ10枚を購入し，両者が識別不可能となった場合，50枚全部につき出資の割合に応じた共有となり，当選くじの賞金も出資の割合に応じて分配される（盛岡地判昭57・4・30判タ469号210頁）。

5 加 工

(1) 要 件

加工とは，他人の動産（材料）に工作を加えて新たな物（加工物）を生じさせることをいう。Ａ所有の生地をＢが洋服に仕立てた場合や，Ｃ所有の小麦粉を使ってＤがパンを焼き上げた場合などがこれに当たる。

新たな物の成立を要件とするのが，判例（大判大8・11・26民録25輯2114頁等）・通説である。できあがった物が材料と同一性を有するのであれば，材料の所有者に帰属するのは当然であり，新たな物が生じたからこそ所有権が誰に帰属するかを規定する必要が出てくるからである。新たな物が生じたかどうかは，取引通念に従って判断される。もっとも，近時は，工作によって新たな価値を創造したこと（それゆえに加工者が所有権を取得しうること）を重視する観点から，新たな物の成立を緩やかに解する見解や，新たな価値の創造があれば加工の規定を適用してよいとする見解もある。

246条は動産の加工のみを対象とし，不動産には適用がない。したがって，不動産に工作が加えられても，加工者が下記(2)のルールにより所有権を取得することはない。

(2) 効 果

原則として，加工物の所有権は材料の所有者に帰属する（246Ⅰ本文）。この場合，加工者は，材料の所有者に対し，償金を請求することができる（248）。

これに対して，加工者が加工物の所有権を取得することがある。第1に，工作によって生じた価格が材料の価格を著しく超えるときである（246Ⅰただし書）。第2に，加工者が自己の材料も供した場合には，加工者の供した材料の価格と工作によって生じた価格の合計価格が他人（材料の所有者）の材料の価

格を超えるときである。これらの場合，材料の所有者は，加工者に対し，償金を請求することができる（248）。

　もっとも，所有権の帰属について材料の所有者と加工者との間に合意がある場合には，合意が優先すると解されている（上記1(2)参照）。実際上もそのような合意が存在することが多く，上記(1)の例でも，ＡＢ間・ＣＤ間の請負契約や雇用契約等の中に合意があろう。したがって，民法のルールが適用される場面は多くない（Ｃの小麦粉をＤが誤って使った場合など）。

6　添付の効果

(1)　分離・復旧請求の否定，権利の帰属・消滅，添付によって損失を受けた者の償金請求権

　添付の基本的な効果は既に各所で述べてきたが，まとめれば以下のようになる。

　添付（付合・混和・加工）の要件を満たすと，添付により新たに生じた物（合成物・混和物・加工物）が1個の物として所有権の客体となり，分離・復旧の請求は認められなくなる。以上に関する規定は，強行規定と解されている。

　添付によって新たに生じた物の所有者は，付合・混和・加工のそれぞれのルールに従って決定される。所有者となる者が新たに生じた物の所有権を原始取得する結果，所有者とならない者が有していた元の物の所有権は消滅する。この場合，所有権を失った元の物の所有者は，新たに生じた物の所有者に対し，不当利得の規定（703・704）に従い償金を請求することができる（248）。以上に関する規定は任意規定と解されるため，当事者間に別の合意があればそれに従う。

(2)　添付に関わる物の上に第三者の権利が存在している場合

　このような権利（制限物権や賃借権等）の扱いについて，247条は以下のように規定する。この規定は，第三者の権利に関わるため，強行規定と解されている。

　添付によって物の所有権が消滅したときは，その物の上に存在する権利も消滅する（247 I）。権利の客体が消滅したからである。権利を失った者は，これにより利得を受ける者（新たに生じた物の所有者など）に対し，償金を請求することができる（248）。なお，例えば，Ａの動産がＢの動産売買先取特権の対象になっている場合において，Ａの動産の所有権がＣの不動産への付合により消滅したときには，Ｂの動産売買先取特権も消滅するが，Ｂは，ＡがＣに対して

取得する248条に基づく償金請求権の上に物上代位権を行使し，そこからA
の他の債権者に優先して弁済を受けることができる（304）。

　これに対して，添付によって物の所有者が合成物・混和物・加工物（以下
「合成物等」という）の単独所有者となったときは，元の物の上に存在していた
権利は以後，合成物等の上に存続する。また，添付によって物の所有者が合成
物等の共有者となったときは，元の物の上に存在していた権利は以後，合成物
等に対する当該所有者の共有持分権の上に存続する（247Ⅱ）。

→→→　展開説明

第4節　建築工事における添付

　Aの建物を建築するためにAとの間で請負契約を結んだBが，自ら材料を提
供して建築工事を始めたが，不動産たる建物になっていない状態（「建前」と呼
ばれる）で工事を中止したので，AはBとの請負契約を解除した上でCと請負
契約を結び，Cがその建前に自ら材料を提供して工事を続行し，建物を完成さ
せたとする。この場合，建物の所有権は誰が取得するだろうか。

　ありうる法律構成として，Bが材料を提供して建設した建前である動産と，
Cが提供した材料である動産とが付合して建物（合成物）ができたと捉えるな
らば，動産の付合に関する243条・244条を適用することが考えられる。これ
によると，いずれの動産が主たる動産に当たるか（あるいは主従の区別ができな
いか）によって，建物の所有権の帰属先が決まる。

　これに対して，判例（最判昭54・1・25民集33巻1号26頁）は，加工に関
する246条2項が適用されるとした。「動産に動産を単純に附合させるだけで
そこに施される工作の価値を無視してもよい場合とは異なり，……材料に対し
て施される工作が特段の価値を有し，仕上げられた建物の価格が原材料のそれ
よりも相当程度増加するような場合には，むしろ民法の加工の規定に基づいて
所有権の帰属を決定するのが相当」だからである。そして，246条2項の適用
においては，Cの工事終了時を基準として，Cが施した工事および材料の価格
とBが建築した建前の価格とを比較し，前者の価格が後者の価格を超えるとき
は，加工者であるCが完成建物の所有権を取得するとされた。

第12章

所有権(3)
共　有

第1節　共同所有

→ 趣旨説明

1　共同所有の意義

　共同所有とは，１つの物を複数の者が所有することをいう。例えば，友人数人でヨットを購入してそれを数人で所有する場合，被相続人が所有していた不動産をその配偶者および子が共同で相続してそれを複数の相続人が所有する場合，一定の事業のために数人が出資して組合をつくりその組合の事務所として建物を購入して組合員数人で当該建物を所有する場合などがこれに当たる。また，今日においては，マンション等の区分所有建物の玄関ホールや廊下等の共用部分を区分所有者全員で所有する場合がある。このような共同所有の形態は必ずしも一様ではなく，一般に講学上，共有，合有，および総有の３つの形態に区分されている。また，マンション等の共有部分の共有は，建物区分所有法上の共有として，民法上の共有とは区別される（詳細は本章第７節参照）。

→→ 基本説明

2　共有・合有・総有

(1)　共　有

　上記の例で友人３人でヨットを共同購入した場合は，狭義の共有の関係にあたる。この場合には，各共有者は，目的物についてそれぞれが持分を有し（例えば各人３分の１ずつ），自己の持分を自由に処分でき，いつでも共有物の分割請求ができる。分割請求がなされた場合，他の共有者は分割に応じなければならない。民法の249条以下の共有の規定は，このような共同所有関係であり，やや誇張して言えば，民法上の共有は，分割が予定されている暫定的な結び付きである。各共有者の権利（「共有権」，「共有持分権」または「持分権」という）

は，基本的には所有権と異なるところはなく，ただ目的物が一個の物であるために相互に制約を受けているにすぎない。なお，区分所有建物の共用部分は，共有である（区分所有法11 I）が，共有物分割請求は認められない特殊な共有である（本章第7節参照）。

　共有の対象は物（有体物）であるが，民法の249条以下の共有の規定は，法令に特別の定めがある場合を除いて，所有権以外の財産権を数人で有する場合にも準用される。このような場合を準共有（264）という（詳細は第6節参照）。

　(2)　合　有

　先の例での組合の財産については，民法668条は「総組合員の共有に属する」と定めているが，学説は合有にあたると解している。合有の場合には，一定の共同目的の遂行のために団体的規制が働き，各組合員は，共同財産について，持分は有するが，その処分は組合に対抗できず，また，清算前に分割請求をすることができない（676，なお681参照）。処分や分割請求を許すと組合設立の目的である一定の事業が達成できない可能性があるからである。合有についての持分は，組合が解散する場合にのみ意味がある。なお，遺産分割前の共同相続財産については，合有であるとする学説も存在するが，通説および判例は，これを基本的に共有であるとしている（最判昭30・5・31民集9巻6号793頁は，相続財産の共有は，民法249条以下に規定する共有とその性質を異にするものではないとする）。

　(3)　総　有

　総有は，村落共同体の構成員が入会地（共同で利用する山林原野）を全員で所有する場合（263）がその典型である。この場合は，伝統的な村落共同体の存在を前提として，入会地はこの集団の構成員全員に一体的に帰属する。各構成員には，薪炭を拾ったり，キノコを採取したり，狩猟したりするなどの慣習に従った入会地を使用・収益する権利（入会権）が認められるが，各構成員は，入会地についての持分を有せず，したがって，持分の処分や分割請求をすることはできない（ただし，持分の処分や分割請求は認められないが，構成員は持分を有すると解する見解もある）。入会権は村落共同体の構成員である地位と不可分に結び付いているから，構成員が村落共同体から離脱した場合（住所地を移転した場合）には，この権利も失われる。

　権利能力のない社団の財産についても，その社団を構成する総社員に総有的に帰属するものと解されている。判例は，これを前提に，権利能力のない社団

の社員は当然に持分権・分割請求権を有するものではないとする（最判昭32・11・14民集11巻12号1943頁）。

以下では，これら3つの共同所有関係のうち，共有（狭義の共有）のみを取り上げる。

→→ 基本説明

第2節　共有の法律構成（共有権・持分権）

1　持分権

各共有者が目的物に対して有する権利を「持分権」（または「共有権」，「共有持分権」）という。持分権は，基本的に単独の所有権と同一の権利であって，その効力は共有物の全体に及ぶ（249）。ただ，その権利者が複数いることにより相互に制約を受けている。各共有者は，他の共有者に対し，単独で，持分権の存在や範囲についての確認を請求することができ，また，他の共有者により持分権が侵害されるような場合には，その差止め・妨害排除を請求することができる（後述）。

なお，民法で「持分」という場合に，持分権を意味するとき（252，255）と，持分の割合（次に述べる）を意味しているとき（249，250，253，261）とがある。

2　持分の割合

各共有者の持分の割合は，共有者間の約定（明確な約定がなくても，例えば共同でヨットを購入した場合にはその出資の割合による）または法律の規定によって決まるが，それが明らかでないときには，相互に等しいものと推定される（250）。不動産につき共有の登記をする際には持分の割合を記載しなければならない（不動産登記法59条4号は，「登記名義人が2人以上であるときは当該権利の登記名義人ごとの持分」を記載すべき登記事項としている）。

共有者の一人が持分を放棄し，または相続人なくして死亡したときは，その者の持分は，持分の比率に応じて他の共有者に帰属する（255）。ただし，共有者の一人が相続人なしに死亡した場合には，その持分は特別縁故者がいるときにはその財産分与の対象となる。すなわち，相続人不存在が確定した場合に，相続債権者や受遺者に対する清算手続が終了したときは，家庭裁判所は，被相続人と生計を同じくしていた者，被相続人の療養看護に努めた者，その他被相続人と特別の縁故があった者の請求によって，これらの者に清算後残存すべき

相続財産の全部または一部を与えることができるとされ（958の3Ⅰ），判例によると，その共有持分は，他の相続財産と共に特別縁故者に対する財産分与の対象となり，この者に対する財産分与がされず，当該共有持分が承継すべき者のないまま相続財産として残存することが確定したときにはじめて，255条により他の共有者に帰属するとされる（最判平元・11・24民集43巻10号1220頁）。

第3節　共有の対内的関係

➤➤ 基本説明

1　共有物の管理

(1)　共有物の使用

　各共有者は，その持分の割合に応じて共有物の全部を使用できる（249）。共有物の使用につき全員の合意によりその具体的方法が定まっている場合にはそれに従うが，この場合でも，各共有者の持分の割合に応じた共有物全部の使用権が考慮されなければならない。例えば，共同で購入したヨットについて，共有者間で特にその使用方法について約定がなければ，各自が単独でそれを使用できるが，その使用頻度や使用時期等については，各自の持分の割合による。各共有者がいつ使用するか等について共有者間の協議が調わないときには，持分の割合での過半数決議による。

　一般的には，共同購入等の特定承継によって共有関係が生ずる場合には，その際に全員の合意によって当該共有物の使用の具体的方法が定まっているが，相続等の一般承継（包括承継）によって共有関係が生ずる場合には，相続後，遺産分割がなされるまでの間は，原則として，各共有者の持分の割合の過半数の決議によって共有物の具体的使用方法が決せられることになる（ただし，次の判例参照。そして，この点については，後に2(1)でさらに述べる）。

　なお，判例として，内縁の夫婦がその共有する不動産を居住または共同事業のために共同で使用してきたが，内夫の死亡後は内妻が同不動産を単独で占有使用している事案について，特段の事情のない限り，両者の間において，その一方が死亡した後は他方が同不動産を単独で使用する旨の合意が成立していたものと推認されるとして，内夫の相続人からの内妻に対する不当利得返還請求を否定したものがある（最判平10・2・26民集52巻1号255頁）。内夫の内妻との合意の内容が，内夫の相続人に承継されるとしたのである。

(2) 共有物の管理の態様

共有物の管理に関しては，当該行為が保存行為に当たるか，一般の管理行為に当たるか，それとも変更に当たるかによって，共有者間で異なった調整が必要になる。

(a) 保存行為

保存行為については，各共有者が単独でこれをすることができ，他の共有者の同意は必要ない（252 ただし書）。共有物の修繕などが保存行為に当たる。また，共有物についての妨害排除請求や返還請求も保存行為に当たる。保存行為のために費用を支出した共有者は，その費用の支払を他の共有者に請求できる。

(b) 一般の管理行為

一般の管理に関する事項は，持分の価格の過半数で決定される（252 本文）。民法 252 条本文でいう「持分の価格」とは，持分の割合のことである。同一持分の価格が異なることは考えられないからである。

共有者間での共有物の利用や改良（著しい変更に該当するものを除く）に関する事項（例えば，共有のヨットの利用方法，保管場所の決定，装備・設備の更新・追加等）がこれに当たる。

共有物についての賃借権や地上権の設定が管理行為に当たるかどうかは，議論があるところであるが，少なくとも借地借家法の適用のあるものについては，共有物に重大な変化をもたらすことから次の「共有物の変更」と考えるべきであろう。

家屋の使用貸主が死亡した場合に共同相続人たるその家屋の共有者が使用貸借を解除することや，共有物を目的とする賃貸者契約につき解除事由がある場合に賃貸人たる共有者が同契約を解除することは，管理行為に当たる。

前者の場合について，判例は，共同相続人の一人が相続財産である家屋の使用借主である場合に，他の共同相続人がこの使用貸借を解除することは 252 条でいう管理に関する事項であるとし，当該事案では使用借主たる共有者を含む持分の過半数の決議がないとして，解除の効力を認めなかった（最判昭 29・3・12 民集 8 巻 3 号 696 頁）。後者の場合について，判例は，賃貸借契約を解除することは 252 条でいう管理に関する事項であるとしつつ，民法 544 条 1 項の解除権の不可分性の規定は適用されないとした（最判昭 39・2・25 民集 18 巻 2 号 329 頁）。

(c) 共有物の変更

　共有物の変更には，共有者全員の合意が必要である（251）。農地の宅地への変更，建物の増改築や建替えなど共有物の形状または効用を著しく変更する場合（これに対して，農地の田んぼから畑への転作や，建物の経年に伴う修繕等については，一般的には，一般の管理に当たると解せよう）のほか，共有物の処分（売却，抵当権の設定等）がこれに当たる。判例は，相続による共有持分権を取得した者の相続人Aが他の共同相続人Bに無断で，畑として利用されていた共有土地につき建物を建築する目的で宅地化したため，BがAに対して同土地を原状に復元することを請求した事案について，宅地への変更は共有物の変更に当たり，AがBの同意を得ることなく共有物に変更を加える行為は，共有物の性状を物理的に変更することにより他の共有者の共有持分権を侵害するものにほかないから，Bは，自己の共有持分権に基づいて，変更行為の全部の禁止を求めることができるだけではなく，同行為により生じた結果を除去して共有物を原状に復させることも求めることができるとした（最判平10・3・24判時1641号80頁。Aは共有者として同土地を使用する権原があるからBの妨害排除請求は認められないとした原審の判断を斥けた）。

(3) 共有物の負担

　各共有者は，その持分に応じて管理の費用を払い，その他共有物の負担（公租公課など）に任ずる（253 I）。共有物を維持・管理するにあたっては費用の支出が必要な場合が多く，その負担を一部の共有者のみにさせておくことは許されない。そこで，民法は，共有者が催告後1年内に管理費用その他の負担の義務を履行しないときは，他の共有者は，相当の償金を払ってその者の持分を取得することができるとして（253 II），その者を共有関係から排除することを認めた。また，共有物の分割時にその義務を履行していない者（他の共有者に共有に関する債務を負っている者）があるときは，その者に帰属すべき共有物の部分をもって，費用等を立て替えた共有者（他の共有者に対し共有物に関し債権を有している者）は，自己の債権への弁済とすることができ（259 I），さらに，その弁済を受けるため債務者に帰属すべき共有物の部分を売却する必要があるときは，その売却を請求することができる（同条II）。

　共有者の一人が共有物につき他の共有者に対して有する債権は，特定承継人に対しても行使することができる（254）。持分の譲受人は，共有物の管理費用の負担や使用・管理方法に関する特約などを譲渡人から当然に承継する。判例

は，Aらの共有する土地についてその共有持分の一部を譲り受けたBが，Aらとの間で，共有者内部においては土地を実際上分割してその部分はBが独占的に使用し，後に分筆登記が可能になったときは直ちにその登記をなすことを約していた事案について，その後同土地につきAらから共有持分を譲り受けた第三者Cは254条の特定承継人に該当し，上記共有地分割契約上の債務を承継するとした（最判昭34・11・26民集13巻12号1550頁）。

なお，254条の趣旨は，管理費用を立て替えた共有者等の保護を強化することにあるが，立法論としては，第三者に不測の損害を及ぼすおそれがあることから，同規定の存在を疑問視する見解も少なくない。

(4) 持分権の処分

共有持分権の内容は所有権であるから，各共有者は，自己の持分権を自由に譲渡し処分することができる。自己の持分権につき抵当権等の担保権を設定することも自由にできる。その場合に，担保権者は，その持分権の価値を把握するが，担保権が実行されたときには，持分権の買受人（競落人）は，共有者として直ちに共有物の分割を請求することも可能である。共有者間で持分権の譲渡や担保権の設定を禁止する特約をしても，第三者には対抗できない。

ただ，持分権に質権を設定したり，用益物権を設定することは認められない。質権の設定のためには目的物の引渡しを要件とし（342），また，用益物権は目的物たる土地の具体的使用・収益を伴うからである。

共有者は，自己の持分を超える権利を第三者に譲渡することができない。判例は，不動産の共有者の一人が他の共有者に無断で単独所有名義の登記をした上で同不動産を第三者に譲渡し所有権移転登記をなした場合について，他の共有者は，第三者に対し，自己の持分につきその取得を否定でき，更正登記を請求できるとした（最判昭38・2・22民集17巻1号235頁）。

→→→ 展開説明

2 共有者間の明渡請求

(1) 多数持分権者の少数持分権者に対する明渡請求の可否

共有物の共有者は，共有物の全部について自己の持分に応じた使用収益権を有しているので（249），第三者が共有物の占有を侵害している場合には，自己の持分権に基づき，単独で妨害排除または返還請求（不動産であれば明渡請求）をすることができる。それでは，共有者の一部が他の共有者に無断で共有物を占有している場合はどうか。

共有物の管理との関係で，特に，共有物の持分の過半数を有する共有者が，共有物を占有している他の共有者（少数持分権者）に対して明渡請求権を有する否かが問題となる。判例は，共同相続人間の次のような事案について，原審が明渡請求を肯定したのに対し，下記のように判示してこれを否定した（最判昭41・5・19民集20巻5号947頁）。すなわち，Aがその所有する土地上の建物に自分の営む指物師の後継者として次男Yを住まわせ，Aは妻X₁とともに別の所に住んでいたところ，Aの死亡によって，同土地・建物は，X₁（持分3分の1），その子X₂ら7名（持分各12分の1）およびY（持分12分の1）が共同相続した場合において，X₁およびX₂がYに対して建物の明渡請求をした事案について，最高裁は，「共同相続に基づく共有者の一人であって，その持分の価格が共有物の価格の過半数に満たない者（以下単に少数持分権者という）は，他の共有者の協議を経ないで当然に共有物（本件建物）を単独で占有する権限を有するものでないことは，原判決の説示するとおりであるが，他方，他のすべての相続人らがその共有持分を合計すると，その価格が共有物の価格の過半数をこえるからといって（以下このような共有持分権者を多数持分権者という），共有物を現に占有する前記少数持分権者に対し，当然にその明渡を請求することができるものではない。けだし，このような場合，右の少数持分権者は自己の持分によって，共有物を使用収益する権限を有し，これに基づいて共有物を占有するものと認められるからである。従って，この場合，多数持分権者が少数持分権者に対して共有物の明渡を求めることができるためには，その明渡を求める理由を主張し立証しなければならないのである」と判示し，本件では，このような主張・立証はなされていないとして，X₁およびX₂のYに対する明渡請求を棄却した。

　学説も一般的にこれを支持する。ただ，学説は，判例がいうXらが明渡しを求めることができるためには明渡しを求める理由を主張し立証しなければならないという点については疑問としている。すなわち，Xらの明渡請求については結局はその相続分の限度においてYと共同占有すべきことを求めることになるであろうとした上で，ただ，Yが被相続人の生前からその業を継ぐ者として建物に居住してきているという当該事案のような事情のもとにあっては，共同相続人による建物管理についての協議によってその者に居住せしめないという決定をしない限り，遺産分割までは，Yの居住を侵すことになるXらの多数持分権者の請求は信義則上許されないと説く。また，判例にいう「明渡を求める

理由」は共同相続人による多数決による決議を意味するのであろうかとしつつ，しかし，共同相続財産については，これだけでは足りず，全員一致（分割の手続または管理の手続）を要すると解したい，と説くものもある。結局，本件のような事案の法的解決は，明渡請求によるのではなく，遺産分割によることになろう。

(2) 単独占有者に対する不当利得返還請求等

　上記のように一部の共有者が共有物を単独で占有している場合に，他の共有者は，共有物の占有者に対して，明渡請求ができないとしても，その占有によって他の共有者の損失のもとに不当に利得を得ているから，不当利得返還請求権（703・704）に基づいて金銭の支払を求めることができる。判例は，土地の共有者の一部の者が同土地を単独で占有している場合について，同土地を単独で占有できる特段の事情（共有者間の協議等）がない限り，当該占有によって他の共有者の持分に応じた使用が妨げられているとして，他の共有者は，当該占有者に対して，持分割合に応じた占有部分に係る地代相当額の不当利得金ないし損害賠償金の支払を請求することができるとした（最判平12・4・7判時1713号50頁）。

　ただし，他方で，判例は，「共同相続人の一人が相続開始前から被相続人の許諾を得て遺産である建物において被相続人と同居してきたときは，特段の事情のない限り，被相続人と右同居の相続人との間において，被相続人が死亡し相続が開始した後も，遺産分割により右建物の所有関係が最終的に確定するまでの間は，引き続き右同居の相続人にこれを無償で使用させる旨の合意があったものと推認されるのであって，被相続人が死亡した場合は，この時から少なくとも遺産分割終了までの間は，被相続人の地位を承継した他の相続人等が貸主となり，右同居の相続人を借主とする右建物の使用貸借契約関係が存続することになるものというべきである」として，同居の相続人に対する他の共同相続人の不当利得返還請求権に基づく賃料相当額の支払請求を否定した（最判平8・12・17民集50巻10号2778頁）。

　上の判例法理は，配偶者が相続開始時に被相続人所有の建物に居住していた場合には，原則として，遺産分割終了までは被相続人の地位を承継した他の相続人と配偶者との間の使用貸借を推認するものであるが，この法理では，①居住建物が第三者に遺贈されてしまった場合や②被相続人が反対の意思を表示した場合には，使用貸借が推認されず，配偶者は保護されないことになる。そこ

で，2018年の改正相続法（平成30年法律第72号，同年7月13日公布，2020年4月1日施行）は，上の①や②の場合であっても，配偶者は，常に最低6か月は居住が保護されるものとした（1037）。

第4節　共有の対外的主張

➤➤ 基本説明

1　共有持分権に基づく主張と共有権の確認

各共有者が第三者に対して権利を主張する場合には，これを単独で行使できるときと，全員でなければ行使できないときとがある。

(1)　共有持分権に基づく主張

共有持分権の内容は所有権であるので，自己の持分権に基づいて第三者に権利を主張する場合には，これを単独で行使することができる。判例は，土地の各共有者は，当該土地の一部が自己の所有に属すると主張する第三者に対し，その持分権に基づき単独で，当該土地が自己の共有持分権に属することの確認を訴求することができるとする（最判昭40・5・20民集19巻4号859頁）。また，共有物に対する妨害の排除請求，共有物の返還請求，および不法登記の抹消請求・更正登記の請求などは，各共有者が単独ですることができる（更正登記請求につき前掲・最判昭38・2・22，不法登記の抹消請求につき最判昭31・5・10民集10巻5号487頁。なお，後述の**2**(1)(2)参照）。これらの場合に，判決の既判力は他の共有者には及ばない。

上述のように，第三者に対する妨害排除請求や共有物返還請求については，各共有者が自己の持分に基づいて共有物全体につきすることができるが，第三者の違法行為を理由とする損害賠償請求については，金銭債権として各共有者に持分の割合に応じて分割帰属するから，各共有者は，単独では自己の持分相当額の損害賠償請求しかなし得ない（最判昭41・3・3判時443号32頁，最判昭51・9・7判時831号35頁）。

(2)　共有関係の主張（共有権の確認）

共有者が共有関係にあることを第三者に主張する場合には，共有者全員につき一体的に確定する必要があることから，固有必要的共同訴訟として，共有者の全員が原告とならなければならない。共有物の所有権確認の訴え（大判大5・6・13民録22輯1200頁）や，共有地の境界（筆界）確定の訴え（最判昭

46・12・9民集25巻9号1457頁）がこれに当たる。なお，後者の場合に関連して，土地の共有者のなかに境界（筆界）確定の訴えを提起することに同調しない者がいる場合には，その他の共有者は，その者と隣地所有者とを被告として同訴えを提起することができる（最判平11・11・9民集53巻8号1421頁）。

また，不動産に抵当権が設定されている場合に，同不動産の共有持分を取得した第三者が単独で抵当権の滌除（抵当権消滅請求）をすることは許されない（最判平9・6・5民集51巻5号2096頁）。

➡➡➡ 展開説明

2　第三者に対する明渡請求・登記抹消請求

(1)　共有者から共有物の占有使用を承認された第三者に対する明渡請求

先に見たように（第3節**2**(1)参照），共有物の多数持分権者であっても，共有物を占有している他の共有者（少数持分権者）に対して明渡請求をすることはできない（前掲・最判昭41・5・19）。それでは，共有者の一部から共有物の占有使用を承認された第三者に対して，他の共有者は，明渡請求をすることはできるか。判例は，共同相続人4名の共有者のうち3名（持分合計4分の3）が共有地の一部を第三者に売り渡し第三者が建物を建築した場合に，当該売買契約は具体的な土地の範囲が確定しないが，第三者の敷地の占有は，売買契約の履行過程における3名の共有者の承認に基づくものであり，その承認が他の1名の少数持分権者の協議を経ないものであっても，少数持分権者は，自己の持分権に基づく持分権侵害に対する排除請求として当然には，このような第三者に対し，建物を収去してその敷地部分を明け渡すことを求めることはできないとした（最判昭57・6・17判時1054号85頁）。

また，共同相続人4名の共有者のうち3名（持分合計4分の3）が第三者に共同相続人4名の共有物である病院建物を期間10年で使用貸借した場合に，他の1名の共有者が，同建物を使用している第三者に対し，自己の持分権に基づき建物の明渡しを請求した場合において，前掲・最判昭57・6・17と同様に同請求を否定し，また，このことは，第三者の占有使用を承認した原因が共有物の管理または処分のいずれに属する事項であるかによって結論を異にするものではないとした（最判昭63・5・20判時1277号116頁）。上の2つの判例の場合において，第三者の占有使用は，共有者の持分権に基づく限度で正当な権原によるものであるとするのが判例の立場である。

(2) 第三者に対する登記抹消請求

(a) 不実の単独所有名義：無権利者名義型と共有者名義型

共有不動産について実体上の権利と合致しない単独所有名義の登記がされている場合に，共有者の一人が単独でその不実登記の抹消または更正を求めることができるかについては，無権利者名義型（全くの無権利の第三者が単独所有名義の登記をしている場合）と，共有者名義型（共有者の一人が単独名義の登記をしている場合）の2類型の判例がある。前者の類型については，無権利者たる登記名義人に対し，各共有者は，自己の持分権に対する妨害の排除請求として単独で当該登記の全部の抹消を求めることができるとした（前掲・最判昭31・5・10）。他方，後者の類型については，単独名義の登記をした共有者に対し，他の共有者が自己の持分権に対する妨害の排除を請求できるのは，自己の持分に関しての一部抹消（更正）登記手続であるとした（最判昭59・4・24判時1120号38頁）。

(b) 不実の持分移転登記

上記の判例の後において，以下のような事案において，不実の持分移転登記を了している者に対し，共有者の一人が，自己の持分権に基づいて同登記の抹消登記手続を請求することができるかが問題とされた。その事案は，被相続人Aの土地がX₁，X₂，B，Cの4名に共同相続されたが，Aの死亡はCの殺害によるものであった事情の下で（事実審口頭弁論終結時においてはCの刑は未確定でCは相続欠格者にはなっておらず，その後，上告審係属中に無期懲役刑が確定した。），Aの死亡直後に，Cが同土地につきAの相続人4名の持分を各4分の1とする相続登記をした上で，Cの持分についてCの債権者Yに対して代物弁済を原因として持分移転登記をした場合に（登記簿上の持分割合は，X₁，X₂〔以下，「Xら」という。〕，B，Yが各4分の1），Xらが，Yに対し，CからYに対する上記持分の代物弁済は虚偽表示または公序良俗違反により無効であるとして，持分移転登記の抹消登記手続を請求したものであった。

原審が，CからYへの持分の譲渡が無効であるとしても，Xらの各4分の1の持分権はYの不実の登記によって何ら侵害されていないから，Xらは持分権に基づく保存行為としてYに対し登記の抹消を求めることはできないとしてXらの請求を棄却したのに対して，最高裁は，Xらは，共有不動産に対する妨害状態を生じさせた不実の持分移転登記を経由しているYに対し，前掲・最判昭31・5・10を引用しつつ，その持分権に基づき，単独でその持分移転登記の

抹消登記手続を請求することができると判示した（最判平 15・7・11 民集 57 巻 7 号 787 頁）。

最高裁は，以上のように判示して，原判決を破棄し，CからYへの持分の譲渡が無効かどうかにつき審理を尽くさせるために原審に差し戻した（Cが欠格者となった事実は，事実審口頭弁論終結後の事実であるから，上告審がこれを考慮することはできない）。差戻審で，上記譲渡の無効を理由にY名義の持分移転登記につき抹消登記手続が認められた場合には，Xらが抹消登記を申請した後に，Xらその他の相続人のいずれかが，Cを除外した真正な相続人3名の相続を原因とする所有権移転登記（持分3分の1ずつ）をすることができると解されよう（不登 63 II，民 252 ただし書）。

(c) 不実の共有持分保存登記

さらに，その後の判例では，X・Aが共有に属する不動産につき，X・A・Yを共有者とする所有権保存登記がなされた場合において，XがYに対してする，Yの持分に関する部分の抹消登記手続請求は，抹消登記・更正登記のいずれの方法によるべきかが問題とされた。同判決の事案は，被相続人の所有であった建物につき，相続人であるBとYとの間の遺産分割協議によってBが取得することとなったが，その後，Bが死亡し，同建物は，Bの妻 X₁ が持分の2分の1，Bの2人の子である X₂ と訴外Aがそれぞれ持分の4分の1を相続したところ，同建物については，Yの持分を2分の1，X₁ の持分を4分の1，X₂ とAの持分をそれぞれ8分の1とする所有権保存登記がなされたというものであった。X₁ および X₂（上記X。以下Xらという）は，Yに対し，共有持分権に基づき，本件建物の保存登記のうち，Yの共有持分に関する部分の抹消登記手続を求めた。

第一審および原審は，XらのYに対する所有権保存登記の抹消登記手続を認めたが，最高裁に，「Xらの本件登記部分の抹消登記手続請求が意図するところは，Yが持分を有するものとして権利関係が表示されている本件保存登記を，Yが持分を有しないものに是正することを求めるものにほかならず，Xらの請求は，本件登記部分を実体的権利に合致させるための更正登記手続を求める趣旨を含むものと解することができる」。「共有不動産につき，持分を有しない者がこれを有するものとして共有名義の所有権保存登記がされている場合，共有者の一人は，その持分に対する妨害排除として，登記を実体的権利に合致させるため，持分を有しない登記名義人に対し，自己の持分についての更正登記手

続を求めることができるにとどまり，他の共有者の持分についての更正登記手続までを求めることはできない……。したがって，Xらの請求は，X_1 の持分を2分の1，X_2 の持分を4分の1，Y及びAの持分を各8分の1とする所有権保存登記への更正登記手続を求める限度で理由があるからこれを認容し，その余は理由がないから棄却すべきである」と判示した（最判平22・4・20判時2078号22頁）。

　Xらが求めているのは，無権利者Yの2分の1の持分の登記の抹消のみである。しかし，このような一個の登記の一部のみの抹消登記手続は不動産登記法上許容されない。そこで，Xらの請求は，Yが持分を有しないものに是正し，Yの登記部分を実体的権利に合致させるための更正登記手続を求める趣旨を含むものと解することができる。ただ，Xらは，Yに対し，X_1 の持分を2分の1，X_2 の持分を4分の1とする所有権保存登記への更正登記手続を求めることができるにとどまり，Aの持分についての更正登記手続までを求めることはできない。したがって，YおよびAの持分は各8分の1となり実体とに符号しないことになるが，そのことはやむを得ず，Aは自ら訴えを提起することになる。

　判例は，前述のように（2(2)(a)(b)），無権利者名義型においては，共有者の一人が単独で所有権移転登記の全部の抹消を求めうるとし（前掲・最判昭31・5・10，最判平15・7・11），共有者名義型においては，勝手に単独名義にした共有者に対し，他の共有者は，自己の持分についてのみ一部抹消（更正）登記手続を求めうるとした（前掲・最判昭59・4・24）。後者の場合には，当該登記は，登記名義人の持分の限りで有効なので，抹消登記は認められず，もっぱら同一の登記内において更正登記の方法で一部訂正するというのである。最高裁平成22年判決の事案では，Yは無権利者であるが，Yは単独名義ではなく，X_1，X_2，Aと共に共有者として登記されているので，X_1，X_2，Aの現在の持分名義を消去せずに同一登記内で更正をすべきであるから，共有者名義型として処理したのである。

第5節　共有物の分割

→→ 基本説明

1　分割請求

(1)　分割請求権

　各共有者は，いつでも共有物の分割を請求することができる（256 I 本文）。改正前の森林法186条は，各共有者の持分の価格に従って過半数をもってする以外の分割方法を禁止していた。最高裁大法廷判決は，このような定めは憲法29条2項に違反し無効であるとした（最大判昭62・4・22民集41巻3号408頁）。

　ただし，共有者間で一定期間の分割禁止の合意をすることはできる。分割禁止の期間は5年を超えることはできない（256 I ただし書）。不分割契約は更新が可能だが，その場合も同様である（同条 II）。なお，不分割契約も，254条の「債権」に含まれるが，不動産に関する不分割の合意は，その旨の登記がない限りは，特定承継人に対抗できないと解される。

(2)　分割の手続・方法

　分割の手続・方法については，共有者間での協議が調う限り，特に制約はない。①共有物の現物分割，②共有物を第三者に売却した上での売買代金の分割，③一部の共有者が共有物を取得し，他の共有者がその者から代価を受け取る方法（価格賠償）など，いずれの方法でもよい。

　協議が調わないときには，分割を欲する共有者が裁判所に請求し，裁判所が決定する（258 I）。この場合は，他の共有者全員を被告とする固有必要的共同訴訟となる。裁判所は，現物分割を基本とするが，これができない場合または分割によって著しくその価格を損するおそれがあるときは，目的物の競売を命ずることができる（同条 II）。共有者は競売代金を分割して取得する。

(3)　分割の効果

　分割により共有関係は解消し，各共有者は，分割時から，各自が取得した部分又は金銭の単独の所有者となる（遺産分割の場合には分割の効果は遡及する（909））。分割は，実質的には共有者間での交換または売買であると考えられることから，各共有者は，他の共有者に対し，その持分に応じて売主と同様の担保責任を負う（261。なお561以下参照）。

　例えば，2分の1ずつの持分を有する200平方メートルの共有地につき

A・Bで分割をした後に，Aの土地が実際には95平方メートルしかなかった場合に，Aは，Bに対して，解除（分割のやり直し），または，土地の不足分相当額の損害賠償請求をすることができる。

分割については，後日争いが生じやすいことから，分割者は，分割後その受けた物に関する証書を保存し，他の分割者の請求があればその証書を使用させなければならない（その詳細は262条を参照）。

(4) 共有物に関し権利を有する者の保護

(a) 分割への参加

共有物の分割においては，共有物につき地上権，賃借権，担保物権などの権利を有する者および各共有者の債権者が，分割方法のいかんによってはその利益を害されるおそれがある。そこで，これらの者は，自己の費用で（例えば旅費等は自己で負担して），分割に参加して意見を述べることができる（260 I）。共有者の側に分割の通知をする義務はない（立法的にはこれを義務付けるべきであろう）が，参加の請求があったにもかかわらず，その参加を待たないで行った分割は，参加を請求した者に対抗することができない（同条II）。ただし，共有者は，分割に当たり参加者の意見に拘束されない。

(b) 共有持分上の抵当権等の帰趨

共有物につき共有者の1人の持分上に担保物権が設定されていた場合に，共有物の分割後にその担保物権がどのようになるかが問題となる。例えば，A・Bの共有地においてAの持分上にCのために抵当権が設定されていた場合について考えてみよう。まず，①AがBに価格賠償して共有地全部を取得した場合には，Cの抵当権は，元のAの持分権の範囲で，土地全体の上に存続する。この点については別段問題は生じない。次に，②Aが共有地の一部を取得した場合には問題が生じうる。学説のなかには，Cの抵当権はAの取得した土地に集中して存続すると説くものもあるが，通説・判例は，Cが分割に参加してその旨を承諾したのでない限り，抵当権は，元の持分の割合において分割後も同土地全体に（Bの共有していた土地部分にも）存続すると解している（大判昭17・4・24民集21巻447頁）。また，③Aが持分の代価のみを取得した場合にも問題が生じうる。学説のなかには，Cの抵当権については，その代価に対する物上代位（304，372）のみが認められるとするものもあるが，通説は，Cの抵当権は，なお元の持分の割合においてBの共有する土地にも存続すると解している。すなわち，通説は，②，③の場合においても，分割の方法によって抵当権

者が不測の不利益を被ることがないように解すべきであるとし，各共有者は，このような分割後の負担をも受忍すべきであると考えている。

→→→ 展開説明

2　共有物の分割方法

共有物の分割方法につき協議が調わないときには，上述のように，裁判分割（258 I）となり，裁判所は，現物分割を基本とするが，目的物の競売を命ずることができる（同条II）。それでは，裁判所は，現物分割や競売による金銭分割以外の分割方法を決定することはできないのか。

判例は，共有者の1人が分割請求をしたが他の者が分割を欲していないような場合については，当該請求者に対してのみ持分の限度で現物分割をし，その余は他の共有として残す方法も許されるとする（最大判昭62・4・22民集41巻3号408頁）。また，共有物を共有者のうち1人の単独所有（または数人の共有）とし，この者から他の共有者に持分の価格を賠償させる方法，すなわち全面的価格賠償の方法によることも許されるとする（最判平8・10・31民集50巻9号2563頁）。

上記の最高裁平成8年判決の事案は，Xら4名とYは建物およびその敷地を共有していたところ，Yは同建物に居住し隣接建物で薬局を営んでいたが，Xらは他に居宅を有していた事情の下で，XらがYに対し分割協議を求めたが，Yがこれに応じないため，Xらが共有物分割を求めて提訴したものである。Xらは，分割方法として上記建物と敷地とを競売することによる分割を希望したが，Yは，自らが本件不動産を単独で取得し，Xらに対してその持分の価格を賠償（価格賠償）する方法による分割を希望した。最高裁は，民法258条2項による裁判所による共有物分割の本質は非訟事件であり，同規定はすべての場合に共有物分割の方法を現物分割または競売による分割に限定し，他の方法を否定した趣旨ではないとした上で，次のように判示した。「裁判所としては，現物分割をするに当たって，持分の価格以上の現物を取得する共有者に当該超過分の対価を支払わせ，過不足の調整をすることができる（〔最大判昭62・4・22民集41巻3号408〕……頁参照）……のみならず，当該共有物の性質及び形状，共有関係の発生原因，共有者の数及び持分の割合，共有物の利用状況及び分割された場合の経済的価値，分割方法についての共有者の希望及びその合理性の有無等の事情を総合的に考慮し，当該共有物を共有者のうちの特定の者に取得させるのが相当であると認められ，かつ，その価格が適正に評価され，

当該共有物を取得する者に支払能力があって，他の共有者にはその持分の価格を取得させることとしても共有者間の実質的公平を害しないと認められる特段の事情が存するときは，共有物を共有者のうちの一人の単独所有又は数人の共有とし，これらの者から他の共有者に対して持分の価格を賠償させる方法，すなわち全面的価格賠償の方法による分割をすることも許されるものというべきである」。ここで注意を要するのは，全面的価格賠償の方法による分割が認められるのは，共有者間の実質的公平を害しないと認められる特段の事情が存するときに限られ，その特段の事情については，全面的価格賠償をする共有者の側が主張・立証する必要があるという点である。

→→ 基本説明

第6節　準共有

　共有に関する規定は，数人で所有権以外の財産権（用益物権，担保物権，無体財産権等）を有する場合について準用する（264 本文）。例えば，数人が土地所有者との間で地上権，賃借権または使用借権の設定をした場合に，その数人がこれらの財産権を準共有し，持分の割合の推定（250）や当該土地の管理（251，252）など共有に関する規定が準用される。ただし，法令に特別の定めがあるときは，この限りでない（264 ただし書）。例えば，賃借権や使用借権以外の民法上の債権については，427 条以下に特別の定め（427 条の分割債権・分割債務に関する規定，428 条の不可分債権に関する規定）があり，共有の規定の適用は排除され，これらの規定が適用される。

→→ 基本説明

第7節　建物の区分所有

1　区分所有建物の権利関係

(1)　区分所有権

　区分所有建物に関する権利は，次に述べるように，建物の「専有部分」についての単独の所有権（「区分所有権」）と「共用部分」についての共有持分権，および建物の敷地についての権利（「敷地利用権」）からなっている。

　一棟の建物に構造上区分された数個の部分で独立して住居，店舗，事務所ま

たは倉庫その他建物としての用途に供することができるものがあるときは，それぞれ所有権の目的とすることができる（建物の区分所有等に関する法律1。以下では，同法を「区分所有法」といい，括弧内には同法の条数を掲げる）。

このような建物の部分を「専有部分」と呼び（例えばマンションの501号室），これを目的とする所有権を「区分所有権」と呼ぶ（2Ⅰ，Ⅲ）。基本的に，専有部分については，各区分所有者が自由に使用・収益・処分できるが，区分所有者の共同の利益に反するような使用は制限される（6Ⅰ）。

「専有部分」以外の建物部分が「共用部分」であり（2Ⅳ），数個の専有部分に通ずる廊下または階段室その他構造上区分所有者の全員または一部の共用に供されるべき部分がこれに当たる（4Ⅰ）。専有部分（区分所有権）が処分される場合には，共用部分の持分もこれと共に処分される（15Ⅰ）。

(2) 共用部分および敷地

共用部分には，構造上当然に共用部分となるもの（これを法定共用部分という）のほか，規約により，専有部分を共用部分と定めたもの（これを規約共用部分という）がある（4Ⅱ）。例えば，区分所有者全員で所有するマンションの101号室を集会室や管理人室として使用する場合には，このような規約の定めがなされているのが通常である。

共用部分は，区分所有者の共有に属する（11Ⅰ）が，民法上の共有とは異なる。各共有者の持分は，原則として，その有する専有部分の床面積の割合による（14Ⅰ）。各共有者は，共用部分をその用方に従って使用することができる（13）。民法249条とは異なり，持分に応じて使用ができるのではない。共用部分の管理についても，区分所有法は民法（251・252）とは異なった規定を設けている（12参照）。すなわち，①保存行為（共用部分の軽微な修繕等）については，各区分所有者がすることができる（18Ⅰただし書）が，②共用部分の通常の管理（外壁の塗装工事等）は，持分の価格の過半数ではなく，集会の決議（過半数での決議）で決する（同項本文）。③共用部分の変更（階段室をエレベーター室に変更する等）は，区分所有者全員の合意ではなく，区分所有者および議決権の各4分の3以上の多数による集会の決議で決する。この場合において，共用部分の変更が専有部分の使用に特別の影響を及ぼすべきときは，その専有部分の所有者の承諾を得なければならない。なお，形状または効用の著しい変更を伴わないもの（軽微変更）は，③の「変更」ではなく，②の「通常の管理」として扱われる（17）。通常，定期的な大規模修繕工事等はこれに該当す

る。

　区分所有建物の敷地に関する権利（「敷地利用権」，2Ⅵ）は，所有権（共有）または賃借権や地上権（準共有）であるのが通常である。敷地の管理については，基本的に前記①，②，③と同様に扱われる（21）。区分所有者は，規約で別段の定めがない限り，その有する専有部分とその専有部分に係る敷地利用権とを分離して処分することができない（22Ⅰ）。

2　区分所有建物の管理

(1)　区分所有者の団体

　区分所有者は，全員で，建物ならびにその敷地および附属施設の管理を行うための団体を構成するものとされ，区分所有法の定めるところにより，集会を開き，規約を定め，および管理者を置くことができる（3）。このような「区分所有者の団体」は，一般的には権利能力のない社団であると解されているが，区分所有者及び議決権の各4分の3以上の多数による集会の決議により，法人となることができる（これを「管理組合法人」という。47Ⅰ）。

(2)　管理者・規約・集会

　区分所有者は，規約に別段の定めがない限り，集会の決議によって管理者を選任しまたは解任することができる（25）。管理者は，共用部分等を保存し，集会の決議を実行し，規約で定めた行為をする権利を有し，義務を負う（26Ⅰ）。管理者は，その職務に関し，区分所有者を代理する（同条Ⅱ）。

　建物・敷地等の管理または使用に関する区分所有者相互間の事項は，規約で定めることができる（30）。規約の設定，変更または廃止は，区分所有者および議決権の各4分の3以上の多数による集会の決議によってする。この場合において，規約の設定，変更または廃止が一部の区分所有者の権利に特別の影響を及ぼすべきときは，その承諾を得なければならない（31Ⅰ）。

　集会は，原則として，管理者が招集する（34Ⅰ）。集会の議事は，区分所有法または規約に別段の定めがない限り，区分所有者および議決権の各過半数で決する（39Ⅰ）。議決権は，規約に別段の定めのない限り，各区分所有者の共用部分共有持分の割合（専有部分の床面積の割合）による（38）。規約および集会の決議は，区分所有者の特定承継人に対してもその効力を生じ，また，それらに基づく義務は，決議に反対した区分所有者だけでなく，建物等の使用方法については当該区分所有建物の賃借人等の占有者も負う（48）。

⑶　義務違反者に対する措置

　区分所有者は，建物の保存に有害な行為その他建物の管理または使用に関し区分所有者の共同の利益に反する行為をしてはならない（6Ⅰ）。区分所有者がこのような義務違反行為をした場合またはそのおそれがある場合には，他の区分所有者の全員または管理組合法人は，区分所有者の共同の利益のため，その行為を停止し，その行為の結果を除去し，またはその行為を予防するため必要な措置を執ることを請求することができる（57）。また，義務違反行為による共同生活上の障害が著しく，57条の請求によっては共同生活の維持を図ることが困難であるときには，区分所有者および議決権の4分の3以上の集会決議により，訴えをもって，相当の期間，当該専有部分の使用の禁止を請求することができる（58）。さらに，これらの方法によったのでは共同生活上の障害が除去できない場合には，同様の手続を経て，当該専有部分に係る区分所有権および敷地利用権の競売を請求でき，当該区分所有者を区分所有関係から排除することができる（59）。賃借人等の占有者の義務違反行為については，前記57条の請求のほか，当該専有部分に係る区分所有者との賃貸借契約を解除して当該専有部分の引渡しを請求することができる（60）。

3　復旧・建替え

　区分所有建物が全壊（全部滅失）した場合には，法律上は，建物についての区分所有関係は解消し，土地についての共有等の関係が残るだけであるから，区分所有法の適用はなく，民法の共有等に関する規定（民256以下等）が適用になる。以下で説明する区分所有法の復旧・建替えに関する規定は，建物が存立していることを前提としている。

⑴　復　旧

　区分所有建物の一部が災害等によって滅失した場合には，区分所有法は，その滅失の程度により法的扱いを違えている。建物の価格の2分の1以下に相当する部分が滅失（小規模一部滅失）したときは，基本的には，共用部分の復旧は集会の普通決議（過半数決議）によって決定され，決議に反対した区分所有者もこれに拘束され復旧のための費用を負担する（61Ⅰ・Ⅲ）。

　これに対して，建物の価格の2分の1を超える部分が滅失（大規模一部滅失）したときは，共用部分の復旧は集会の特別多数決議（区分所有者および議決権の各4分の3以上の賛成）によって決定され，決議に反対した区分所有者は，自己の区分所有権等を決議に賛成した区分所有者等に時価で買い取ることを請求

することによって，復旧費用の負担を免れ，区分所有関係から離脱することができる（同条V以下）。

(2) 建替え

区分所有者は，集会において，区分所有者および議決権の各5分の4以上の多数で，建物を取り壊し，かつ，当該建物の敷地もしくはその一部の土地または当該建物の敷地の全部もしくは一部を含む土地に新たに建物を建築する旨の決議（「建替え決議」）をすることができる（62 I）。

建替え決議を会議の目的とする集会を招集するときは，集会の会日より少なくとも2月前に招集の通知を発しなければならない（62 IV）。また，説明会の開催が必要とされ，これは，建替え決議のための集会の会日より少なくとも1月前までに開催されなければならない（62 VI）。

建替え決議があったときは，集会を招集した者は，建替え決議に賛成しなかった区分所有者に対し，改めて建替えに参加するかどうかの催告をしなければならない。そして，所定の期間経過後に，建替え参加者と不参加者が明らかになった時点で，建替え参加者は，建替え不参加者に対し，その区分所有権および敷地利用権を時価で売り渡すことを請求することができる（63）。建替えは，売渡請求権の行使によって建替え不参加者を排除した後に，建替え参加者のみの団体によって実行される（64参照）。なお，団地内の区分所有建物の建替えについては，区分所有法69条（建替え承認決議）または70条（一括建替え決議）の規定に従ってなされる。

コラム　所有者不明土地問題に関する法改正の動向⑤共有

なお，法務省立法担当者等も参加して設置された「登記制度・土地所有権の在り方等に関する研究会」（座長・山野目章夫・早稲田大学教授）においては，不動産登記法および民法の物権法等の改正を視野に議論を進め，そこでは，民法の共有の規定に関しても，共有物の管理に関し一定の権限を有する管理者の設置，共有者全員の合意を要する共有物の変更・処分についての範囲，所在が不明な共有者の扱い，共有持分の移転・共有の解消方法，共有物分割の在り方，遺産共有の解消の在り方などについて検討がなされ，その後の議論および最終報告書（2019年2月）については金融財政事情研究会のホームページにて公表されている。

（鎌野邦樹）

第13章

占有権(1)
占有権の要件

→ 趣旨説明

第1節　占有と占有権

1　占有・占有権の意義

　民法典は，人の物に対する事実的支配のうち，ある一定種類の事実的支配に限って特別の法律効果を付与している。この特別の法律効果を発生させる事実的支配を指して「占有」といい，そして，この「占有」を要件として発生する種々の法律効果のうち，民法典の物権編「第2章　占有権」「第2節　占有権の効力」に規定されている権利義務を指して「占有権」と呼んでいる。

　どのような種類の事実的支配に対して法律効果を付与するか（占有ないし占有権の要件），また，どのような法律効果を付与するか（占有ないし占有権の効力）は，各国の法制度によってまちまちである。

　要件面に関していえば，各国の法制度は，占有の成立要件として，物の所持という客観的事実状態のほかに，所持人の主観的・意思的な要素（占有意思）を要求するかどうかで，主観説の立法と客観説の立法に分かれる。

　一方，効果面に関していえば，およそ占有を要件として発生する法律効果には種々のものがあり，それを占有権の章で規定するか，他の要件に着眼して別の章で規定するかは，各国で異なる。

2　占有・占有権の効力

⑴　占有権の効力

　わが民法の占有権の章の「第2節　占有権の効力」に規定されている権利義務の内容は，以下の7つである。

①　占有者の占有権原の適法推定（188）

②　占有者の果実収取権・返還義務（189〜190）

③　占有者の損害賠償義務（191）

④　動産の占有者の即時取得とその特則（192〜194）

⑤　家畜以外の動物の占有者の権利取得（195）

⑥　占有者の必要費・有益費の償還請求権（196）

⑦　占有の訴え（197〜202）

これら7つの占有権の効力は，占有者が真の権利者から物の回復請求を受けた場合の占有者と回復者の間の関係を定めた規定（①〜⑥）と，占有の侵害者に対する占有者の権利を定めた規定（⑦）の2種に大別できる。

(2)　占有の効力

一方，上記「第2節　占有権の効力」の個所以外で，「占有」という言葉が出てくるのは，以下の規定ないし法制度である。

①　取得時効（162・164・166）

②　無主物先占（239Ⅰ）

③　承役地の時効取得による地役権の消滅（289）

④　留置権（295・298Ⅰ・302）

⑤　動産先取特権（313Ⅰ・318）

⑥　質権（342・345・352・353）

⑦　抵当権の内容（369）

⑧　抵当地上の建物の一括競売の適用排除（389Ⅱ）

⑨　抵当不動産の時効取得による抵当権の消滅（397）

⑩　代物弁済を受けた債権者の担保物の交付（503）

⑪　指図証券の善意取得（520の5）

⑫　記名式所持人払証券の善意取得（520の15）

⑬　不動産の賃借人による妨害の停止の請求等（605の4）

⑭　土地工作物責任（717）

⑮　動物占有者の責任（718）

⑯　遺贈の物上代位（999）

これらの条文における「占有」の文言に関しても，物権編第2章の定める「占有権」の取得および消滅の規定に，基本的に従う。

一方，「占有権」の章以外で，「占有権」の語が登場するのは，物権の混同に関する「前2項〔＝179Ⅰ・Ⅱ〕の規定は，占有権については，適用しない」旨を規定した179条3項の1個所のみであるが，同条項に関しても，「占有権」のほか「占有」の消滅も規律対象としていると解すべきであろう。

第2節　占有の成立

→→ 基本説明

1　占有意思と物の所持

　占有（占有権）の成立要件として，フランス民法（1804年）は，物の所持という客観的事実状態のほかに意思的要素（占有意思）を要求し（主観説），かつ，その内容を「所有の意思」とする（①所有者意思説）。これに対して，19世紀ドイツでは，主観説の内部にあっても，①所有者意思説のほか，②支配者意思説・③自己のためにする意思説が唱えられ，さらに，物の所持のみを要件とし，占有意思を要求しない見解（④客観説）も有力に主張されるようになった。その結果，ドイツ民法（1900年）は④客観説を採用し，スイス民法（1907年）も④客観説を採用したが，これに対して，日本の現行民法（1898年）は，③自己のためにする意思説を採用して，占有権は「自己のためにする意思」をもって「物を所持」することによって成立する旨を規定した（180）。

　主観説のうち，①所有者意思説に立った場合には，所有権者として物を所持している者は占有権の規定で保護されるが，地上権者・質権者として物を所持している者には占有権が成立しない。②支配者意思説に立った場合には，制限物権の存在を前提に物を所持している者も占有権の規定で保護されるが，債権者として物を所持している者には占有権は成立しない。一方，日本民法の採用する③自己のためにする意思説においては，債権その他も含めておよそ占有すべき権利を有する者一般が占有権の規定による保護を受けるが，しかし，主観説に立っている以上，占有意思が認められない場合には占有権は成立しない点において，④客観説よりも保護範囲が狭い。

2　占有意思

　そこで，今日のわが国の判例・学説は，占有意思（「自己のためにする意思」）の内容あるいは認定を極力緩やかに解して客観説に近づけることで，占有（占有権）の成立を広く認めようとしている。

(1)　所持権原に基づく認定

　すなわち，第1に，「自己のためにする意思」の認定は，所持の原因となった権原（ある法律行為または事実行為を正当化させる法律上の原因のこと。占有権の章の185条のほか，所有権の章の付合に関する242条に出てくる言葉である）の客観的性質によるものとされ，当事者が実際に自己の利益を享受しようとして

いたかどうかは，問題とされない。例えば売買契約が，実際には売主の財産隠匿目的の通謀虚偽表示であったとしても，売買という権原の客観的性質上，買主は「自己のためにする意思」をもって物を所持していると評価される。

(2) 所持事情に基づく認定

第2に，占有意思は，必ずしも現実に有している必要はなく，社会通念上有していると認められるような客観的事情があれば足りるとされる。例えば不在中の自宅の郵便受けに郵便が配達されたような場合，このような外形的・客観的事情からすれば，社会通念上，占有意思があると認定される。

3 物の所持

(1) 客観的・外形的意味での事実上の支配状態

一方，占有の章の180条・182条・203条・204条に出てくる「物の所持」という言葉は，社会通念から見て，物がその者の事実的な支配下にあると認められる客観的状態をいう。

このような定義の帰結として，物の所持の有無の認定は，常に価値的・規範的評価を伴うものとなる。例えば海外旅行中であっても，留守宅にある家財道具を依然として所持していると評価され，また，建物の賃借人は，建物の敷地についても所持があると評価される。

(2) 占有意思の認定の物の所持の認定への吸収

他方，上記のように，今日における占有意思（「自己のためにする意思」）の認定もまた，価値的・規範的評価を含むものとなっており，しかも，そのうちの所持事情を用いた占有意思の認定は，所持そのものに関する判断と重複している。その結果，占有（占有権）の成立要件につき客観説に傾斜している今日においては，所持が認められれば占有意思も認められる，という形で，占有意思の認定は，物の所持の認定の中に包摂されてしまっていることが多い。

➡➡➡ 展開説明

4 意思無能力者の占有

だが，主観説の立法を前提とする限り，解消が困難な問題もある。例えば判例は，未成年者による不動産の時効取得の可否が争われた事案につき，意思能力の有無を問題としているが（最判昭41・10・7民集20巻8号1615頁），意思無能力者には占有意思が認められないと解した場合，後見人がいない意思無能力者については，占有（占有権）が成立せず，時効取得（162）や無主物先占（239 Ⅰ）も認められないことになってしまう。

第3節　占有の態様

1　自己占有・代理占有

→→ 基本説明

(1)　代理占有の意義

わが民法は，人が自ら占有する場合（自己占有）のほかに，「占有権は，代理人によって取得することができる」旨を規定している（181）。ここにいう代理人を「占有代理人」といい，占有代理人を通じて行う占有を「代理占有」という。「代理」の用語は，占有（占有権）の成立要件として物の所持のほかに占有意思を要求する主観説の下で，本人に代わって占有する者の占有意思の内容を，代理における「本人のためにする意思」になぞらえたものである。

これに対して，ドイツのような客観説の立法においては，占有意思を問題とする余地はないから，物を現実に支配している者の占有を「直接占有」といい，他人を通じて行う占有を「間接占有」という。

(2)　代理占有の要件

181条は，代理占有の成立要件につき，何も規定していない。だが，代理占有の消滅事由に関しては，204条1項1号〜3号の規定があるので，その反対解釈から，次の3つが代理占有の成立要件と解されている。

①　本人が占有代理人に占有をさせる意思を有すること
②　占有代理人が本人のために物を所持する意思を有すること
③　占有代理人が物を所持すること

以上のうち，①②の本人・占有代理人の占有意思に関しても，自己占有の場合と同様，占有権原の性質や所持事情（＝③）から客観的に判断される。判例において占有代理人とされた者には，運送人（大判大9・10・14民録26輯1485頁），地上権者（大判大10・11・3民録27輯1875頁），賃借人（大判大11・11・27民集1巻692頁），親権者（大判昭6・3・31民集10巻150頁）などがある。

なお，法律行為の代理の場合，代理行為の瑕疵は原則として代理人について決するが（101Ⅰ），代理占有における瑕疵の認定対象は，占有ないし占有権の効力の種類によって一様ではない。取得時効についていえば，自主占有要件は本人について決するが（占有代理人は常に他主占有者であるから），善意・悪意，過失・無過失要件は基本的には占有代理人について決せられる（大判大11・10・25〔民集1巻604頁〕は，本人が善意，占有代理人が悪意の場合に，162条2項

の適用を否定している。ただし，占有代理人が善意であっても，本人が悪意である場合には，やはり162条2項の適用を否定すべきであろう）。

(3)　代理占有の効果

法律行為の代理においては，法律効果は本人のみに帰属するが，代理占有においては，占有（占有権）の効果が，占有代理人と本人の両者に発生する（二重占有となる）点に特徴がある。

その一方で，第三者が占有代理人に対して行った権利行使は，同時に本人に対する権利行使としての効力を有する。例えばA所有の土地を，Bが自己の土地と偽ってCとの間で地上権設定契約を締結した場合，Cには自身の占有から地上権の時効取得，Bには占有代理人Cを通じての所有権の時効取得の余地が生ずるが，反面，Aが直接占有者Cに対して土地明渡請求訴訟を提起した場合には，Cの地上権の取得時効が中断すると同時に，Bの所有権の取得時効も中断する（大判大10・11・3民録27輯1875頁）。

なお，A所有の土地上にBが無権原で家屋を建築してCに賃貸した場合，建物賃借人Cは敷地についてもBの占有代理人で直接占有者であるとされ，土地所有者Aは，BのみならずCに対しても土地明渡請求訴訟を提起できるが（最判昭34・4・15訟月5巻6号733頁），しかし，土地の不法占有を理由とする不法行為に基づく損害賠償請求については，特段の事情のない限り相当因果関係がないとして，Cに対する請求を否定するのが判例の立場である（最判昭31・10・23民集10巻10号1275頁）。

(4)　占有補助者（占有機関）

「占有補助者（占有機関）」とは，占有者の手足（＝機関）となって物を所持する者をいう。判例で占有補助者（占有機関）とされた事案には，父親の農業を手伝って農馬を使用している長男（大判大4・5・1民録21輯630頁），夫と同居している妻（大判昭10・6・10民集14巻1077頁），被相続人の死亡・家督相続人の転出後も家屋に居住する被相続人の家族（最判昭28・4・24民集7巻4号414頁），所有者の死亡後も家屋に居住する内縁の妻（最判昭39・5・26民集18巻4号667頁，最判昭48・7・19民集27巻7号845頁）などがある。

これらの者については，社会観念上，独立した所持は認められず，したがって，本人のみに占有（占有権）の効力が認められる点において，本人・占有代理人の両者に占有（占有権）の効力が付与される代理占有と異なる。

第3節　占有の態様　193

→→→ 展開説明

(5) 法人の占有

　法人に関して，法人自身による所持ないし自己占有（直接占有）を観念でき
るか。この問題は，法人学説につき①擬制説・②実在説のいずれに立つかによ
って異なる。①法人擬制説に立った場合，所持ないし直接占有をしているのは
法人の代表者たる自然人であって，法人の占有は常に代表者を占有代理人とす
る代理占有と評価される。これに対して，②法人実在説に立った場合には，た
とえ代表者が欠けた場合（占有代理人となるべき者が存在しない場合）であって
も，従業員等を占有補助者とする法人の自己占有（直接占有）が認められる。
また，代表者がいる場合に関しても，彼を占有代理人と解するほかに，占有補
助者（占有機関）にすぎないと解する余地も生ずる。

　判例は②説に立ち，かつ，代表者の地位についても，個人のためにもこれを
所持するものと認めるべき特別の事情のない限り，占有補助者（占有機関）に
すぎないとして，会社の代表者を被告・占有者とする土地明渡請求を否定し
（最判昭32・2・15民集11巻2号270頁），また，会社の代表者は法人とは別個
に占有訴権を有さないとする（最判昭32・2・22判時103号19頁）。これに対
して，代表者が法人の占有代理人（占有機関）として物を所持するにとどまら
ず，代表者個人のためにもこれを所持するものと認めるべき特別の事情がある
場合には，代表者は，その物について個人としての占有をも有することになる
から，占有の訴えを提起することができる（最判平10・3・10判時1683号95
頁，最判平12・1・31判時1708号94頁）。

　なお，法人自身の占有を肯定した場合には，法人が法人の占有代理人あるい
は占有補助者となることも肯定される（最判昭48・3・29判時705号103頁。
法人が法人の占有補助者と認定された事案）。

→→ 基本説明

2　所有の意思ある占有・所有の意思なき占有

(1) 所有の意思ある占有（自主占有）の意義

　占有（占有権）の成立要件につき，フランス民法は，主観説のなかでも，所
有者意思説を採用しているが，これに対して，日本民法は，自己のためにする
意思説を採用している結果，わが国の占有には，「所有の意思ある占有」のほ
かに，「所有の意思なき占有」があることになる。

　所有の意思なき占有とは，占有権原の性質が，制限物権（地上権・質権など）

や，債権（賃貸借・寄託など）のような場合であるが，これらの場合には，他に所有者がいて，制限物権者・債権者は，自身は所有の意思なき占有を有すると同時に，所有者のために代理占有を行う関係にある。この点を捉えて，所有の意思なき占有は「他主占有」と呼ばれ，所有の意思ある占有は「自主占有」と呼ばれる。

(2) 所有の意思ある占有（自主占有）の効力

わが民法において「所有の意思」という言葉が登場するのは，① 162 条の所有権の時効取得，② 185 条の所有の意思なき占有から所有の意思ある占有への転換，③ 186 条 1 項の所有の意思ある占有の推定，④ 191 条の占有者の損害賠償義務，⑤ 239 条 1 項の無主物先占の 5 か条である。

(3) 所有の意思なき占有（他主占有）

(a) 証明責任

これらのうち，③ 186 条 1 項の所有の意思・善意・平穏・公然の推定ならびに同条 2 項の占有継続の推定は，証明責任の転換をもたらすところの法律上の事実推定である。

だが，同条 1 項の推定の対象はいずれも当該事項を規定した条文において，そもそも法律効果の発生要件となっていない。「所有の意思」に関していえば，① 162 条の所有権の時効取得・⑤ 239 条 1 項の無主物先占の規定は，いずれも別途「占有」の存在を要件として要求しているので，この「占有」要件に関する当事者の主張・立証の中に，186 条 1 項の「所有の意思」の推定の前提事実である「占有」の主張・立証は包摂されてしまい，当事者は別段の主張・立証を必要としないからである。

このように，ある推定規定（ここでは 186 条 1 項）の⑦前提事実（ここでは占有）と④推定事実（所有の意思・平穏・公然・善意）が，同一の条文（例えば① 162 条や⑤ 239 条）の要件に掲げられているときには，④の要件は，法律効果の発生要件でなく，④の推定事実の不存在が，相手方が主張・立証責任を負うべき，法律効果の発生障害要件となる。この場合の当該条文（① 162 条や⑤ 239 条）の④推定事実部分の要件を指して，暫定真実という（このほか，商法 503 条 1 項の附属的商行為の要件——⑦商人が④その営業のためにする行為であること——のうち，④については，同条 2 項が⑦商人の行為は④その営業のためにするものと推定する旨を規定しているため，当事者の主張・立証は不要となる。すなわち，上記商法 503 条 1 項の要件のうち，④は暫定真実である）。

（b）　他主占有意思の認定

一方，占有者が主張・立証すべき「占有」の成立要件のうち，占有意思（「自己のためにする意思」）の認定は，①所持権原または②所持事情から外形的・客観的に判断された。この点は，186条1項により相手方が証明責任を負うことになる他主占有の意思についても同様で，占有者の内心の意思ではなく，①占有取得の原因である権原の種類・性質（他主占有権原）または②占有に関する事情（他主占有事情）により外形的・客観的に認定すべきものとされる。

このうち，①他主占有権原に関していえば，例えば賃貸借契約に基づいて賃借人が取得した占有は，権原の客観的性質上，他主占有と認定される（賃貸借が法律上効力の生じないものであっても他主占有の認定を妨げるものではない。最判昭45・6・18判時600号83頁）。これに対して，売買契約に基づく買主の占有は，たとえ解除条件付であったとしても自主占有であり，また，解除条件の成就により売買契約が失効しても他主占有には転換しない（最判昭60・3・28判時1168号56頁）。

他方，②他主占有事情に関して，最判昭58・3・24（民集37巻2号131頁）は，「〔①〕占有者がその性質上所有の意思のないものとされる権原に基づき占有を取得した事実が証明されるか，又は〔②〕占有者が占有中，真の所有者であれば通常はとらない態度を示し，若しくは所有者であれば当然とるべき行動に出なかったなど，外形的客観的にみて占有者が他人の所有権を排斥して占有する意思を有していなかったものと解される事情が証明されるときは，占有者の内心の意思のいかんを問わず，その所有の意思を否定し，時効による所有権取得の主張を排斥しなければならないものである」としている。

なお，②他主占有事情の具体的内容に関しては，最判平7・12・15（民集49巻10号3088頁）が，占有者が所有権移転登記手続を求めなかったことや，固定資産税を負担していないことは，「他主占有事情の存否の判断において占有に関する外形的客観的な事実の一つとして意味のある場合もあるが，常に決定的な事実であるわけではない」として，他の諸事情をも考慮要素に含めた総合判断によって決すべき旨を判示している。

（4）　自主占有への転換

以上のような相手方の他主占有の抗弁に対して，占有者の側では，さらに，185条の定める2つの自主占有への転換事由——(a)「自己に占有をさせた者に対して所有の意思があることを表示し」ていたか，(b)「新たな権原により更に

所有の意思をもって占有を始め」たこと——があれば，これを再抗弁として提出することができる。

そして，この自主占有への転換の再抗弁における自主占有意思の認定もまた，①自主占有権原または②自主占有事情の外形的・客観的判断による。

(a)　所有の意思の表示

まず，所有の意思の「表示」に関しては，相手方に対する明確な意思表示である必要はなく，②自主占有事情から外形的・客観的に認定できるものでよい。最判平6・9・13（判時1513号99頁）は，農地解放によりA所有土地の一部が小作人Bに売り渡され，残部の土地はCに贈与されてBが引き続き耕作することとなったが，Bは初回の地代支払日である昭和23年12月末よりCに地代を支払わず自由に耕作しているのをCが容認していた事例につき，遅くとも昭和24年1月1日にはCに対し所有の意思のあることを表示したものと認定した原審判断を是認している。

(b)　新たな権原に基づく所有の意思ある占有の開始

一方，「表示」がなくても，「新たな権原」があれば，自主占有への転換が認められる。ただし，185条の文言は「新たな権原」と「所有の意思ある占有の開始」とを独立別個の要件として規定しているので，「新たな権原」があるからといって，その時点から直ちに自主占有に転換するとは限らない。

例えば「新たな権原」の典型である売買による自主占有への転換時期は，通常の売買の場合には，契約時になりそうだが，最判昭51・12・2（民集30巻11号1021頁）は，占有者が所有権移転登記を経由した時点であるとし，また，農地の売買の場合には，権利移転の法定条件である知事等の許可時になりそうだが，最判昭52・3・3（民集31巻2号157頁）は，当事者が契約を締結しかつ代金を支払った時であるとする。これは，判例が，①自主占有権原（＝新たな権原）だけではなく，②自主占有事情を総合的に勘案して，185条の「更に所有の意思をもって占有を始める」要件を判断しているためである。

この点は，相続に関しても同様である。戦前の判例は，相続に関する人格承継説に立って，相続人固有の占有を否定していたことから，相続は「新たな権原」に当たらないとしていた。だが，戦後，最判昭46・11・30（民集25巻8号1437頁）は，従来の判例を変更して相続人の占有の二面性を肯定し，相続人は，被相続人の死亡時にその占有を承継する一方，自己の物の所持に所有の意思があるとみられる場合には，「新たな権原」により物を自主占有するに至

ったと解すべきものとした。これは，相続が 185 条の「新たな権原」に当たるとしたうえで，所有の意思（自主占有意思）の有無に関しては，①自主占有権原（＝新たな権原）のみで判断せず，②自主占有事情を総合的に考慮して判断すべきとしたもので，その後の最判平 8・11・12（民集 50 巻 10 号 2591 頁）も同様の判断をしている。

3 瑕疵なき占有・瑕疵ある占有

「占有の瑕疵」（187 Ⅱ参照）とは，占有が「暴行若しくは強迫又は隠匿」（なお，平成 16 年民法現代語化改正前には「強暴又ハ隠秘」という用語が用いられていた。旧 190 Ⅱ参照）による場合，あるいは占有者が占有権原がないことにつき「悪意」「過失」がある場合をいい，これに対して，平穏，公然，善意，無過失のすべてを備えた占有を「瑕疵なき占有」という。

(1) 平穏かつ公然の占有，暴行・強迫または隠匿の占有

上記占有の態様のうち，平穏と公然，暴行・強迫と隠匿は，民法典の条文では「平穏に，かつ，公然と」あるいは「暴行若しくは強迫又は隠匿によって」という形で，ワンセットで規定されている。

このうち，平穏・公然占有の登場する条文は，①162 条・②163 条・③186 条 1 項・④192 条があるが，①②の時効取得・④の即時取得の条文にある平穏・公然の文言は，③186 条 1 項の推定規定によって，時効取得・即時取得の効力発生要件ではなくなり（暫定真実），相手方が暴行・強迫，隠匿の事実を抗弁として提出すべきことになる。

暴行・強迫，隠匿の具体的な内容・程度に関しては，①②時効取得，④即時取得の制度趣旨との関係で決まる。すなわち，真の権利者から①②時効中断の機会・④即時取得阻止の機会を不当に奪う程度の暴行・強迫，隠匿が，各条文における暴行・強迫，隠匿の具体的内容であって，相手方はそれを立証しなければならない。

これに対して，暴行・強迫または隠匿の語が直接登場する条文は，190 条 2 項の一つだけで，同項に関しては，悪意占有者の果実返還・代価償還義務に関する 190 条 1 項の規定が準用されていることから，同条項にいう暴行・強迫または隠匿の具体的内容・程度は，悪意占有と同程度の非難可能性ということになる。

(2) 善意かつ無過失の占有，悪意または過失の占有

善意・無過失あるいは悪意・過失の占有の語が登場する条文は，①162 条

2 項（善意・無過失），②186 条 1 項（善意），③189 条（善意），④190 条（悪意），⑤191 条（善意），⑥192 条（善意・無過失），⑦194 条（善意），⑧195 条（善意），⑨196 条（悪意）の 9 か条であり，これらの条文において，「善意」とは，占有者が自己の占有権原の不存在ないし無効について知らないことをいう。

なお，①短期取得時効・③果実取得・⑥即時取得・⑦代価弁償・⑧家畜以外の動物の取得における「善意」も，「所有の意思」（自主占有）や「平穏・公然」と同様，法律効果の発生要件ではなく，占有者の「悪意」が，相手方が抗弁として提出すべき，法律効果の発生障害要件となる（いずれの条文にあっても，②186 条 1 項の法律上の推定の(a)前提事実〔占有〕と(b)推定事実〔善意〕が同一規定中に掲げられているため，(b)推定事実〔善意〕は暫定真実となる）。

これに対して，①短期取得時効および⑥即時取得の条文にある無過失については，②186 条 1 項の推定規定中には掲げられていない。⑥192 条の事案に関して，判例は，同条の善意・無過失の対象が前主の無権利であることから，前主の占有について 188 条の権利適法推定が働く結果，前占有者と取引行為をした現占有者の無過失も推定されるとするが（最判昭 41・6・9 民集 20 巻 5 号 1011 頁，最判昭 45・12・4 民集 24 巻 13 号 1987 頁，最判平 14・10・29 民集 56 巻 8 号 1964 頁），これに対して，①162 条 2 項の善意・無過失の対象は占有者自身の無権利であることから，188 条の適用はなく，占有者が無過失に関する証明責任を負うとしている（最判昭 43・12・19 集民 93 号 707 頁，最判昭 46・11・11 判時 654 号 52 頁，最判昭 52・3・31 判時 855 号 57 頁。いずれも平成 16 年 162 条 2 項改正前の不動産に関する事案）。

4　占有の継続

時効取得（162・163）では，占有または準占有の「継続」が要件となっているが，ある時点において占有していたことの証明はできても，間断なく占有を続けていたことの証明はほぼ不可能である。そこで，186 条 2 項は「前後の両時点において占有をした証拠があるときは，占有は，その間継続したものと推定する」旨を定めている（法律上の事実推定）。

また，占有ないし所持の喪失により，取得時効は中断し（164・165。自然中断），占有権は消滅し（203 本文），動産質権は対抗不能となるが（352），これらの危険から占有者を保護するため，占有回収の訴えが行使された場合には，占有ないし占有権が存続する旨が定められている（203 ただし書，質権につき 353）。

→→ 基本説明

第4節　占有の移転

1　引渡し

(1)　引渡しの意義

　占有の移転にに，当事者の意思に基づくもの（売買における目的物の交付など）と，基づかないもの（相続など）とがあるが，このうち，意思に基づく占有の移転を指して「引渡し」という。なお，意思に基づく権利の移転的承継を「譲渡」というが（178条「動産に関する物権の譲渡」，466条以下「債権の譲渡」など），民法典は，意思に基づく占有権の移転に関しても「占有権の譲渡」と表現している（182 I・II）。

　民法典で「引渡し」の文言が登場する条文には，動産物権変動の対抗要件（178。詳細は第8章第2節参照）のほか，物上代位の対象離脱（304）・動産先取特権の対象離脱（333），質権の成立要件（344），抵当建物使用者の引渡しの猶予（395），債権の目的が特定物の引渡しである場合の注意義務（400），受領遅滞（413），債権者代位権・詐害行為取消権における債権者への引渡し（423の3・424の9），弁済として引き渡した物の法律関係（475・476），特定物の現状引渡し（483），弁済の場所（484），贈与者の引渡義務（551），契約不適合責任（562・566・567），売買代金の支払関係（573・574・575），消費貸借（587の2・590），使用貸借（593・596），賃貸借（601），請負の報酬支払時期（633）・担保責任（636・637），委任の受取物・金銭の引渡し（646・647）・受任者の報酬（648の2），寄託物受取り前の解除（657の2）・受寄者の通知義務（660），組合の清算の残余財産の引渡し（688），遺贈義務者の引渡義務（998）の計35か条がある。さらに，「受け取る」の文言も（316，342，498，587，587の2，589，592，593，593の2，599，621，622の2，646，657の2，691，1001の計16か条），「引渡し」の対概念であり，即時取得の条文（192）にいう「取引行為によって……占有を始めた者」も「引渡し」を受けた者である。

(2)　引渡しの種類

　民法典は，現実の占有（自己占有・直接占有。180）のほかに，観念的な占有（代理占有・間接占有。181）を認めるが，しかし，質権に関しては設定者による代理占有が認められない（345）。同様に，占有の移転（＝引渡し）についても，現実の引渡しのほかに，3種の観念的な引渡しが認められているが，しか

し，上記条文にいう「引渡し」の内容は，各規定によって異なる。

(a)　現実の引渡し

182条1項は，「占有権の譲渡は，占有物の引渡しによってする」と規定する。ここにいう「引渡し」は，占有権の譲渡人から譲受人に対して直接に占有物の現実的支配を移転させる行為を意味しており，これを「現実の引渡し」という。商店主Aが客Bに直接商品を手渡す行為などである。

しかし，占有の要素である「物の所持」が観念化していることから，この事実的支配は，移転の側面においても観念化しており，とくに不動産などについては，当事者双方が目的物を熟知しており現地に臨む必要のない場合には，所持の移転に関する当事者の合意によって占有は移転する（山林の売買につき大判大9・12・27民録26輯2087頁）。

一方，占有意思（自己のためにする意思）や他主占有意思・自主占有意思（所有の意思の有無）の認定が，①権原および②事情の外形的・客観的判断により行われるのと同様，占有の移転に関する意思も，①占有移転権原ならびに②占有移転事情から外形的・客観的に判断される。

(b)　簡易の引渡し

では，買主Bが賃借人で，賃借物を気に入って賃貸人Aから買い取った場合はどうか。この場合にB→A，A→Bの現実の引渡しを2度行うのは煩わしい。そこで182条2項は「譲受人〔B〕又はその代理人〔例えば転借人C〕が現に占有物を所持する場合には，占有権の譲渡は，当事者〔AB〕の意思表示のみによってすることができる」としている。これを「簡易の引渡し」という。

一方，この場合の本権（賃貸借）関係は混同によって消滅し（520），賃貸借に基づく代理占有関係も，上記簡易の引渡しの意思表示がすなわち代理権の消滅事由に関する204条1項1号・2号の意思表示と評価されて消滅する。

なお，182条2項は譲受人が独立の占有を有していた場合（占有代理人）に関する規定であるが，判例は，占有補助者に関しても簡易の引渡しの方法での占有移転を認める（最判昭39・5・26民集18巻4号667頁。内縁の夫Aが家屋を占有補助者である内縁の妻Bに贈与した際に〔＝①占有移転権原〕，Aが家屋を買い受けた際の契約書と実印をBに交付したことによって〔＝②占有移転事情〕，簡易の引渡しによる占有移転が行われたとみるべきとする）。

(c)　占有改定

簡易の引渡しの事案とは反対に，Aが占有物をBに譲渡した後も使用を続け

るような場合（譲渡担保——債権者Bに対する担保目的で，債務者Aの所有物を法形式上Bに移転するもの——などが典型例である）に関しても，A→B，B→Aの現実の引渡しを2度行うのは煩わしい。そこで183条は「代理人〔譲渡担保権設定者A〕が自己の占有物を以後本人〔譲渡担保権者B〕のために占有する意思を表示したときは，本人〔B〕は，これによって占有権を取得する」旨を規定している。これを「占有改定」という。

　占有改定の場合，占有の性質は自主占有から他主占有に転換するが，これは本権の公示との関係では，はなはだ都合が悪い。第三者からは，依然として占有者の所有物のように見えるからである。判例は，178条の動産物権変動の対抗要件としての引渡しについては占有改定を含むとするが（最判昭30・6・2民集9巻7号855頁。譲渡担保の事案），192条の動産即時取得に関しては，占有改定の場合を含まないとする（最判昭35・2・11民集14巻2号168頁）。

　(d)　指図による占有移転

　上記(b)簡易の引渡しに関する182条2項は，①賃借人B自身が占有していた物を所有者Aから買い受けた場合と，②賃借人Bが転借人Cを通じて代理占有していた物をAから買い受けた場合の，2つのケースを規定していた。一方，上記(c)占有改定は，①所有者Aが自己占有する物をBに売却した後も占有を続ける場合であるが，これに対して，②所有者Aが倉庫業者Cに預けていた商品をBに売却した場合の占有移転の方法が，184条の定める「指図による占有移転」で，同条は「代理人〔C〕によって占有をする場合において，本人〔A〕がその代理人〔C〕に対して以後第三者〔B〕のためにその物を占有することを命じ，その第三者〔B〕がこれを承諾したときは，その第三者〔B〕は，占有権を取得する」と規定する。

　AのCに対する命令とBの承諾という手続は面倒なようにも思うが，これらの占有移転意思もまた①占有移転権原と②占有移転事情から外形的・客観的に認定できればよく，最判昭57・9・7（民集36巻8号1527頁）は，A社が冷凍倉庫業者C社に寄託していた食肉をB社に売却した事案につき，A社が荷渡指図書の正本をC社，副本をB社に交付し，一方，C社が寄託者台帳の寄託者名義をB社に変更した等の事情から，指図による占有移転を認定している。

2　占有の性質の承継

(1)　占有の単独主張と併合主張（占有の二面性）

　占有者は，自己の占有のみを主張することも，自己の占有に前の占有者の占

有を併せて主張することもできる（187 I）。すなわち，Ｂの占有がＡの占有を承継したものである場合，Ｂの占有には，自己に固有の占有と，Ａから承継した占有の二面性があり，その結果，例えばＡの５年の占有の後にＢが５年の占有を続けたような場合，Ｂの占有だけでは時効期間を満たさなくても，Ａの占有との併合主張の側を選択することで，短期時効取得が可能となる（なお，占有がＡ→Ｂ→Ｃと移転した場合，現在の占有者Ｃは，Ａ→Ｂの占有だけを主張することもできる）。

　ただし，前の占有者の占有を併せて主張する場合には，その瑕疵をも承継する（187 II）。したがって，Ｂの５年の占有が善意占有であっても，前占有者Ａの５年の占有が悪意占有だった場合には，Ａの占有の瑕疵がＢにも承継されて，短期時効取得の要件を満たさなくなる。ただし，162条２項は「占有の開始の時」の善意・無過失を要求しているので，Ａが占有開始時に善意・無過失であれば，その後にＡが悪意・過失に転じても要件を満たすのと同様，Ａの承継人Ｂが当初より悪意・過失占有の場合にも，10年の短期時効取得を主張できる（最判昭53・3・6民集32巻2号135頁）。

(2) 承継人に固有の占有の有無

　なお，占有の承継の原因が，相続・合併や法人成りであった場合には，上記占有の二面性のうち，承継人に固有の占有が認められるかが問題となる。

(a) 相　続

　戦前の判例は，相続に関する人格承継説に立って，相続人Ｂは被相続人Ａから承継した地位しか主張できないとしていたため，自己に固有の占有の主張を認める187条1項にいう「承継人」は，特定承継人に限られるとしていた。

　しかし，最判昭37・5・18（民集16巻5号1073頁）は，相続の場合にも相続人に固有の占有が認められるとして187条1項の適用を肯定し，そして，この立場が，185条の他主占有から自主占有への転換に関しても，相続は「新たな権原」に当たるとする判例変更を導いた。

(b) 権利能力なき社団の法人格取得

　同様の問題は，権利能力なき社団Ａが法人Ｂとなった場合にも生ずる。最判平元・12・22（判時1344号129頁）は，法人格のない寺院Ａの土地が住職名義で登記されていたことから，住職死亡による相続登記を経由した住職の相続人に対し，Ａが法人格Ｂを取得して以降20年の固有の占有に基づく時効取得を主張した事案につき，187条1項の適用を肯定している。

→→ 基本説明

第5節　占有の消滅

1　自己占有の消滅

(1)　自己占有の消滅事由

自己占有（直接占有）は，占有（占有権）の成立要件（180）であるところの，(a)占有意思を放棄するか，あるいは，(b)物の所持を喪失した場合に消滅する（203 本文）。

占有の成立における(a)占有意思や(b)物の所持の認定と同様，占有の消滅における(a)占有意思の放棄や(b)物の所持の喪失も客観化しており，(a)占有意思の放棄の意思表示もまた，①占有意思放棄権原ならびに②占有意思放棄事情から外形的・客観的に認定される。

一方，(b)物の所持の喪失の有無の判断も，占有の成立の認定における(b)物の所持の判断とまったく同様の，社会通念に基づく価値的・規範的評価であり，例えば最判昭 30・11・18（集民 20 号 443 頁）は，長期休業を続ける劇場内の売店に対して，営業継続か廃業かの返答を再三求めたにもかかわらず，2 年 8 か月も放置した等の事情から，売店は営業場所に対して事実上の支配を及ぼすべき客観的要件を喪失していたとして，店舗を撤去した劇場に対する売店の占有回収の訴えを排斥している。

(2)　自己占有の存続擬制

ただし，「占有者が占有回収の訴えを提起したとき」は，占有権は消滅しない（203 ただし書）。占有の訴えの提起は，占有（占有権）の消滅事由のうち(a)占有意思の放棄の事実を覆す反対事実といえよう。

これに対して，(b)物の所持の喪失に関しては，最判昭 44・12・2（民集 23 巻 12 号 2333 頁）が，「占有回収の訴を提起して勝訴し，現実にその物の占有を回復したときは，右現実に占有しなかった間も占有を失わず占有が継続していたものと擬制される」としている。すなわち，(b)物の所持の喪失に関しては，これを覆すためには，占有の訴えを提起しただけでは足りず，勝訴し，かつ，その後に現実の占有を回復することが必要となる。

2　代理占有の消滅

(1)　代理占有の消滅事由

代理占有（間接占有）の消滅事由は，占有意思に関しては，(a)本人が代理占

有意思を放棄するか（204 I ①），(b)占有代理人が自主占有意思または第三者の
ための代理占有意思を本人に対して表示すること（同項②），物の所持に関し
ては，(c)占有代理人が物の所持を失ったことである（同項③）。

このうち，(a)本人または(b)占有代理人の代理占有意思に関しては，他の代理
意思の認定と同様，①権原と②事情から外形的・客観的に判断されることにな
る。なお，(b)占有代理人の代理占有意思の変更の表示は，185 条における所有
の意思の表示と状況的には同一であり，したがって，その認定に関しても，本
人に時効中断等の機会を与える必要上，同程度の厳格さが求められる。

一方，(c)占有代理人の物の所持の喪失の認定方法についても，他の場合と同
様である。なお，大判昭 17・11・10（新聞 4819 号 12 頁・評論全集 32 巻民法 5
頁）は，A が B に動産を売却して占有改定の方法で占有移転を受けた後，A が
C との間で二重売買をして C が現実の引渡しを受けた事案につき，C への現実
の引渡しにより A は物の所持を喪失する結果，第 1 譲受人 B の代理占有も 204
条 1 項 3 号により消滅する旨判示する。だが，今日の譲渡担保に関する判例は，
C が目的物を搬出した後も，譲渡担保権者 B は C に対して対抗できるとしてい
る。

(2) 代理占有権原の消滅と代理占有関係の消長

204 条 2 項は「占有権は，代理権の消滅のみによっては，消滅しない」旨を
規定する。

立法者は，本人 A と占有代理人 B との間の代理占有権原が消滅した場合（例
えば A B 間の賃貸借契約が解除されたような場合）に，本人 A の占有権が消滅す
るのは不都合と考えたようであるが，しかし，そもそも A B 間の代理占有関係
は，①占有権原の種類や②占有事情から外形的・客観的に定まるものであって，
占有権原の有効・無効は問題とならない（なお，賃貸借契約が解除された場合に
関しては，賃借人は依然として目的物の返還義務を負う占有代理人であって，賃借
人は間接占有者たる地位を失っていない）。立法者は，本権に関する規律を，誤
って占有権に関する規律に持ち込んだのであり，したがって，204 条 2 項は，
たかだか注意規定としての意味をもつものにすぎない。

第14章

占有権(2)
占有権の効力

第1節　占有者と回復者の関係

➡ 趣旨説明

1　本権の訴え

　占有権の章の189条2項と202条1項には「本権の訴え」という言葉が出てくる。「本権」とは，占有を基礎づける権利（占有権原）のことをいう。一方，上記189条によれば，本権の訴えの相手方は「占有者」であるから，「本権の訴え」とは，物権的返還請求権に基づく自主占有・他主占有の回復訴訟を意味する。他方，この訴訟の被告＝占有者は自主占有者と推定されているから（186Ⅰ。暫定真実），結局，本権の訴えは，「物権」主張者（原告）と「所有権」主張者（被告）の争いということになる。なお，本権の訴えにより占有を回復した者を，191条・196条は「回復者」と呼んでいる。

　現行民法の起草者は，本権の訴えが行使された場合の占有者と回復者の権利義務関係を，占有権の章の「第2節　占有権の効力」の前半部分に配置した。それが，①占有者の占有権原の適法推定（188），②占有者の果実収取権・返還義務（189〜190），③占有者の損害賠償責任（191），④動産の占有者の即時取得とその特則（192〜194），⑤家畜以外の動物の占有者の権利取得（195），⑥占有者の必要費・有益費の償還請求権（196）の6つであり，これら「本権の訴え」に関係する規定は，占有者と占有侵害者の関係を規定した⑦「占有の訴え」（197〜202）の規定と対置される。

　しかし，その後，明治末期以降のドイツ法的解釈論の全盛時代に，①占有の推定力と④即時取得は，「占有」の効力ではなく「公示」の効力として位置づけられるようになり，以後の物権法教科書は，①・④の効力を，物権変動の公示の個所で説明するようになった。

→→ 基本説明

2 占有の権利適法推定

(1) 188条の本来の意味

ローマ法の本権の訴えでは，原告・被告の双方が，それぞれ自己の所有権について証明責任を負うものとされていた。だが，19世紀フランスでは，そのうちの被告＝占有者については，占有から所有権が推定されるので，結局，原告だけが自己の所有権について証明責任を負うことになる，と説明されるようになった。日本の現行民法188条は，この19世紀フランスの理解を，ボワソナード旧民法経由で明文化したものである。

しかし，その後，本権の訴えにおいて被告＝占有者が証明責任を負わないのは，「証明責任は原告にあり」の一般原則の帰結にすぎない，との理解が一般化した結果，被告＝占有者が自己の所有権に関する証明責任を負わないことを説明するために，特別の規定を設置する必要はなくなった。したがって，188条は，その本来の意味からすれば，本権の訴えにおける被告＝占有者は自己の所有権についての証明責任を負わない，という今日の証明責任分配法理からすれば当然の事柄を規定した注意規定にすぎない。

立法直後の判例も，地上権設定登記請求訴訟の原告＝占有者が，188条により自己の占有から地上権が推定されると主張した事案につき，188条の規定の意味を上記のように説明して，原告＝占有者の主張を排斥していた（大判明39・12・24民録12輯1721頁）。

(2) 188条の今日的解釈

ところが，明治末期以降隆盛を極めたドイツ法的解釈論により，188条についても，ドイツ民法の占有の推定力の規定と同じように理解する見解が通説化した。ドイツでは，すべての訴訟に関して，不動産については登記，動産については占有を有している者が本権を有すると推定され，相手方が占有者の占有権原の不存在・無効についての証明責任を負う（法律上の権利推定）。そこで，わが国の学説の多くは，①188条を占有者が自己の権利につき証明責任を負う場合に関して証明責任を転換する規定（法律上の権利推定）と解する一方，②同条の適用範囲を動産に限定し，不動産に関しては登記に同様の権利推定力を認める。なお，ドイツと同じく動産占有に法律上の権利推定を認めるスイス民法には，占有の由来した前主との間で推定力は働かない旨の規定があり，わが国の通説も，③占有の由来した者との間では188条の適用はないとする。

これに対して，判例は，①に関しては，占有者が所有権に基づく返還請求訴訟の被告である事案がほとんどのため，結局はっきりせず，②に関しては，不動産に関しても 188 条の適用を肯定している。③に関しては，学説と同様，原告（所有者ないし前占有者）から占有すべき権利を取得したと主張する被告（占有者）は，188 条を援用できないとされているが（最判昭 35・3・1 民集 14巻 3 号 327 頁，最判昭 37・4・20 集民 60 号 377 頁），原告から占有権原を取得した旨の被告＝占有者の主張は，原告の占有権原を認めたうえでの抗弁になるから，188 条の本来の意味に従った場合にも，「所有権主張者」対「所有権主張者」の争いに関する証明責任を定めた同条の適用はない。

3　占有者の果実取得

(1)　善意占有者の果実返還義務の免除

不当利得の一般原則によれば，受益者は，果実についても，これを収取する法律上の原因がないから，元物と同様返還義務を負う。ただし，善意の受益者については，元物・果実とも，①すでに消費してしまった分については返還義務を免れ，②現存する分についてのみ返還義務を負うことになる（703）。

これに対して，189 条・190 条は，占有者が本権の訴えに敗訴した場合における，回復者に返還すべき果実の範囲に関する特則であって，善意の占有者については，①すでに消費した分のみならず，②現存する分についても，返還義務が免除される（189 I）。

(2)　悪意占有者の果実返還義務

善意の占有者が本権の訴えにおいて敗訴したときは，その訴えの提起時から悪意の占有者であったものと擬制される（189 II）。

悪意の占有者に，①現存する果実に関する現物返還義務を負うほか，②すでに消費してしまった分・過失によって損傷した分・収取を怠った分について代価償還義務を負う（190 I）。暴行・強迫または隠匿による占有者についても同様である（190 II）。

190 条と，悪意の不当利得に関する一般規定である 704 条との相違個所の第 1 は，「利息を付して」返還する必要がない点であり，第 2 は，損害賠償義務を定めた 704 条後段に対応する定めがない点である。

4　占有者の損害賠償義務

占有者の回復者に対する損害賠償義務に関しては，191 条に一般的な規定があり，占有物が占有者の責めに帰すべき事由によって滅失・損傷した場合，①

悪意の占有者は全部の賠償義務を負い，②善意の占有者のうち自主占有者は現存利益の限度での賠償義務を負い，③善意の占有者であっても他主占有者については①悪意の占有者と同様全部の賠償義務を負う（①②につき191本文，③につき同条ただし書）。

5　即時取得

　動産の即時取得の規定に関しては，①取得時効の個所に，時効期間0年の「瞬間時効」として配置する立法や，②物権変動の公示の個所に，不動産に関する登記の効力と並列して，動産に関する公示（占有ないし引渡し）の効力として配置する立法があるが，わが現行民法は，③本権の訴えにおける占有者の抗弁事由であることに着眼した配置を行っている。

　すなわち，(a)本権の訴えにおいて，回復者の本権が認定された場合に，(b)占有者は，192条の要件を満たしていれば，抗弁として即時取得を主張する。これに対して，(c)回復者は，占有物が盗品・遺失物である場合には，193条を再抗弁として主張し，さらに，これに対して，(d)占有者は，この盗品・遺失物を競売・公の市場または同種の物を販売する商人から買い受けていた場合には，194条を再々抗弁として主張して，代価弁償を受けるまでは物の返還を拒むことができる（詳細は，第9章参照）。

6　家畜以外の動物の権利取得

　195条も，本権の訴えにおける，占有者の権利取得の抗弁の規定であり，占有物が家畜以外の動物（野生動物）で，回復者の所有物であることについて善意で占有を開始した場合には，占有者は本条による権利取得を抗弁として提出し，回復者の請求を拒むことができる。一方，回復者は，占有を離れた時から1か月以内の請求であれば，これを再抗弁として主張して，占有者の権利取得を阻止することができる（1か月以内の請求（除斥期間）は，占有者の権利取得の発生要件ではなく，回復者が証明責任を負う障害要件となる）。

　この条文は即時取得に関する192条と似ているが，しかし，192条が，ゲルマン法の動産の追及効の制限に由来するのに対して，195条は，野生動物は逃げてから一定期間経つと無主物に戻り，無主物先占が可能になるとするローマ法に由来するもので，沿革的にはまったく無関係である。195条が占有者の「善意」のみを要求し，192条のように「平穏・公然」「無過失」を要求していないのも，この条文が無主物先占（239Ⅰ）の一種だからである。

　一方，「家畜以外の動物」とは，占有者が占有を開始した場所に野生で存在

している動物をいう。野生で存在していなければ，占有者は無主物と考えて占有を開始しないからである。例えば日本には野生の九官鳥はいないので，195条の「家畜以外の動物」には該当しない（大判昭7・2・16民集11巻138頁）。

7　占有者の費用償還請求権

(1)　必要費の償還請求

　本権の訴えの結果，占有者が占有物を返還すべき場合，占有物の保存のために支出した費用（必要費）については，その全額を，回復者から償還させることができる（196 I本文）。占有者の善意・悪意を問わない。

　ただし，善意占有者は，果実の取得と引換えに（189 I），通常の必要費を負担する（196 Iただし書）。「通常の必要費」（通常費）とは，小修繕や租税の支払といった日常的な保存に必要な費用をいい，本条のほか，使用貸借の借主の費用負担（595）・遺贈義務者の費用償還請求権（993）・配偶者居住権における配偶者の費用負担（1034）について登場する言葉である。

　これに対して，日常の保存以外の「特別の必要費」（地震で被災した家屋の復旧費用など。特別費・臨時費。なお，この言葉は条文には出てこない）については，196条1項本文により占有者は全額償還請求できる。

(2)　有益費の償還請求

　占有者が占有物の改良のために支出した費用（有益費）については，占有物の価格の増加が現存する場合に限って，回復者の選択に従い，①支出した金額か，②増価額を償還させることができる（196 II本文）。

　有益費償還請求に関しても，占有者の善意・悪意を問わないが，ただし，悪意の占有者に関しては，裁判所は，回復者の請求により，その償還について相当の期限を許与することができる（196 IIただし書）。必要費・有益費の償還義務は，期限の定めのない債務であるから，占有者の請求によって遅滞に陥り（412 III），また，占有者は留置権を行使できるのであるが，本条項ただし書は，占有者が悪意である場合の有益費の償還請求権について，これらの効力を否定するのである。

(3)　他の法律関係への準用

　なお，196条の規定は，抵当不動産の第三取得者（391），買戻しの買主・転得者（583 II），使用貸借の借主（595 II）に準用され，196条2項の規定は，賃借人による有益費の償還請求に準用される（608 II）。

第2節　占有者と侵害者の関係

→ 趣旨説明

1　占有の訴え

　占有権の章の「第2節　占有権の効力」には，本権の訴え（物権的返還請求権）が行使された場合の占有者と回復者の関係のほかに，占有者が侵害者に対して有する権利が規定されている。この権利に基づく訴訟を法文は「占有の訴え」といい（197・201・202），また，この訴訟を提起することのできる権利は「占有訴権」と呼ばれる（旧民法で使われていた用語である）。

　197条は「占有者〔自主占有者〕は，次条から第202条までの規定に従い，占有の訴えを提起することができる。他人のために占有をする者〔占有代理人＝他主占有者〕も，同様とする」と規定するが，「本権の訴え」に関して，物権的請求権を裁判外で行使できるのと同様，占有訴権についても，次条から202条の要件を満たすときには，裁判外でも行使することができる実体法上の請求権として理解しなければならない。

2　占有の訴えの種類

→→ 基本説明

(1)　占有保持の訴え

　「占有者がその占有を妨害されたときは，占有保持の訴えにより，その妨害の停止及び損害の賠償を請求することができる」（198）。

(a)　要　件

　占有を「妨害」されることである。占有回収の訴えの要件である占有の「侵奪」との違いは，物の所持を喪失しているか否かであるが，本権の訴えにおける妨害排除請求権・返還請求権と異なり，占有保持の訴えと占有回収の訴えでは，被告適格や行使期間に大きな違いがあるので，その認定は重要な意味をもつ。例えばAの占有地にBが小屋を建てた場合，それが占有の「妨害」にとどまるならば，BがCに小屋を売却しても，Aは現在の妨害者であるCに占有保持の訴えを行使できるが，Bの建築が「侵奪」と評価された場合には，Aは侵奪者Bの特定承継人であるCに対して占有回収の訴えを行使することができない（200 II）。その一方で，占有保持の訴えは，Bの小屋の建築工事完成後には行使できないのに対して（201 I ただし書），占有回収の訴えについては，工事完成後であっても行使の余地がある（201 III）。

(b) 相手方（被告適格）

占有保持の訴えの相手方は，現に占有を妨害している者であって，占有回収の訴えにおけるような承継の問題は生じない。上記事例のＢが建築した小屋をＣに譲渡した場合には，土地占有者Ａは，ＢではなくＣに対して占有保持の訴えを行使する（大決昭 5・8・6 民集 9 巻 772 頁）。

(c) 効　果

①「妨害の停止」および②「損害の賠償」の請求である。

①「妨害の停止」の効果に関しては，物権的妨害排除請求権と同様，妨害者の主観的態様（故意・過失等）は要件ではない（大判大 5・7・22 民録 22 輯 1585 頁）。また，その費用は，妨害者が負担する（前掲・大判大 5・7・22）。

②「損害の賠償」の法的性質につき，通説・判例は不法行為に基づく責任と解しており，したがって，この効果に関しては，妨害者の故意・過失が要件となる（前掲・大判大 5・7・22，大判昭 9・10・19 民集 13 巻 1940 頁）。ただし，この請求権もまた，201 条 1 項の期間制限に服する。

(d) 期間制限

占有保持の訴えは，①妨害の存する間か，または，②妨害の消滅した後 1 年以内に提起しなければならない（201 I 本文）。

ただし，工事により占有物に損害を生じた場合に関しては，③妨害者が工事に着手した時から 1 年以内か，または，④工事の完成前に提起しなければならない（201 I ただし書）。

(2)　占有保全の訴え

「占有者がその占有を妨害されるおそれがあるときは，占有保全の訴えにより，その妨害の予防又は損害賠償の担保を請求することができる」（199）。

(a) 要　件

199 条には「占有を妨害されるおそれ」とあるが，ここにいう「妨害」は，占有保持の訴えにいう「妨害」よりも広く，占有侵奪の場合も含む。

(b) 相手方（被告適格）

相手方は，占有保持の訴えと同様，現に占有を妨害するおそれを生ぜしめている者であり，占有回収の訴えのような承継の問題は生じない。

(c) 効　果

①「妨害の予防」または②「損害賠償の担保」の請求である。占有保全の訴え・占有回収の訴えの効果が，原状回復「及び」損害賠償であるのに対して，

占有保全の訴えの効果は，妨害の予防「又は」損害賠償の担保であって，そのどちらかしか請求できない。

①「妨害の予防」とは，例えば隣地から雨水が浸入しないよう排水路復旧施設を設置する（大判大10・1・24民録27輯221頁）等である。

②「損害賠償の担保」の請求に関しても，相手方の故意・過失は成立要件とならない。ただし，その後に現に妨害が発生した場合に，提供された担保から賠償を受けるためには，不法行為の要件を満たしている必要がある。

(d) 期間制限

占有保全の訴えは，①妨害の危険の存する間は，提起することができる（201 II 前段）。

なお，工事により占有物に損害を生ずるおそれがあるときは，占有保持の訴えに関する201条1項ただし書の規定が準用され，②妨害者が工事に着手した時から1年以内か，または，③工事の完成前に提起すべきものとされる（201 II 後段）。

(3) 占有回収の訴え

「占有者がその占有を奪われたときは，占有回収の訴えにより，その物の返還及び損害の賠償を請求することができる」（200 I）。

(a) 要 件

占有者が「占有を奪われた」ことである（なお，200条2項では占有の「侵奪」という表現も用いられている）。「奪われた」「侵奪」されたとは，占有者の意思に基づかずに物の所持を他人が直接移転することをいい，したがって，錯誤や詐欺によって自発的に占有を移転した場合や，遺失した物・逃失した動物をその後他人が拾得・捕獲した場合については，占有回収の訴えは成立要件を満たさない（土地の譲受人であると称する者に欺罔されて占有代理人（賃借人）が欺罔者に土地を引き渡してしまった事案につき大判大11・11・27民集1巻692頁，賃借人が賃貸借契約の終了後も賃借物の占有を続けている事案につき大判昭7・4・13新聞3400号14頁）。この場合の占有喪失者は，もっぱら本権の訴え（物権的返還請求権）により占有を回復するしかない。

(b) 相手方（被告適格）

また，占有回収の訴えは，「占有を侵奪した者」およびその一般承継人に対してだけ提起することができ，占有侵奪者の特定承継人に対しては提起することができない（200 II 本文）。ただし，特定承継人が侵奪の事実を知っていた場

合には，例外的にこの者に対する追及が認められる（200 Ⅱ ただし書）。

なお，特定承継人の占有代理人も，200 条 2 項本文の「特定承継人」に含まれる（大判昭 19・2・18 民集 23 巻 64 頁）。したがって，悪意の特定承継人からの賃借人や受寄者は，自身が悪意でない限り，占有回収の訴えによる追及は受けない。しかし，この場合の悪意の特定承継人は，占有代理人を通じて依然占有を続けているから，占有回収の訴えの被告適格を有する（大判昭 5・5・3 民集 9 巻 437 頁）。

(c) 効 果

①「物の返還」および②「損害の賠償」の請求である。

①「物の返還」には，物が裁判所の仮処分命令により金銭に換価された場合の換価金の返還も含む（大判明 43・12・20 民録 16 輯 967 頁，大判大 14・5・7 民集 4 巻 249 頁）。

②「損害の賠償」に関しては，占有保持の訴えと同じである。

(d) 期間制限

占有回収の訴えは，占有侵奪の時から 1 年以内に提起しなければならない（201 Ⅲ）。占有保持の訴え・占有保全の訴えにおけるような，工事による占有物の侵害に関する特別の制限はない。

➔➔➔ 展開説明

(e) 交互侵奪

Y 所有の船舶を A が盗取した後，悪意の X が買い受け占有していたが（X は悪意の特定承継人であるため，Y は占有回収の訴えを提起できた），その後，Y が自力で占有を奪還した場合（交互侵奪），第 1 次侵奪者 X は，第 2 次侵奪者 Y に対して占有回収の訴えを提起できるか。判例は肯定説に立つが（大判大 13・5・22 民集 3 巻 224 頁），従来の多数説は，X の第 1 次侵奪から 1 年以内は，Y の占有回収の訴えが認められることから，訴訟不経済であるとして，否定説に立っていた。しかし，近時は，202 条に関して，X の占有の訴えに対する Y の本権の訴えの反訴が認められていることから，訴訟不経済の問題は生じないとして，X の占有の訴えを肯定する見解も有力である。

➔➔➔ 展開説明

3 占有の訴えと本権の訴えの関係

(1) 202 条の本来の意味

202 条 1 項は「占有の訴えは本権の訴えを妨げず，また，本権の訴えは占有

の訴えを妨げない」旨を規定する。同条項は，占有回収の訴えと本権の訴えでは訴訟物が別であり，したがって両訴訟に関して二重起訴の禁止（民訴142）の問題は生じないことを確認しただけの規定のように読めるが，立法者の意図は，本権の訴えのほかに，占有の訴えという簡易迅速な仮処分に類似の手続を選択することもできることを明確化する点にあった。しかも，戦前の明治23年裁判所構成法の下では，本権の訴えが地方裁判所の管轄であったのに対して，占有の訴えは区裁判所（現在の簡易裁判所）の管轄だったので，占有の訴えの簡易手続としての性格は，比較的明瞭であった。

「占有の訴えについては，本権に関する理由に基づいて裁判をすることができない」とする202条2項の趣旨も，本権に関する審理のために，占有の訴えの簡易迅速性が損なわれるのを防ぐ点にあった。

(2) 202条の今日的解釈

しかし，戦後の昭和22年現行裁判所法の下では，占有の訴えと本権の訴えとで管轄の違いはなくなり，また，立法者が占有の訴えに期待した機能は，もっぱら民事保全手続（仮処分制度）が担うようになった。

その結果，占有の訴えの迅速性確保のための規定である202条2項も緩和され，判例は，占有の訴えにおいて，防禦方法として本権の主張をすることは許されないが，本権に基づく反訴（民訴146）を提起することは許されるとして（最判昭40・3・4民集19巻2号197頁），占有の訴えと本権の訴えとの同一訴訟手続内での併合審理を認めている。

→ 趣旨説明

第3節　準占有

1　準占有の要件

「占有」が，「自己のためにする意思」をもって「物を所持する」場合であるのに対して（180），「準占有」とは，「自己のためにする意思」をもって「財産権の行使をする」場合をいう（205）。

占有（占有権）の成立要件のうち，主観的要件である占有意思に関しては，所有者意思説→支配者意思説→自己のためにする意思説→不要説たる客観説と要件を緩和して保護範囲を広げてきたが，客観的要件についても，「物」（＝有体物。85）に対する事実的支配概念を，それ以外の客体にまで拡張して，保護

範囲を広げる趣旨である。

2　準占有の効果

(1)　占有権の規定の準用

準占有が認められる場合には，権利の性質に反しない限り，占有権の章の定める占有権の要件（第1節・第3節）ならびに占有権の効力（第2節）に関する規定が準用される（205）。

(2)　その他の効果

上記(1)の占有権の章の規定の準用のほか，民法典には，準占有（205「自己のためにする意思をもって財産権の行使をする場合」）を要件として，一定の法律効果を認める条文がある。「所有権以外の財産権を，自己のためにする意思をもって……行使する」場合に，その権利の時効取得を認める163条である。

なお，163条の規定によって時効取得される「所有権以外の財産権」の中には，①占有を権利内容としている（＝占有すべき権利・占有権原である）財産権（地上権・永小作権・賃借権など）と，②占有を権利内容としていない（＝占有すべき権利・占有権原ではない）財産権（地役権など）がある。そして，②のうち，地役権に関しては，「継続的に行使され，かつ，外形上認識することができるものに限り」時効取得できる旨の特別規定（163条の制限規定）があるが（283），しかし，②占有を権利内容としていない財産権については，目的物の返還請求権を観念できないので（例えば地役権についていえば，物権的妨害排除請求権・妨害予防請求権は行使できるが，物権的返還請求権は行使できない），上記(1)占有に関する規定の準占有への準用（205）に関しても，占有回収の訴えに関する規定（200）の準用は考えられない。

このほか，平成29年民法（債権関係）改正前の478条は，「債権の準占有者に対してした弁済は，その弁済をした者が善意であり，かつ，過失がなかったときに限り，その効力を有する」と規定していた。しかし，この条文にいう「債権の準占有者」の意味は，205条の規定する「準占有」の定義（「自己のためにする意思をもって財産権の行使をする場合」）と，大きく異なる。そのため，改正法は，旧規定の「債権の準占有者」の語を，「受領権者（債権者及び法令の規定又は当事者の意思表示によって弁済を受領する権限を付与された第三者をいう。以下同じ。）以外の者であって取引上の社会通念に照らして受領権者としての外観を有するもの」という表現に変更した。

第15章

用益物権

➡ 趣旨説明

第1節　用益物権の意義

1　用益物権とは

　用益物権とは，制限物権のうち，他人の土地を使用収益するために設定されるものをいう。民法は，地上権（265以下），永小作権（270以下），地役権（280以下），入会権（263・294）の4種類の用益物権を規定する。いずれも他人の土地を利用するための権利であるが，地上権や永小作権を設定すると，土地所有者は目的土地を使用収益することができなくなるのに対し，地役権や共有の性質を有しない入会権（294）の場合は，土地所有者は目的土地をそれらの権利の制約を受けながらも使用し続けることができる。

2　債権的な土地利用権との異同

　用益物権のうち地上権は，土地賃借権と同様に建物所有などの目的で他人の土地を使用することのできる権利であるが，物権と債権という違いから，以下の点で土地賃借権とは異なる。

　①譲渡・賃貸について，土地賃借権の場合は制限があるが（612），地上権の場合は自由である。また，土地賃借権は抵当権の目的となり得ないが，地上権は抵当権の目的となりうる（369Ⅱ）。②土地賃借権の場合は土地を使用に適する状態に置くべき義務が土地所有者にあるが（606），地上権の場合はこのような積極的な義務を土地所有者は負わず，土地の使用を認容するという消極的義務を負うだけである。③土地賃借権の場合は登記請求権が賃借権者に当然にはないが，地上権の場合は登記請求権が地上権者に当然に認められる。

　その他にも，物権・債権という違いからくるものではないが，土地賃借権はその目的に制限がないが，地上権は工作物または竹木の所有目的に限られる点，土地の賃貸借は有償であるが（601），地上権は地代の支払が必須の要件となっ

ておらず無償の場合も考えられる点などで違いがある。ただし，土地賃借権は，登記することにより第三者対抗力を備えることができ（605），また，借地借家法の適用を受ける場合は，借地権として地上権同様の規制に服する点には注意を要する（借地借家2①）。

→→ 基本説明

第2節　地上権

1　地上権の意義

(1)　地上権とは

地上権とは，工作物または竹木を所有するために他人の土地を使用することのできる権利である（265）。「工作物」には，建物のほか，ガソリンタンク・鉄塔・トンネルなども含まれる。「竹木」の種類には特に制限はないが，果樹や茶などを植える目的であれば，地上権ではなく永小作権の設定によるものと考えられる。

(2)　区分地上権

通常の地上権は，他人の土地を全面的に使用することのできる権利であるが，地下または地上の空間も，上下の範囲を定めることで地上権の目的とすることができる（269の2）。このような地上権を，区分地上権という。例えば，他人が所有する土地の上に高速道路を通す場合や地下に地下鉄を通す場合に，区分地上権を設定することが考えられる。土地について既に第三者が使用または収益する権利（通常の地上権や賃借権など）を有している場合でも，その第三者，そして第三者の権利を目的とする権利を有する全ての者の承諾があれば，区分地上権を設定することができる（同条Ⅱ）。区分地上権の行使に必要があれば，設定行為により土地のその余の部分の使用に制限を加えることができる（同条Ⅰ後段）。

2　地上権の成立

(1)　地上権の取得

地上権は，通常，地上権設定契約により設定される。設定契約以外では，時効取得や相続・遺言・譲渡による承継取得が考えられる。法定の要件を満たせば成立する法定地上権（388）もある。

(2) 地上権の対抗

地上権の対抗要件は，登記である（177）。建物所有を目的とした地上権については，借地借家法により，土地上の建物登記をもって地上権登記に代えることが可能である（借地借家10Ⅰ，同条Ⅱにも注意）。

3 地上権の効力

(1) 地上権者の権利

地上権者は，設定契約で定めた目的の範囲内で，土地を使用する権利を有する。また，地上権者は物権者であるので，土地所有者の承諾なく，地上権を譲渡・賃貸することができる。設定契約で，地上権の譲渡・賃貸を禁止することも可能であるが，そのような定めを登記することはできないため（不登78参照），当事者間での債権的効果しか有しないと解される。地上権を目的に抵当権を設定することも可能であるが（369Ⅱ），例は少ない。地上権者と隣地の所有者・地上権者との関係については，相隣関係の規定が準用されている（267）。

(2) 地上権者の義務

永小作権とは異なり，地上権の成立につき地代（対価）の支払は必須の要件となっていない。無償の地上権も考えられるが，地代の支払が約されることが普通である。その場合，274～276条までの小作料に関する規定（小作料の減免禁止，収益困難の場合の永小作権の放棄，小作料不払の場合の永小作権の消滅請求）が準用されるほか，性質に反しない限り賃貸借に関する規定も準用される（266）。なお，法定地上権の地代については，当事者の請求で裁判所が定める（388ただし書）。建物所有を目的とする地上権については，借地借家法で，借地権者・借地権設定者双方からの地代等増減請求権が認められており，地代が不相当となった場合にはこれを行使することができる（借地借家11）。

(3) 地上権の存続期間

地上権の存続期間は，設定行為で自由に定めることができる。工作物・竹木の所有を目的とする権利であるため，長期の存続期間が約されることが多い。判例は，「永久（永代）」との定めもできるとする（大判明36・11・16民録9輯1244頁，大判大14・4・14新聞2413号17頁）。地上権は，土地を排他的に利用することができる権利であるため，永久の地上権を認めると，永久に利用することができない所有権が生み出されることになるが，実際上不都合が出るわけではないとして，これを肯定する学説が多い。

当事者間において設定行為で存続期間を定めなかった場合，地上権者はいつ

でもその権利を放棄することができる（268Ⅰ）。ただし，地代の支払が約されている場合には，1年前に予告をするか，期限の到来していない1年分の地代を支払わなければならない（同条同項ただし書）。地上権者が権利を放棄しない場合は，裁判所が，当事者の請求で，20年以上50年以下で存続期間を定めることになる（268Ⅱ）。

建物所有を目的とした地上権の存続期間については，存続期間について合意がない場合は30年であり，合意により存続期間を定める場合でも最短の存続期間は30年となる（借地借家3）。判例によれば，30年より短い期間を合意で定めた場合，そのような合意はなされなかったものと見なされる（最大判昭44・11・26民集23巻11号2221頁）。したがって，存続期間は30年ということになる。

4　地上権の消滅

地上権は，物権一般の消滅原因（放棄・混同・存続期間の満了など）により消滅する。

地代支払の合意があるにもかかわらず，地上権者が引き続き2年以上地代を支払わない場合に，土地所有者は地上権の消滅を請求することができる（266Ⅰ・276）。この場合，地上権者側に，2年以上の地代滞納について責めに帰すべき事由が必要である（最判昭56・3・20民集35巻2号219頁）。

また，地上権者からの一方的な放棄の意思表示により地上権が消滅する場合もある（266Ⅰ・275および268Ⅰ）。存続期間の定めがなく，存続期間につき別段の慣習もないが，地代の支払が約されている場合には，1年前に予告をするか，期限の到来していない1年分の地代を支払わなければならない（268Ⅰただし書）。

地上権の消滅後，地上権者が土地を所有者に明け渡す場合，設定当時にはなかった工作物や竹木を地上権者が撤去することができるが，土地所有者が時価相当額を提供してこれを買い取る旨を通知したときは，地上権者はこれに応じなければならない（269Ⅰ・Ⅱ―別段の慣習があればそれに従う）。本来的には，土地に付属させられた地上物は地上権者の所有物であり（242ただし書），これを収去することは地上権者の権利であるが，地上物が土地から切り離されると社会経済的な損失が大きい場合が多いためである。

→→ 基本説明

第3節 永小作権

1 永小作権の意義

(1) 永小作権とは

　永小作権とは，小作料を支払って耕作または牧畜のために他人の土地を使用収益することのできる権利である（270）。現在では，耕作または牧畜のために他人の土地を使用する場合でも，永小作権設定契約ではなく賃貸借契約によることが多く，また，農地関係には農地法が適用される部分が大きいので，民法の永小作権に関する規定の重要性は低い。271条から276条までの規定と異なる慣習がある場合には，慣習が優先される（277）。

(2) 地上権との異同

　永小作権は，地上権と同様に，他人の土地を使用収益するための用益物権であり，地上権者の工作物・竹木の収去権などの規定が，永小作権について準用されている（279・269）。永小作権は，地上権同様，抵当権の目的とすることもできる（369Ⅱ）。

　しかし，地上権の場合は地代の支払が成立要件となっていないのに対して，永小作権の場合は小作料の支払が成立要件とされている（270）。また，地上権の場合，譲渡・転貸は全く自由だが，永小作権の場合は設定契約でこれらを制限することが可能である（272）。存続期間の制限について，地上権の場合は特に定めがないが，永小作権の場合は20年以上50年以下との制限がある（278）。

2 永小作権の成立

(1) 永小作権の取得

　永小作権は，主に永小作権設定契約により設定される。時効取得や相続・譲渡による承継取得も考えられる。農地や採草放牧地を目的とする永小作権の設定については，農業委員会または都道府県知事の許可が必要とされる（農地3Ⅳ）。

　「小作料を支払って」とあるように（270），永小作権については小作料の支払が重要な成立要件になっている。

(2) 永小作権の対抗

　永小作権の対抗要件は，登記である（177）。不動産登記法79条に，永小作権の登記に特有な登記事項が挙げられている（小作料が登記事項になっているこ

とに注意)。

3　永小作権の効力

(1)　永小作人の権利

永小作人は，設定行為において禁じられていない限り，自らの権利を譲渡したり，自らの権利の存続期間内において耕作または牧畜のために他人に当該土地を賃貸したりすることができる（272）。

(2)　永小作人の義務

小作料については，不可抗力により収益について損失を受けたときであっても，免除・減額を土地所有者に対して求めることができない（274）。また，永小作人は，土地に対して，回復することのできない損害を生じるような変更を加えることができない（271）。

永小作人の義務については，以上の規定および設定契約で定められたもののほかは，永小作権の性質に反しない限り，民法の賃貸借に関する規定が準用される（273）。271から276条までの規定と異なる慣習がある場合には，慣習が優先される（277）。

(3)　永小作権の存続期間

永小作権の存続期間は，20年以上50年以下の期間内で，当事者が定めることができる。当事者間で，これより長期の存続期間を定めても，50年とされる（278 I）。更新することは可能であるが，更新時からの存続期間は最長50年とされる（同条II）。また，存続期間について当事者が定めなかった場合は，別段の慣習がある場合を除き，30年となる（同条III）。

4　永小作権の消滅

永小作権は，物権一般の消滅原因（放棄・混同・存続期間の満了など）により消滅するほか，不可抗力により継続して3年以上収益が得られなかった場合または5年以上小作料より少ない収益しか得られなかった場合には，永小作人からの一方的な放棄の意思表示により消滅する（275）。土地所有者からも，永小作人の2年以上にわたる地代不払があった場合には，一方的意思表示により永小作権を消滅させることができる（276）。また，永小作人が設定契約で定める範囲外の使用をしたときは，永小作権設定者は541条による解除ができる（273条参照，大判大9・5・8民録26輯636頁）。

→→ 基本説明

第4節　地役権

1　地役権の意義

(1)　地役権とは

地役権とは，設定行為で定めた目的のために他人の土地を自己の土地の便益のため使用することのできる権利である（280）。便益を受ける土地を要役地，便益に供する土地を承役地という。地役権は土地の便益を目的として設定することができるのであり，個人的な便益のために設定することはできない。便益の内容については，民法第3章第1節（相隣関係）の規定のうち強行規定とされるものに反することはできない（280ただし書）。承役地所有者や承役地の地上権者・永小作人も，地役権者の権利行使を妨げない範囲で，承役地の利用が可能であり，権利者の排他的利用を可能にする地上権や永小作権とはこの点で異なる。

使用目的について特に制限はなく，設定行為で定めれば様々な目的のために成立しうる。ある土地への進入が困難な場合に承役地の一部を通行することを可能にする通行地役権や，眺望を確保するために承役地を利用する眺望地役権や，要役地に水を引くために承役地を利用する用水地役権など，様々な態様の地役権が考えられる。

(2)　地役権の性質

地役権は要役地所有権の従たる権利であり，要役地所有権と運命を共にする。要役地所有権と切り離して，地役権のみを譲渡することはできない（281）。これを地役権の付従性という。

また，地役権の取得・消滅は，共有者全員について一体的に認められる。これを地役権の不可分性という。具体的には，要役地または承役地の共有者のうち一人が，自己の持分についてのみ，地役権を消滅させることはできない（282Ⅰ）。要役地または承役地の分割・一部譲渡に際しては，地役権は原則として各部分に存続する（同条Ⅱ，ただし書にも注意）。共有者の一人が，地役権を時効により取得した場合は，他の共有者も地役権を取得する（284Ⅰ）。地役権の時効の中断（更新）は，要役地共有者全員に対してしなければならず，時効の停止（完成猶予）も全員について停止事由がなければならない（284Ⅱ・Ⅲ）。要役地共有者のうちの一人に消滅時効の停止（完成猶予）または中断（更

新）がある場合には，他の共有者にもその効力が及ぶ（292）。

2　地役権の成立

⑴　地役権の取得

地役権は，通常，要役地所有者と承役地所有者の間の地役権設定契約により設定される。黙示の設定契約もあり得る。要役地所有者だけでなく，要役地の地上権者・小作人も，地役権を設定することが可能である（281 Ⅱ）。地代（対価）は地役権の成立に必須の要件とされていない。地代は登記事項になっていないため（不登 80 Ⅰ），地代支払を約したとしても，それは当事者間で債権的効力を持つにすぎない（大判昭 12・3・10 民集 16 巻 255 頁）。

⑵　地役権の時効取得

地役権は，「継続」かつ「表現」のものに限って，時効取得が可能である（283）。所有権以外の財産権の時効取得の要件（163）を備えることも必要である。地役権に限り，特別に，「継続」（土地の利用が継続的に続いていること）の要件が課されているのは，断続的な使用であれば土地所有者が好意で黙認している場合が多く，そのような場合に時効取得を認めるのは土地所有者にとって酷であることによる。また，「表現」（土地の利用が外形上認識可能ということ）の要件が課されているのは，土地が他人に利用されていることがわからないと，土地所有者が時効完成を阻止することが困難であることによる。「表現」ではない例としては，例えば，用水地役権において地中に送水管が埋められている場合があげられる。

判例は，通行地役権の時効取得に関して，「継続」要件を満たすには，通路の開設が必要であり，その開設は要役地所有者によってなされなければならないとする（最判昭 30・12・26 民集 9 巻 14 号 2097 頁，最判昭 33・2・14 民集 12巻 2 号 268 頁，最判平 6・12・16 判時 1521 号 37 頁）。地役権の時効取得を容易に認めないのは，隣人に好意で認めた通行が地役権という強力な権利にまで高められることを危惧してのことである。通路開設行為がなければ，承役地所有者が時効完成を阻止することが困難である。通路が開設されていたとしても要役地所有者以外の者が開設していた場合は，要役地所有者は他人が開設した通路を「断続的に」利用しているにすぎない。学説では，通路の維持管理は要役地所有者がしなければならないが通路は誰が開設したものでもよいとして，より簡単に通行地役権の時効取得を認める説も有力である。

(3) 地役権の対抗

地役権の対抗要件は，登記である（177）。設定登記に地役権者の氏名・住所は登記しなくてもよいことになっており（不登80 II），地役権について独立の移転登記を考える必要はない。地役権の付従性により，要役地移転にともなう地役権移転を第三者に対抗するには，要役地の所有権移転登記さえあればよい。

未登記地役権をもって承役地の譲受人に対抗できるかが問題となった事例において，善意有過失の承役地譲受人を177条の「第三者」から除外した判決がある（最判平10・2・13民集52巻1号65頁）。同判決では，承役地が継続的に通路として使用されていることが物理的状況から客観的に明らかである場合，承役地譲受人がそのことを認識していたかまたは認識し得た場合には，「登記の欠缺を主張するについて正当な利益を有する第三者」に該当しないとされた。

3　地役権の効力

(1) 地役権者の権利・義務

地役権者は，承役地を利用することができるが，独占的に承役地を占有したり管理したりする権限はない。地役権者は物権者であるので，物権的請求権を行使できるが，承役地の返還請求はできず，妨害排除請求ないし妨害予防請求ができるだけである。地役権者が，承役地に恒常的に自動車を駐車している他の地役権者に，通行地役権に基づく妨害排除ないし予防請求として駐車禁止を求めたところ，このような行為の禁止を認めた事例がある（最判平17・3・29判時1895号56頁）。

(2) 承役地所有者の権利・義務

承役地所有者は，地役権者の権利行使を認容する義務・一定の行為をしない義務を負う。また，設定契約やその後の契約により，承役地所有者が自己の費用で地役権行使のために工作物の設置義務または工作物の修繕義務を負う場合がある。そのような場合には，承役地の特定承継人もその義務を負担することになる（286）。このような義務を負担することが苦痛であれば，承役地所有者は，いつでも地役権行使に必要な土地の部分を放棄して要役地所有者に移転することができる（287）。

4　地役権の消滅

地役権は，物権一般の消滅原因のほか，承役地所有者による放棄（287）により消滅する。

また，承役地を時効取得された場合には，地役権は消滅する（289）。地役権

者がその権利を行使していたり（290），承役地の占有者が地役権の存在を認容していたりした場合には消滅しない。地役権自体も167条2項（新166Ⅱ）により20年で時効消滅するが，起算点は，不継続の地役権については最後の行使時，継続の地役権についてはその行使を妨げる事実が生じた時である（291）。時効消滅するのは，地役権者が行使しなかった部分についてのみである（293，空間的不行使だけでなく時間的不行使も含むかは検討の余地がある）。

➡➡ 基本説明

第5節　入会権

1　入会権の意義

(1)　入会権とは

入会権とは，一定の地域の住民集団が山林や原野などを共同で支配しそこから各人が生活上・農業上の利益を受けることのできる権利である。一定地域の住民集団のことを入会集団（入会団体），入会集団が権利を有する土地のことを入会地，入会集団の構成員を入会権者と呼ぶ。

263条は共有の性質を有する入会権，294条は共有の性質を有しない入会権について定める。前者は，入会地の所有権が入会集団に帰属する場合の入会権のことを指し，用益物権（制限物権）の形態をとらない権利である。後者は入会地の所有権が入会集団に帰属しない場合の入会権のことを指し，用益物権（制限物権）の形態をとる。

(2)　入会権の様々な形態

入会権は，慣習によって成立する。入会権は，国有地の上にも成立しうるし，地方公共団体の有する公有地上にも成立しうる（最判昭48・3・13民集27巻2号271頁）。

入会権者は，慣習さらには入会集団の規約に従い，入会地を使用収益できる。古典的な入会権に，各入会権者が，自ら使用する目的で薪などを採取するため各自で入会地に入り入会地を共同で使用するというもの（共同利用形態）であったが，社会経済が発展し，農村社会が変化するとともに，以下のような様々な形態の入会権が登場するようになった。

①入会集団が入会地を直接管理収益し，入会権者の一時的使用を禁じるもの（直轄利用形態），②入会集団が入会地を入会集団のうちの一人や第三者に使用

させ，その収益を入会集団が得るもの（契約利用形態），③各入会権者に，入会地の一部を割り当て，それを各入会権者が独占的に使用収益するもの（分割利用形態）。

入会権は，時代の流れとともに，解体の過程にあり，「入会林野等に係る権利関係の近代化の助長に関する法律」が解体を進める際の手順を規定している。判例でも，入会権が消滅したか否かが争われた例が多く見られる。入会地の一部がいわゆる「分け地」として部落民個人に分配された事例において，「分け地」について入会権が消滅したか否かが争われた判例がある（最判昭40・5・20民集19巻4号822頁）。部落民が採草する際は「分け地」の区分なく入会地のどこにでも自由に立入ることができるとしつつ，部落外に転出することで「分け地」だけでなく入会地についても一切の権利を喪失するとする慣習の存在から，分割利用形態の入会権の存在が認められた。「分け地」の譲渡が可能であったことから，入会権の存在が否定された例もある（最判昭32・9・13民集11巻9号1518頁）。

2　入会権の内容

入会地の利用の内容，入会権者の地位の得喪（入会集団の構成員となりうるか否か）などは，まずは各地方の具体的な慣習によることになる。慣習がない場合には，共有の性質を有しない入会権については，地役権の規定が「準用」される（294）。共有の性質を有する入会権では，入会地は入会集団構成員の共同所有であるため，共有の規定が「適用」される（263）。

3　入会財産

(1)　入会財産の帰属

入会集団には，法人格がないため，入会財産の帰属主体となることができない。入会集団が権利能力なき社団であると認められる例もあり，判例は，共有の性質を有する入会権における入会財産の帰属形態につき，最も団体的色彩が強い共同所有形態である「総有」であると解する（最判昭41・11・25民集20巻9号1921頁）。入会権者には持分はなく，したがって持分譲渡や分割請求ということも考えられない。ただし，入会権と一口に言っても，その態様は各地方の慣習により様々であり，持分譲渡が認められたり，入会集団脱退の際に持分相当の対価や補償金が払われたりする例もある。

入会権者らが債権を取得した場合は，その債権も入会権者に総有的に帰属すると考えられる。入会権者が入会地を売却した場合については，入会権が消滅

第 5 節　入会権　　227

したと考えられる場合もあるが，売却後も入会集団が継続しており入会集団による管理が失われておらず入会集団の規約で入会地の売却代金の管理運営を入会集団の事業とする旨を定めていた事例では，入会権者の権利関係は総有のままであるとされた（最判平 15・4・11 裁時 1337 号 6 頁）。

　入会権の処分行為については，本来は入会団体構成員全員の同意が必要であると考えられる。しかし，例外的にではあるが，公序良俗に反するなど特段の事情がない限り，これと異なる慣習の有効性を認めた判例がある（最判平 20・4・14 民集 62 巻 5 号 909 頁）。

(2)　入会財産の公示

　入会権は登記の対象とはなっておらず，公示方法がない（不登 3）。したがって，入会権の変動につき，登記なくして第三者に対抗できる（大判明 36・6・19 民録 9 輯 759 頁，大判大 10・11・28 民録 27 輯 2045 頁）。しかし，共有の性質を有する入会権については，実際には，代表者や入会権者の一部の者の名義で登記されることが多く，権利能力なき社団と同じような問題が生じうる。入会集団の代表者名義で登記がなされた土地を購入した第三者が現れた場合，判例は，入会権者と登記名義人との間で仮装の譲渡契約があったか，またはこれと同視すべき事情があったとすることはできず，民法 94 条 2 項を適用または類推適用することはできないとする（最判昭 43・11・15 判時 544 号 33 頁）。

➡➡➡　展開説明

4　入会権の確認

(1)　入会権の確認と固有必要的共同訴訟

　入会権自体の存否を争う訴えは，固有必要的共同訴訟と考えられている。入会権の確認の訴えと，入会権に基づく登記手続請求は，入会権者が共同して行わなければならない（前掲・最判昭 41・11・25）。

　これに対して，入会集団の構成員としての地位の確認請求，各入会権者の使用収益権の確認請求，入会地の使用収益の妨害に対する妨害排除請求は，各入会権者が単独で行うことができる（263・252 ただし書，最判昭 58・2・8 判時 1092 号 62 頁）。ただし，入会地について無効な登記がなされた場合には，各入会権者は単独で抹消登記請求を請求することはできない（最判昭 57・7・1 民集 36 巻 6 号 891 頁）。

(2)　入会団体による総有権確認請求

　判例によれば，入会集団が権利能力のない社団に当たる場合には，入会集団

は，入会財産につき，これを争う者を被告とする総有権確認請求訴訟を追行する原告適格を有する（最判平6・5・31民集48巻4号1065頁，民訴29参照）。入会集団の代表者が総有権確認請求訴訟を原告の代表者として追行するには，入会団体の規約等において不動産を処分するのに必要とされる総会の議決等の手続による授権を要する（前掲・最判平6・5・31）。入会団体の代表者の代表権の範囲は，一切の裁判上または裁判外の行為には当然には及ばないと考えられるからである。規約等に定められた手続により，代表者でない構成員を入会不動産の登記名義人とした場合，この構成員は，登記手続請求訴訟の原告適格を有するとされる（前掲・最判平6・5・31）。

事 項 索 引

〔あ 行〕

悪意者排除構成　　8□

悪意者排除説　　86

悪意占有者　　30

新たな物　→　加工物

遺産分割後の第三者　　103

遺産分割前の第三者　　103

遺産分割前の共同相続財産　　166

遺産分割方法の指定　　106

意思主義　　46

意思無能力者の占有　　190

遺失物拾得　　155

遺失物法　　155

一物一権主義　　3，16

5つの準則　　95，97

移転登記　　61

稲立毛　　119

囲繞地　　143

入会権　　7，225

入会権者　　225

入会権の確認　　227

入会財産の帰属　　226

入会集団　　225

入会地　　225

上土権　　7

永小作権　　220

永小作権の消滅　　221

温泉権　　7

オンライン申請　　59

〔か 行〕

解除権の不可分性　　169

解除後の第三者　　93

解除前の第三者　　92

改正法 899 条の 2 第 1 項　　107，112

回復者　　205

回復請求権　　134

外部的徴表説　　50

海面下の地盤　　14

加　工　　162

加工物　　156，162，163

果　実　　12，119

果実の帰属　　30

瑕疵なき占有　　197

家畜以外の動物　　155

家畜以外の動物の権利取得　　208

価値所有権　　152

仮登記　　61

簡易の引渡し　　115，200

慣習上の物権　　6

間接占有　　115，191

管理組合法人　　184

管理行為　　169

管理者　　184

企業担保権　　17

起算点の任意選択　　96

帰責性　　45

帰　属　　10

規　約　　184

客観説　　187，189

旧慣上の物権　　7

境界確定　　147

境界確定訴訟　　149

境界線付近の建築の制限　　146

境界標　　147

境界紛争型　　100

共同所有　　165

共同申請主義　　58

共同申請の例外　　58

共同相続　　101

共同相続と登記　　102

共　有　　165

共有権　　167

事項索引

共有権の確認　174
共有者間の明渡請求　171
共有の登記　167
共有物に対する妨害の排除請求　174
共有物の管理　168
共有物の使用　168
共有物の負担　170
共有物の分割（方法）　179, 181
共有物の返還請求　174
共有物の変更　170
共有持分権　167, 174, 182
共用部分　182
金銭所有権　27, 152
区分所有権　18, 182
区分所有者の団体　184
区分所有法　183
区分地上権　217
組　合　166
形式主義　43, 47
形式審査主義　44, 59
形式的確定力　64
競売による金銭分割　181
競売による所有権の取得　108
契約解除と登記　92
契約締結時説　49
ゲヴェーレ　129
権原による付属　158
権原の客観的性質　189
権原の第三者への対抗　159
原始取得　42, 133, 154
原始取得の反射的効果　52
現実の引渡し　114, 200
原所有者帰属説　137
建築基準法63条　147
建築中の建物　16
元　物　12
現物分割　181
権　利　13
権利証　61
権利に関する登記　61
権利保護資格要件　80
　　──としての登記　90, 93

合意解除と登記　94
行為請求権説　33, 40
交換価値　5
公共用物　14
交互侵奪　213
工作物　217
行使期間（物権的請求権の）　25
公信力説　75
公示の原則　43
工場抵当権　17
公信の原則　44, 124
更正登記　62
合成物　156, 163
合同申請　58
公　物　14
公　有　→　パブリック・ドメイン
公有水面埋立権　15
合　有　166
公用収用による所有権取得　108
国　庫　154
固有必要的共同訴訟　174, 227
混　同　52, 53
混　和　161
混和物　156, 163

〔さ　行〕

財貨の移転秩序　1
財貨の帰属秩序　1
債権的登記請求権　66
財産権　9, 182
財団抵当権　17
差押債権者　78
指図による占有移転　115, 201
　　──による即時取得　132
敷地利用権　182
時効完成後の第三者　98
時効完成前の第三者　95, 97
自己占有　191
自己占有の消滅　203
自己占有の存続擬制　203
自主占有　194
自主占有者　32

事 項 索 引　　　　　　　　　iii

自主占有への転換　175
実質審査主義　44
実質的無権利者　77
支配権　2
自由競争原理　81
集合物　13, 17
私有財産制　1
修正行為請求権説　35, 40
従たる権利　12
従　物　11
主観説　187, 189
主従の区別　161
出頭主義　59
取得時効と登記　95
主　物　11
樹木ノ集団　119
準共有　182
準占有　214
承役地　222
承役地の譲受人　85
償金請求　160
承継取得　42, 154
　移転的——　42
　設定的——　42
所　持　187
所持権原　189
所持事情　190
消滅時効　52
使用・収益・処分　139
使用利益の帰属　137
職権登記　58
処分証書　59
書面主義　59
所有権　139
所有権界　148
所有権の移転時期　49
所有権の取得　154
所有権の制限　139
真正な登記名義の回復　44, 69
真正な登記名義の回復を原因とする移転登記
　手続請求　28
森林法　179

推定力　63
水利権　7
生活妨害　28
請求権　2
請求権競合説　26
制限説　76
制限物権　4
静的安全　46
折衷説　34, 39
絶対性　2
善意悪意不問構成　81
善意占有者　30
善意無過失　126
占　有　187, 210
占有意思　187, 189
占有回収の訴え　212
占有改定　115, 200
占有改定による即時取得の成否　129
占有機関　192
占有権　187
占有権の効力　187
占有者帰属説　137
占有者の果実取得　207
占有者の損害賠償義務　207
占有訴権　23, 210
占有尊重説　99
占有代理人　115, 191
占有の移転　114, 199
占有の訴え　210
占有の継続　198
占有の権利適法推定　206
占有の効力　188
占有の性質の承継　201
占有保持の訴え　210
占有補助者　192
占有離脱物　134
専有部分　182
増改築　159
「相続させる」旨の遺言　106
相続と登記　100
相続放棄と登記　104
相対性　2

総　有　166, 226

相隣関係　142

遡及効貫徹説　91

遡及効制限説　92

即時取得　45, 208

即時取得防止機能　122

〔た　行〕

代価弁償　135, 137

対抗不能　73

対抗問題　87

対抗問題限定説　88

対抗要件主義　43, 47

対抗力　62

第三者　76, 117

第三者主張構成　74

第三者の取引安全　45

第三者の範囲　76

第三者保護　45

対人権　2

大深度地下　141

対物権　2

代理占有　191

代理占有の効果　192

代理占有の消滅　203

代理占有の要件　191

代理人　115

他主占有　194

他主占有者　32

建替え　186

建替え決議　186

建物の区分所有　182

多年にわたる占有継続（の事実を認識）
　84, 96

単一性（物権の客体の）　17

段階的移転説　51

単独相続　101

担保物権　5

地役権　222

地役権の時効取得　223

地役権の消滅　224

地役権の対抗　224

地上権　217

地上権者の義務　218

地上権者の権利　218

地上権の消滅　219

地上権の存続期間　218

知的財産　13

中間者　66

中間者の同意　69

中間省略登記　66

直接占有　115, 191

賃借人　79

追及力　20

強い付合　158

定着物　10

電子申請　59

天然果実　12

添　付　156

添付の効果　163

登　記　43

登記義務者　64

登記原因証明情報　59, 67

登記権利者　64

登記識別情報　60

登記所　56

登記申請意思　72

登記請求権　64

登記尊重説　99

登記の欠缺を主張する正当な利益を有する者
　76

登記の効力　62

登記の有効要件　71

登記引取請求権　70

登記ファイル　56

登記簿　56

動　産　11

動産債権譲渡特例法　120

動産譲渡登記ファイルへの登記　120

動産の付合　161

動産物権変動　111

盗品・遺失物の特則　134

登　録　43, 120

独自性肯定説（物権行為の）　48

事 項 索 引

独自性否定説（物権行為の） 48
特定性（物権の客体の） 17
特別多数決議 185
独立性（物権の客体の） 17, 18
土地所有権の及ぶ範囲 141
土地所有権の制限 140
土地賃借権 216
取消し後の第三者 90
取消し前の第三者 89
取引行為 126

〔な 行〕

何人も自己が有する権利以上のものを他人に
　移転することはできない → 無権利の法
　理
二重起訴の禁止 214
二重譲渡型 100
二重譲渡の法律構成 74
忍容請求権説 34
農地法 220

〔は 行〕

配偶者居住権 174
背信的悪意者 80
背信的悪意者からの転得者 82
背信的悪意者排除論 82
排他性 3, 20
売買は賃貸借を破る 19
パブリシティ権 14
パブリック・ドメイン 13
引渡し 114, 199
筆 界 147
筆界確定訴訟 149
筆界特定制度 149
筆界特定登記官 149
必要費 31, 209
非典型担保 7
表見相続人 101
表示に関する登記 61
不可侵性 2
不完全物権変動構成 74
袋 地 143

不実登記 44
普通決議 185
復 旧 185
物権行為の独自性 48
物権的価値返還請求権 27, 153
物権的請求権 2, 22
物権的請求権と費用負担 38
物権的請求権の相手方 36
物権的請求権の効果 33
物権的請求権の性質 24
物権的請求権の態様 26
物権的請求権の要件 33
物権的返還請求 26
物権的妨害排除請求 28
物権的妨害予防請求権 29
物権と債権の峻別 1
物権の円満な支配 2
物権の公示方法 43
物権の種類 4
物権の消滅 51
物権の設定・移転（取得）・消滅 41
物権の対外的効力 22
物権の得喪および変更 41
物権変動 41
物権法定主義 5
不動産 10
不動産賃借権の物権化 24
不動産登記 56
不動産登記記録 57
不動産登記法 43
不動産の付合 157
不法行為者 77
不法占有者 77
文化財保護法 156
変更登記 62
騙取した金銭 152
変動原因無制限説 87
妨害排除的効力 20
放 棄 53
法条競合説 26
法人の占有 193
法定果実 12

法定取得構成　75
法律行為の取消しと登記　88
保存行為　169
保存登記　61
没　収　52
本　権　4
本権の訴え　205
本登記　61
本人確認　60

〔ま　行〕

埋蔵物発見　155
埋蔵文化財　156
抹消回復登記　62
抹消登記　62
抹消登記手続請求　28
民法 94 条 2 項類推適用　45
民法施行法　7
無記名債権　11
無記名証券　11
無権利の登記　102
無権利の法理　89，123
無主物先占　154
無償通行権　150
無体物　9，13
明認方法　119
目的物の損傷　32
目的物の滅失　32，52
持分権　167

持分権の処分　171
持分の割合　167，168
物　9
物の所持　189，190

〔や　行〕

有益費　31，209
有益費償還請求権　31
優先的効力
　債権に対する物権の――　19
　物権相互間の――　20
有体物　9
要役地　222
用益物権　5，216
弱い付合　158

〔ら　行〕

流動動産　17
立木に関する法律　119
留保所有権　38
利用価値　5
隣地通行権　143

〔わ　行〕

分け地　226

〔その他〕

nuisance　→　生活妨害

判 例 索 引

＊「判プラ I」は，松本恒雄・潮見佳男編『判例プラクティス民法 I 総則・物権』（信山社，2010 年）を，「百選 I」は，潮見佳男・道垣内弘人編『民法判例百選 I 総則・物権』（有斐閣，第 8 版，2018 年）を指す。

大判明 34・10・28 民錄 7 輯 9 巻 162 頁　19
大判明 36・6・19 民錄 9 輯 759 頁　227
大判明 36・11・16 民錄 9 輯 1244 頁　218
大判明 38・4・24 民錄 11 輯 564 頁　108
大判明 38・12・19 民錄 11 輯 1790 頁　12
大判明 39・2・7 民錄 12 輯 180 頁　64
大判明 39・12・24 民錄 12 輯 1721 頁　206
大連判明 41・12・15 民錄 14 輯 1276 頁［判プラ I ‐239］　76, 77
大連判明 41・12・15 民錄 14 輯 1301 頁［判プラ I ‐228］［百選 I ‐54］　87, 95, 101
大判明 42・1・21 民錄 15 輯 6 頁　7
大判明 43・2・25 民錄 16 輯 153 頁　116
大判明 43・4・9 民錄 16 輯 314 頁　101
大判明 43・12・20 民錄 16 輯 967 頁　213
大判明 44・5・4 民錄 17 輯 260 頁　66
大判明 44・10・10 民錄 17 輯 563 頁　93
大判明 44・11・14 民錄 17 輯 708 頁　64
大判大 4・2・2 民錄 21 輯 61 頁　117
大判大 4・5・1 民錄 21 輯 630 頁　192
大判大 4・5・20 民錄 21 輯 730 頁　126
大判大 4・12・8 民錄 21 輯 2028 頁　119
大判大 5・3・24 民錄 22 輯 657 頁　63
大判大 5・4・19 民錄 22 輯 782 頁　117
大判大 5・6・13 民錄 22 輯 1200 頁［判プラ I ‐306］　174
大判大 5・6・23 民錄 22 輯 1161 頁［判プラ I ‐214］　25
大判大 5・7・12 民錄 22 輯 1507 頁　116
大判大 5・7・22 民錄 22 輯 1585 頁　211
大判大 6・2・10 民錄 23 輯 138 頁［判プラ I ‐221］　7
大判大 7・3・2 民錄 24 輯 423 頁　95
大判大 8・6・23 民錄 25 輯 1090 頁　108
大判大 8・10・8 民錄 25 輯 1859 頁　64
大判大 8・11・26 民錄 25 輯 2114 頁　162
大判大 9・5・8 民錄 26 輯 636 頁　221
大判大 9・10・14 民錄 26 輯 1485 頁　191

判 例 索 引

大判大 9・11・22 民録 26 輯 1856 頁　　65
大判大 9・12・27 民録 26 輯 2087 頁　　200
大判大 10・1・24 民録 27 輯 221 頁　　212
大判大 10・5・17 民録 27 輯 929 頁　　93
大判大 10・7・8 民録 27 輯 1373 頁［判プラ I - 281］　　137
大判大 10・11・3 民録 27 輯 1875 頁　　191, 192
大判大 10・11・15 民録 27 輯 1959 頁　　12
大判大 10・11・28 民録 27 輯 2045 頁　　227
大判大 11・8・21 民集 1 巻 10 号 493 頁　　26
大判大 11・10・25 民集 1 巻 604 頁　　191
大判大 11・11・27 民集 1 巻 692 頁　　191, 212
大連判大 12・6・2 民集 2 巻 345 頁　　149
大判大 13・5・22 民集 3 巻 224 頁［判プラ I - 285］　　213
大連判大 13・10・7 民集 3 巻 476 頁［百選 I - 10］　　18
大判大 13・10・7 民集 3 巻 509 頁　　18
大判大 14・1・20 民集 4 巻 1 頁　　12, 30
大判大 14・4・14 新聞 2413 号 17 頁　　218
大判大 14・5・7 民集 4 巻 249 頁　　213
大連判大 14・7・8 民集 4 巻 412 頁　　84, 96
大連判大 15・2・1 民集 5 巻 44 頁　　101
大判昭 2・4・25 民集 6 巻 182 頁　　12
大判昭 4・2・20 民集 8 巻 59 頁　　89
大判昭 4・12・11 民集 8 巻 923 頁　　137
大判昭 5・5・3 民集 9 巻 437 頁　　213
大決昭 5・8・6 民集 9 巻 772 頁　　211
大判昭 5・10・31 民集 9 巻 1009 頁　　25
大判昭 6・3・31 民集 10 巻 150 頁　　191
大判昭 7・2・16 民集 11 巻 138 頁　　209
大判昭 7・2・23 民集 11 巻 148 頁　　132
大判昭 7・4・13 新聞 3400 号 14 頁　　212
大判昭 7・5・18 民集 11 巻 1963 頁［判プラ I - 280］　　125
大判昭 8・2・13 新聞 3520 号 11 頁　　132
大判昭 9・5・1 民集 13 巻 734 頁　　88
大判昭 9・10・19 民集 13 巻 1940 頁　　211
大判昭 10・6・10 民集 14 巻 1077 頁　　192
大判昭 10・10・1 民集 14 巻 1671 頁［百選 I - 11］　　16
大判昭 11・3・10 民集 15 巻 695 頁　　149
大判昭 11・7・10 民集 15 巻 1481 頁　　141
大判昭 12・3・10 民集 16 巻 255 頁　　223
大判昭 12・11・19 民集 16 巻 1881 頁［百選 I - 50］　　29, 33, 39
大判昭 13・6・7 民集 17 巻 1331 頁　　144
東京控判昭 14・5・6 評論全集 28 巻民法 889 頁　　128

大判昭 14・7・7 民集 18 巻 748 頁　　94

大判昭 14・7・19 民集 18 巻 856 頁　　96

大判昭 15・9・18 民集 19 巻 1611 頁［判プラ I - 220］［百選 I - 49］　　7

大判昭 16・3・4 民集 20 巻 385 頁　　64

大判昭 17・4・24 民集 21 巻 447 頁　　180

大判昭 17・9・30 民集 21 巻 911 頁［判プラ I - 229］［百選 I - 55］　　90

大判昭 17・11・10 新聞 4819 号 12 頁　　204

大判昭 18・5・25 民集 22 巻 411 頁　　161

大判昭 19・2・18 民集 23 巻 64 頁　　213

最判昭 25・12・19 民集 4 巻 12 号 660 頁［判プラ I - 241］［百選 I - 62］　　77

最判昭 26・11・27 民集 5 巻 13 号 775 頁［判プラ I - 276］　　127, 135

最判昭 28・4・24 民集 7 巻 4 号 414 頁　　192

最判昭 28・12・18 民集 7 巻 12 号 1515 頁　　4, 24

最判昭 29・3・12 民集 8 巻 3 号 696 頁［判プラ I - 312］　　169

最判昭 29・8・31 民集 8 巻 8 号 1567 頁［判プラ I - 262］　　117

最判昭 29・11・5 刑集 8 巻 11 号 1675 頁　　125

最判昭 30・5・31 民集 9 巻 6 号 793 頁　　166

最判昭 30・6・2 民集 9 巻 7 号 855 頁［判プラ I - 376］［百選 I - 64］　　117, 201

最判昭 30・6・24 民集 9 巻 7 号 919 頁　　18

最判昭 30・11・18 集民 20 号 443 頁　　203

大阪地判昭 30・12・6 下民集 6 巻 12 号 2559 頁　　18

最判昭 30・12・26 民集 9 巻 14 号 2097 頁　　223

最判昭 31・5・10 民集 10 巻 5 号 487 頁［判プラ I - 300］　　174, 176, 178

最判昭 31・6・5 民集 10 巻 6 号 643 頁　　18

最判昭 31・10・23 民集 10 巻 10 号 1275 頁　　192

最判昭 31・12・28 民集 10 巻 12 号 1639 頁　　148

最判昭 32・2・15 民集 11 巻 2 号 270 頁［判プラ I - 264］［百選 I - 66］　　193

最判昭 32・2・22 判時 103 号 19 頁［判プラ I - 283］　　193

最判昭 32・6・7 民集 11 巻 6 号 999 頁　　90

最判昭 32・9・13 民集 11 巻 9 号 1518 頁［判プラ I - 323］　　226

最判昭 32・11・14 民集 11 巻 12 号 1943 頁［判プラ I - 42］　　167

最判昭 33・2・14 民集 12 巻 2 号 268 頁　　223

最判昭 33・3・14 民集 12 巻 3 号 570 頁　　117

最判昭 33・6・14 民集 12 巻 9 号 1449 頁　　93, 94

最判昭 33・6・20 民集 12 巻 10 号 1585 頁［判プラ I - 222］［百選 I - 52］　　49

最判昭 33・8・28 民集 12 巻 12 号 1936 頁［判プラ I - 231］　　96

最判昭 33・10・14 民集 12 巻 14 号 3111 頁　　101

最判昭 34・1・8 民集 13 巻 1 号 1 頁［判プラ I - 247］　　71

最判昭 34・4・15 訟月 5 巻 6 号 733 頁［判プラ I - 265］　　192

最判昭 34・8・7 民集 13 巻 10 号 1223 頁［判プラ I - 259］　　119

東京高判昭 34・10・27 判時 210 号 22 頁　　106

最判昭 34・11・26 民集 13 巻 12 号 1550 頁　　171

最判昭 35・1・22 民集 14 巻 1 号 26 頁　　69

最判昭 35・2・11 民集 14 巻 2 号 168 頁［判プラ I‐278］［百選 I‐68］　　130, 201

最判昭 35・2・11 判時 214 号 22 頁　　159

最判昭 35・3・1 民集 14 巻 3 号 307 頁［判プラ I‐295］　　159

最判昭 35・3・1 民集 14 巻 3 号 327 頁［判プラ I‐274］　　207

最判昭 35・4・21 集 14 巻 6 号 946 頁［判プラ I‐251］　　66, 68, 69

最判昭 35・6・17 民集 14 巻 8 号 1396 頁［判プラ I‐216］　　36

最判昭 35・6・24 民集 14 巻 8 号 1528 頁［判プラ I‐224］　　51

最判昭 35・7・27 民集 14 巻 10 号 1871 頁［判プラ I‐197］　　96

最判昭 35・11・29 民集 14 巻 13 号 2869 頁［百選 I‐56］　　94

最判昭 36・3・24 民集 15 巻 3 号 542 頁　　142

最判昭 36・5・4 民集 15 巻 5 号 1253 頁［判プラ I‐261］［百選 I‐65］　　120

最判昭 36・6・16 民集 15 巻 6 号 1592 頁　　63

最判昭 36・7・20 民集 15 巻 7 号 1903 頁［判プラ I‐232］　　97

最判昭 36・11・24 民集 15 巻 10 号 2573 頁［判プラ I‐253］　　70

最判昭 37・3・15 民集 16 巻 3 号 556 頁［判プラ I‐287］　　145

最判昭 37・4・20 集民 60 号 377 頁　　207

最判昭 37・5・18 民集 16 巻 5 号 1073 頁［判プラ I‐273］　　202

最判昭 37・6・1 訟月 8 巻 6 号 1005 頁　　155

最判昭 37・6・22 民集 16 巻 7 号 1374 頁［判プラ I‐260］　　119

最判昭 38・2・22 民集 17 巻 1 号 235 頁［判プラ I‐234］［百選 I‐59］　　102, 103, 171, 174

最判昭 38・5・31 民集 17 巻 4 号 588 頁［判プラ I‐225］　　49

最判昭 38・10・15 集 17 巻 9 号 1220 頁　　149

最判昭 38・10・29 民集 17 巻 9 号 1236 頁　　159, 160

最判昭 39・1・24 判時 365 号 26 頁［判プラ I‐299］［百選 I‐77］　　27, 126, 152

最判昭 39・2・25 民集 18 巻 2 号 329 頁［判プラ I‐313］　　169

最判昭 39・3・6 民集 18 巻 3 号 437 頁［判プラ I‐237］　　105

最判昭 39・5・26 民集 18 巻 4 号 667 頁　　192, 200

最判昭 39・11・19 民集 18 巻 9 号 1891 頁　　108

最判昭 40・3・4 民集 19 巻 2 号 197 頁［判プラ I‐286］［百選 I‐70］　　214

最判昭 40・5・4 民集 19 巻 4 号 797 頁［判プラ I‐248］　　71

最判昭 40・5・4 民集 19 巻 4 号 811 頁　　12

最判昭 40・5・20 民集 19 巻 4 号 822 頁［判プラ I‐324］　　226

最判昭 40・5・20 民集 19 巻 4 号 859 頁［判プラ I‐302］　　174

最判昭 40・9・21 民集 19 巻 6 号 1560 頁［判プラ I‐257］［百選 I‐53］　　67

最判昭 40・11・19 民集 19 巻 8 号 2003 頁［判プラ I‐226］　　51

最判昭 41・3・3 判時 443 号 32 頁　　174

最判昭 41・5・19 民集 20 巻 5 号 947 頁［判プラ I‐310］［百選 I‐74］　　172, 175

最判昭 41・6・9 民集 20 巻 5 号 1011 頁［判プラ I‐277］　　198

最判昭 41・10・7 民集 20 巻 8 号 1615 頁　　190

最判昭 41・11・22 民集 20 巻 9 号 1901 頁［判プラ I‐230］　　95

最判昭 41・11・25 民集 20 巻 9 号 1921 頁［判プラ I - 319］　226, 227
最判昭 42・ 1 ・20 民集 21 巻 1 号 16 頁［判プラ I - 235］　104
最判昭 42・ 4 ・27 判時 492 号 55 頁　127
最判昭 42・ 5 ・30 民集 21 巻 4 号 1011 頁　126
最判昭 42・ 7 ・21 民集 21 巻 6 号 1653 頁　96
最判昭 42・10・27 民集 21 巻 8 号 2136 頁　72
最判昭 42・12・26 民集 21 巻 10 号 2627 頁［判プラ I - 292］　148
最判昭 43・ 6 ・13 民集 22 巻 6 号 1183 頁　159
最判昭 43・ 8 ・ 2 民集 22 巻 8 号 1571 頁［判プラ I - 242］　82
最判昭 43・11・15 判時 544 号 33 頁　227
最判昭 43・12・19 集民 93 号 707 頁　198
最判昭 44・ 5 ・ 2 民集 23 巻 6 号 951 頁［判プラ I - 256］　69
最判昭 44・ 7 ・25 民集 23 巻 8 号 1627 頁［判プラ I - 296］［百選 I - 73］　160
最判昭 44・10・30 民集 23 巻 10 号 1881 頁　111
最大判昭 44・11・26 民集 23 巻 11 号 2221 頁　219
最判昭 44・12・ 2 民集 23 巻 12 号 2333 頁　203
最判昭 45・ 6 ・18 判時 600 号 83 頁　195
最判昭 45・12・ 4 民集 24 巻 13 号 1987 頁　125, 198
最判昭 46・ 1 ・26 民集 25 巻 1 号 90 頁［判プラ I - 236］　104
最判昭 46・10・14 民集 25 巻 7 号 933 頁［判プラ I - 263］　53
最判昭 46・11・ 5 民集 25 巻 8 号 1087 頁［判プラ I - 196］［百選 I - 57］　97
最判昭 46・11・11 判時 654 号 52 頁［判プラ I - 194］　198
最判昭 46・11・16 民集 25 巻 8 号 1182 頁［判プラ I - 238］　105
最判昭 46・11・30 民集 25 巻 8 号 1437 頁［判プラ I - 266］　196
最判昭 46・12・ 9 民集 25 巻 9 号 1457 頁［判プラ I - 307］　174
東京地決昭 47・ 2 ・23 判時 660 号 32 頁　29
最判昭 47・ 4 ・14 民集 26 巻 3 号 483 頁［判プラ I - 288］　144
最判昭 47・11・21 民集 26 巻 9 号 1657 頁　127
最判昭 47・12・ 7 民集 26 巻 10 号 1829 頁［判プラ I - 217］　37
最判昭 48・ 3 ・13 民集 27 巻 2 号 271 頁［判プラ I - 325］　225
最判昭 48・ 3 ・29 判時 705 号 103 頁　193
最判昭 48・ 7 ・17 民集 27 巻 7 号 798 頁　31
最判昭 48・ 7 ・19 民集 27 巻 7 号 845 頁　192
最判昭 49・ 3 ・19 民集 28 巻 2 号 325 頁［判プラ I - 244］　79
最判昭 49・ 9 ・26 民集 28 巻 6 号 1213 頁［判プラ I - 102］［百選 I - 23］　90
最判昭 49・ 9 ・26 民集 28 巻 6 号 1243 頁　27
最判昭 50・11・ 7 集民 29 巻 10 号 1525 頁　103
最判昭 51・ 2 ・13 民集 30 巻 1 号 1 頁　93
最判昭 51・ 9 ・ 7 判時 831 号 35 頁［判プラ I - 303］　174
最判昭 51・12・ 2 民集 30 巻 11 号 1021 頁　196
最判昭 51・12・24 民集 30 巻 11 号 1104 頁　15
最判昭 52・ 3 ・ 3 民集 31 巻 2 号 157 頁　196

最判昭 52・3・31 判時 855 号 57 頁　　198
最判昭 53・3・6 民集 32 巻 2 号 135 頁［判プラⅠ‐272］［百選Ⅰ‐46］　　202
最判昭 54・1・25 民集 33 巻 1 号 26 頁［判プラⅠ‐297］［百選Ⅰ‐72］　　164
最判昭 54・2・15 民集 33 巻 1 号 51 頁［判プラⅠ‐388］　　18
新潟地判昭 55・3・28 訟月 26 巻 6 号 1057 頁　　16
最判昭 56・3・20 民集 35 巻 2 号 219 頁　　219
盛岡地判昭 57・4・30 判タ 469 号 210 頁　　162
最判昭 57・6・4 判時 1048 号 97 頁［判プラⅠ‐227］　　50
最判昭 57・6・17 判時 1054 号 85 頁［判プラⅠ‐304］　　175
最判昭 57・7・1 民集 36 巻 6 号 891 頁［判プラⅠ‐321］　　227
最判昭 57・9・7 民集 36 巻 8 号 1527 頁［判プラⅠ‐279］　　132, 201
最判昭 58・2・8 判時 1092 号 62 頁［判プラⅠ‐320］　　227
東京高判昭 58・3・17 判タ 497 号 117 頁　　36, 40
最判昭 58・3・24 民集 37 巻 2 号 131 頁［判プラⅠ‐269］　　195
最判昭 58・7・5 判時 1089 号 41 頁　　94
最判昭 59・1・20 民集 38 巻 1 号 1 頁　　14
最判昭 59・4・20 判時 1122 号 113 頁　　135, 136
最判昭 59・4・24 判時 1120 号 38 頁　　176, 178
高知地判昭 59・10・29 判タ 559 号 291 頁　　14
最判昭 59・12・7 民集 38 巻 12 号 1287 頁　　16
最判昭 60・3・28 判時 1168 号 56 頁　　195
最判昭 61・3・17 民集 40 巻 2 号 420 頁［判プラⅠ‐155］［百選Ⅰ‐41］　　97
最判昭 61・12・16 民集 40 巻 7 号 1236 頁［判プラⅠ‐48］　　15
最大判昭 62・4・22 民集 41 巻 3 号 408 頁［判プラⅠ‐314］　　179, 181
最判昭 62・4・23 民集 41 巻 3 号 474 頁　　106
最判昭 62・4・24 判時 1243 号 24 頁［判プラⅠ‐275］　　125, 134
最判昭 62・11・10 民集 41 巻 8 号 1559 頁［判プラⅠ‐335］　　18
最判昭 63・5・20 判時 1277 号 116 頁　　175
最判平元・9・19 民集 43 巻 8 号 955 頁［判プラⅠ‐291］　　147
最判平元・11・24 民集 43 巻 10 号 1220 頁　　168
最判平元・12・22 判時 1344 号 129 頁　　202
最判平 2・4・19 判時 1354 号 80 頁［判プラⅠ‐50］　　12
最判平 2・11・20 民集 44 巻 8 号 1037 頁［判プラⅠ‐290］［百選Ⅰ‐71］　　150
最判平 3・4・19 民集 45 巻 4 号 477 頁　　106
札幌地判平 3・5・10 判時 1403 号 94 頁　　28
神戸地伊丹支判平 3・11・28 判時 1412 号 136 頁　　14
最判平 5・7・19 家月 46 巻 5 号 23 頁　　103
最判平 6・1・25 民集 48 巻 1 号 18 頁［判プラⅠ‐298］　　161
最判平 6・2・8 民集 48 巻 2 号 373 頁［判プラⅠ‐218］［百選Ⅰ‐51］　　37
最判平 6・5・31 民集 48 巻 4 号 1065 頁［判プラⅠ‐322］［百選Ⅰ‐78］　　228
最判平 6・9・13 判時 1513 号 99 頁　　196
最判平 6・12・16 判時 1521 号 37 頁　　223

判 例 索 引　　　　　　　　　　　　　　xiii

最判平 7 ・ 3 ・ 7 民集 49 巻 3 号 919 頁［判プラ I − 293］　　149

最判平 7 ・12・15 民集 49 巻 10 号 3088 頁［判プラ I − 270］　　195

最判平 8 ・10・29 民集 50 巻 9 号 2506 頁［判プラ I − 245］［百選 I − 61］　　83

最判平 8 ・10・31 民集 50 巻 9 号 2563 頁［判プラ I − 317］［百選 I − 76］　　181

最判平 8 ・11・12 民集 50 巻 10 号 2591 頁［判プラ I − 268］［百選 I − 67］　　197

最判平 8 ・12・17 民集 50 巻 10 号 2778 頁　　173

最判平 9 ・ 6 ・ 5 民集 51 巻 5 号 2096 頁　　175

最判平 10・ 2 ・13 民集 52 巻 1 号 65 頁［判プラ I − 246］［百選 I − 63］　　85, 224

最判平 10・ 2 ・26 民集 52 巻 1 号 255 頁［判プラ I − 309］　　168

最判平 10・ 3 ・10 判時 1683 号 95 頁［判プラ I − 284］　　193

最判平 10・ 3 ・24 判時 1641 号 80 頁［判プラ I − 311］　　170

最判平 11・ 7 ・13 判時 1687 号 75 頁　　145

最判平 11・11・ 9 民集 53 巻 8 号 1421 頁　　175

最判平 12・ 1 ・31 判時 1708 号 94 頁　　193

最判平 12・ 4 ・ 7 判時 1713 号 50 頁［判プラ I − 308］　　173

最判平 12・ 6 ・27 民集 54 巻 5 号 1737 頁［判プラ I − 282］［百選 I − 69］　　137, 138

最判平 14・ 6 ・10 家月 55 巻 1 号 77 頁　　107

最判平 14・10・29 民集 56 巻 8 号 1964 頁　　198

最判平 15・ 4 ・11 裁時 1337 号 6 頁　　227

最判平 15・ 7 ・11 民集 57 巻 7 号 787 頁［判プラ I − 301］［百選 I − 75］　　177, 178

最判平 16・ 2 ・13 民集 58 巻 2 号 311 頁　　14

最判平 17・ 3 ・29 判時 1895 号 56 頁　　24, 224

最判平 17・12・16 民集 59 巻 10 号 2931 頁［判プラ I − 49］　　16

最判平 18・ 1 ・17 民集 60 巻 1 号 27 頁［判プラ I − 233］［百選 I − 60］　　84, 96

最判平 18・ 3 ・16 民集 60 巻 3 号 735 頁　　145

最判平 18・ 7 ・20 民集 60 巻 6 号 2499 頁［判プラ I − 374］［百選 I − 99］　　131

大阪高判平 18・ 8 ・29 判タ 1228 号 257 頁　　106

最判平 20・ 4 ・14 民集 62 巻 5 号 909 頁［判プラ I − 318］　　227

最判平 21・ 3 ・10 民集 63 巻 3 号 385 頁［百選 I − 101］　　38

最判平 22・ 4 ・20 判時 2078 号 22 頁　　178

最判平 24・ 2 ・ 2 民集 66 巻 2 号 89 頁　　14

最判平 24・ 3 ・16 民集 66 巻 5 号 2321 頁［百選 I − 58］　　97

最決平 29・ 5 ・10 民集 71 巻 5 号 789 頁　　115

プロセス講義民法Ⅱ　物権

2019（令和元）年 8 月 19 日　第 1 版第 1 刷発行

編　者　　後　藤　巻　則
　　　　　滝　沢　昌　彦
　　　　　片　山　直　也

発行者　　今　井　　　貴
　　　　　今　井　　　守

発行所　　信山社出版株式会社
　　〒113-0033　東京都文京区本郷 6-2-9-102
　　　　　　　　電　話　03(3818)1019
　　　　　　　　ＦＡＸ　03(3818)0344

Printed in Japan.

Ⓒ後藤巻則・滝沢昌彦・片山直也, 2019.
　　　　　　　　印刷・製本／暁印刷・渋谷文泉閣

ISBN978-4-7972-2653-9

JCOPY ＜出版者著作権管理機構　委託出版物＞

本書の無断複製は著作権法上での例外を除き禁じられています。複製される場合は，そのつど事前に，出版者著作権管理機構（電話 03-5244-5088, FAX 03-5244-5089, e-mail: info@jcopy.or.jp）の許諾を得てください。

―――――― プロセス講義民法シリーズ ――――――

後藤巻則・滝沢昌彦・片山直也 編

Ⅰ	総則	続刊
Ⅱ	物権	3,000 円
Ⅲ	担保物権	3,000 円
Ⅳ	債権 1	3,200 円
Ⅴ	債権 2	3,200 円
Ⅵ	家族	3,200 円

（本体価格）

―――――― 信 山 社 ――――――

──────── 法律学の森シリーズ ────────

潮見佳男 著
新債権総論 I   7,000 円

潮見佳男 著
新債権総論 II   6,600 円

潮見佳男 著
契約各論 I   4,200 円

潮見佳男 著
契約各論 II   続刊

（本体価格）

──────── 信 山 社 ────────

———————— 法律学の森シリーズ ————————

潮見佳男 著
不法行為法Ⅰ〔第2版〕　　　　　　　　　4,800 円

潮見佳男 著
不法行為法Ⅱ〔第2版〕　　　　　　　　　4,600 円

潮見佳男 著
不法行為法Ⅲ〔第2版〕　　　　　　　　　続刊

小野秀誠 著
債権総論　　　　　　　　　　　　　　　　5,000 円

（本体価格）

———————— 信 山 社 ————————